Heinz Grill

Heinz Grill

Übungen für die Seele

Die Entwicklung eines
reichhaltigen Gefühlslebens und die Erlangung
erster übersinnlicher Erkenntnisse

IMPRESSUM

Erstausgabe 2017
Erschienen im Synergia Verlag, Basel, Zürich, Roßdorf
eine Marke der Sentovision GmbH
www.synergia-verlag.ch

2. erweiterte Auflage 2019

Alle Rechte vorbehalten
Copyright 2016 by Synergia Verlag, Roßdorf
Gestaltung und Satz: Hans-Peter Fritsche / Lammers-Koll-Verlag
Cover: Hans-Peter Fritsche / Lammers-Koll-Verlag & FontFront GmbH

Vertrieb durch: Synergia Auslieferung
www.synergia-auslieferung.de

Printed in EU
ISBN: 9783906873336

Bibliografische Information der Deutschen Bibliothek
Die Deutsche Bibliothek verzeichnet diese Publikation in der deutschen Nationalbibliografie;
detaillierte bibliografische Daten sind im Internet unter *http://dnb.ddb.de* abrufbar.

Titelbild

Das Titelbild von David Roberts vom ägyptischen Tempel beschreibt auf malerische Weise wie die damaligen Gebäude zwischen der Welt und einer geistigen Sphäre eine Vermittlung brachten. Die Säulen richten sich zum Himmel, ordnen sich rhythmisch aneinander und die Kapitelle wie auch die tragenden oberen Verbindungsglieder geben einen sehr lebendigen Ausdruck über die kosmisch plastizierenden Kräfte. Die Architekten, die in der ägyptischen Zeit die Tempel erschufen, besaßen eine lebendige Idee über kosmische Prinzipien und mit viel Arbeit und Mühe wurden diese Ideen in die Manifestation gebracht.

Eine Seelenübung kann einen annähernden Vergleich mit einem Tempelgebäude erhalten. Der Unterschied ist äußerlich zunächst einmal sehr groß, denn ein alter griechischer oder ägyptischer Tempel beschreibt eine wahrhaftige monumentale Offenbarung. Dennoch kreiert der Mensch durch die Seelenübung eine Formstruktur, die durch die wiederholte und ausdauernde Arbeit eine großartige, über die Phantasie hinausgehende Realität erzeugt. Bei den meisten Übungen gewinnt die Seelenübung nicht eine direkte Manifestation und wird deshalb noch nicht mit den physischen Augen sichtbar. Sie bleibt in einer mentalen Wirklichkeit. Jede Übung besitzt jedoch am Anfang eine reale und bemerkenswerte Idee, die sich über konkrete Denkvorstellungen und daran geknüpfte Empfindungen zu einem tatsächlichen Seelenleib oder, man kann sagen, Seelengebäude entwickeln kann.

Die menschliche Seele verbindet eine höhere geistige Wirklichkeit mit ihren Gefühlen und inneren Wahrnehmungen auf geschickte Weise mit dem Körper oder der Materie. Die Funktion des Tempels sollte in früheren Zeiten den Menschen ein geistiges Lebensgefühl innerhalb der irdischen Verhältnisse schenken. Im gleichen Maße stellt heute die Seelenübung die Möglichkeit dar, sich sowohl dem Geiste anzunähern, als auch innerhalb den weltlichen Verpflichtungen eine größere Liebeskraft und Verantwortung zu übernehmen. Das Tempelgebäude gewinnt eine innere seelisch leibliche Struktur.

Inhaltsverzeichnis

Vorwort von Dr. phil. Stefan Kurth 8

EIN ELEMENTARES VERSTÄNDNIS DER SEELENÜBUNG
Einführung in die Seelenübung. 12
Die Bedeutung der Seelenübung für die Gesundheit 16
Die ästhetischen Wirkungen der Seelenübung und die
schöpferische Aktivität des Übenden 19
Der elementare Unterschied der Seelenübung zur Meditation 22
Die Objektauswahl zur Seelenübung 24

EIN ERWEITERTES VERSTÄNDNIS DES MENSCHEN UND DES GEISTES
Welche etymologische Bedeutung liegt dem Wort Seele zugrunde? 26
Die Seele und ihr Fortbestehen nach dem Tode 28
Das Ich, der Astralleib, der Ätherleib und der physische Leib
des Menschen 32
Die praktische empfindsame Annäherung zu den vier Wesensgliedern . . . 42
Was liegt am Anfang: der Geist oder die Materie? 46

PRAKTISCHE GRUNDLAGEN
Die Schulung des Denkens zu Konstruktivität 48
Vorbereitende Schulung des Denkens 52
Die Schulung zu tieferen Empfindungen und einer
tragfähigen Willenskraft 54
Wo und wann kann man Seelenübungen praktizieren? 56
Wie kontrolliert man die Richtigkeit der Praxis von Seelenübungen 58

ZEHN SEELENÜBUNGEN
1. Der freie Atem 62
2. Weisheitskräfte in der Natur und die Signatur einzelner Pflanzen 67
3. Die Arbeit mit dem Wort und der Aufbau von Ätherkräften 78
4. Die Annäherung an die energetische, seelische
   und geistige Substanz von Begriffen 88
5. Die Konzentration 94
6. Das rechte Urteil 104
7. Die Entwicklung eines praktischen Denkens für die
   Verwirklichung von Tugendkräften und Seelenfähigkeiten 113

8. Die Entwicklung innerer Sinne als Grundlage eines
   integren Gefühlslebens 123
9. Wie erlangt man Ideale im Leben? 133
10. Das Kosmische Gebet 137

INDIVIDUELLE SELBSTAKTIVITÄT ALS GRUNDLAGE FÜR BEZIEHUNGSFÄHIGKEIT, GEMEINSCHAFTSBILDUNG UND NÄCHSTENLIEBE

Eine Seelenübung wirkt zur Synthese des Geistlebens
mit der irdischen Welt 152
Das Erleben der individuellen Selbstaktivität 154
Die Stärkung des individuellen Denkens
führt zu Gemeinschaftsgefühlen 157

DIE SEELENÜBUNG ALS GEISTIGER ENTWICKLUNGSWEG
Die Dreigliederung in der Seelenübung 160

Die grundlegende Dimension
Die Phase der Konsolidierung 163
Die Freisetzung des Lichtäthers 167
Die Entstehung des Feueräthers 169
Die soziale Bedeutung der Übung 171

Die seelische Dimension
Die Phase der Konzentration oder Intensivierung 172
Das Durchhaltevermögen in der Übung 174
Die beginnende Transzendierung – von der Konzentration
zur Meditation 175

Die geistige Dimension
Die Phase der weiteren Vergeistigung 178
Der Hüter der Schwelle 179
Die Ausprägung von Seelenreichtum und Moralität 180

ANHANG
Glossar von Dr. Stefan Kurth 183
Buchempfehlungen 212
Foto- und Zeichnungsnachweis 214

Vorwort

Liebe Leserinnen und Leser,

das vorliegende Buch mit „Übungen für die Seele" eröffnet vielfältige praktische Möglichkeiten, auf aktive Weise eine tiefere und erfülltere Beziehung zum Leben zu entwickeln. Für eine erste Orientierung möchte ich Ihnen diese Übungsweise, das ihr zugrunde gelegte Menschenbild wie auch ihren Begründer kurz vorstellen.

Die Kultivierung der Seelenkräfte

Die hier beschriebenen Seelenübungen bieten ein wohlabgestimmtes Instrumentarium zur Kultivierung des seelischen Vermögens. Das Buch erläutert, wie man eine wache Aufmerksamkeit zu seinem Gegenüber entwickeln kann; wie man ein klares, tiefes und lebensverbundenes Denken und ein wahrnehmungsvolles Empfinden ausprägen kann; und schließlich wie man seinen Willen an eigenständig kultivierten Lebensidealen orientieren und selbstaktiv führen kann.

Die Übungen werden in ihren Grundlagen und Zielen, im methodischen Vorgehen sowie in ihren Variations- und Vertiefungsmöglichkeiten sorgfältig beschrieben. Insgesamt werden zehn Seelenübungen vorgestellt. Jede Übung umfasst eine konkrete mentale Aktivität, bei der man seine Aufmerksamkeit und sein Erkenntnisinteresse auf ein spezifisches Objekt richtet. Dies kann ein äußeres, sinnlich wahrnehmbares Phänomen (z. B. eine Naturerscheinung, ein Mensch oder ein Gegenstand) oder ein mentaler Bewusstseinsinhalt (z. B. ein Gedanke oder ein Vorstellungsbild) sein. Indem der Übende diese mentale Aktivität leistet und sie gleichzeitig zu überschauen lernt, kann er sich in einer freien Selbstaktivität oder Selbstwirksamkeit erfahren.

Die konkrete Ausgestaltung der Übungspraxis liegt ganz in der Freiheit des Einzelnen. Er alleine entscheidet, zu welchen Aspekten des Lebens er ein tieferes Verständnis oder eine innere Beziehung entwickeln möchte; mit welchen Erkenntnisfragen und mit welchen geistigen Inhalten er sich eingehender auseinandersetzen will; und welche seelischen Fähigkeiten er schließlich zu verwirklichen anstrebt. In diesem Sinne bildet die Unantastbarkeit des individuellen Entwicklungswunsches das Fundament der hier vorgestellten Übungsweise.

Die ersten Früchte der Seelenübung können als ein tieferes Verständnis und eine größere Nähe zu den gewählten Inhalten erfahren werden. Bei sich selbst kann der Übende eine gesteigerte Klarheit, Ruhe und Zentrierung des Bewusstseins mit einer gleichzeitig erhöhten Wahrnehmungsoffenheit und Anteilnahme nach außen bemerken. Im fortgeschrittenen Sinne wird für ihn eine innerste Freiheit und zugleich eine innigliche Verbundenheit zum Leben und zu den Mitmenschen erlebbar. Dies kann von anderen als eine klare, lichte und schöne Ausstrahlung sowie als eine wahrnehmungsvolle Nähe in der freien Begegnung von Mensch zu Mensch empfunden werden.

Ein spirituell erweitertes Menschenbild und ein vertieftes Verständnis des Übungsweges

Das Menschenbild, das Heinz Grill dieser Übungsweise zugrunde legt, könnte auf vereinfachte Weise wie folgt beschrieben werden: Der Mensch besitzt mit seiner geistigen Existenz die Möglichkeit zu einer integralen Welterkenntnis, einer freien Willensentfaltung und einer schöpferischen Selbstaktivität. Er besitzt mit seiner seelischen Existenz die Möglichkeit einer Beziehungsaufnahme und Verbundenheit zu allen Erscheinungsformen der Wirklichkeit. Und er besitzt mit seiner physischen Existenz die Möglichkeit, bis in die materiellen Ausdrucksformen hinein gestaltend und verwandelnd in der Welt wirksam zu werden.

Die Praxis der Übungen ist nach der Intention des Autors nicht an eine religiöse oder weltanschauliche Orientierung gebunden. Gleichzeitig führt er einige metaphysische und esoterische Grundaussagen ein: Er beschreibt den Menschen in Anknüpfung an die Anthroposophie Rudolf Steiners mit den vier Gliedern eines geistigen Ichwesens, eines Astralleibes als Träger des Bewusstseins, eines Ätherleibes als Träger der Lebens- und Gestaltbildekräfte, und schließlich eines physischen Leibes, der von den oberen drei Gliedern erhalten wird. Er spricht der menschlichen Seele eine nachtodliche Existenz zu und betont den Vorrang des freien und schaffenden Geistes gegenüber den Manifestationen und Determinationen des materiellen Daseins.

Wie ist nun das Verhältnis dieser Aussagen zur Übungspraxis zu verstehen und wie kann sich der an den Übungen Interessierte auf freie Weise zu ihnen verhalten? Dieses spirituell erweiterte Menschenbild wird dem Leser als Anregung für eine mögliche vertiefende Auseinandersetzung dargeboten. Es steht dem Leser jedoch auch frei, die Übungen auf eine ganz elementare Weise anzunehmen und sie im Sinne einer ersten Ordnung und Entwicklung seiner Seelenkräfte zu praktizieren. Greift er sie auf, um intensiver zu seiner Umwelt und seinen Mitmenschen in Beziehung zu treten und über Zusammenhänge des Lebens nachzudenken, dann werden sie ihm bereits viele gute Dienste erweisen.

Demjenigen, der die Übungsweise in dem Sinn erschließen will, den der Autor in sie hineingelegt hat, steht die Möglichkeit offen, sich mit den dargestellten

Zusammenhängen tiefer auseinanderzusetzen und sie eigenständig zu ergründen. Er kann sie zum Beispiel wie philosophische Aussagen denkerisch durchdringen und prüfen oder er kann sie wie künstlerische Wirklichkeitsgestaltungen auf sein Empfinden wirken lassen. Und er kann sie schließlich für sein Weltbegreifen im Erfahrungsfeld seiner eigenen Lebenszusammenhänge praktisch auf ihre Eignung erproben. Auf diese Weise wird er gemäß seinem besten Wahrheitsempfinden und Wahrheitsurteilen zu einer eigenen Haltung gegenüber diesen metaphysisch-esoterischen Aussagen gelangen können.

Der Autor und der Entstehungszusammenhang der Seelenübungen

Wenn man einen Zugang zum Werk eines anderen Menschen gewinnen möchte, kann es ganz allgemein von Interesse sein, etwas über die Werkentstehung im biographischen Zusammenhang zu erfahren. Aus diesem Grund will ich abschließend den Entstehungszusammenhang der Seelenübungen in einer kurzen Skizze beleuchten, die auf meinen persönlichen Beobachtungen sowie Dokumenten und Zeitzeugenberichten beruht.

Das Bestreben um die Förderung einer Synthese von Spiritualität und Alltag steht seit etwa 30 Jahren im Mittelpunkt des schriftstellerischen, unterrichtenden und künstlerischen Schaffens von Heinz Grill, der 1960 bei Wasserburg am Inn zur Welt kam. Bereits in jungen Jahren empfand er ein geistiges und seelisches Wirken in der Natur und den Erscheinungsformen des Lebens als eine nahe Realität. Hiervon zeugen bereits seine ersten, im frühesten Erwachsenenalter verfassten Erfahrungsberichte über seine bergsteigerischen Alleingänge und Erstbegehungen in den Felswänden der deutschen, österreichischen und italienischen Alpen.

Etwa im gleichen Alter begann er eine intensive Auseinandersetzung mit religiösen und spirituellen Traditionen und Quellen, insbesondere dem Integralen Yoga, dem Christentum sowie der Anthroposophie Rudolf Steiners. An ihnen entwickelte er sein Vermögen einer feinsinnigen, künstlerisch-philosophischen Sprachgestaltung weiter, wodurch er sein Erleben immer mehr in einer bildhaften, empfindungslebendigen und begrifflich sorgfältig herausgearbeiteten Weise mitteilbar machen konnte.

Zunehmend wurde es ihm zum Anliegen, andere Menschen dazu anzuregen, selbst zu Empfindungen und Erkenntnissen dieser seelisch-geistigen Wirklichkeit zu gelangen. Im Zuge der Formung seines Berufsweges begann er nach Möglichkeiten zu suchen, andere im Selbsterkraften zu einer schöpferischen Freiheit und einer ästhetischen und sozial aufbauenden Lebensgestaltung zu fördern. Dies tat er zunächst in Kursen zur Begegnung mit dem Berg in der alpinen Felskletterei sowie in seiner eigenen naturheilkundlichen Praxis. Parallel dazu begann er, eine bewusstseinsaktive und ästhetische Übungsweise mit Körperhaltungen des Yoga und einer freien Atemschulung zu entwickeln und sie in Kursen, Seminaren und Yogalehrerausbildungen zu vermitteln.

In den hieran anschließenden Jahren erweiterte sich sein schriftstellerisches, schöpferisch-künstlerisches und unterrichtendes Schaffen sukzessive. Er entwickelte für viele Lebensbereiche Anregungen, wie sie mit tieferen Erkenntnissen und Empfindungen durchdrungen und auf eine menschengemäße, ästhetische und entwicklungsförderliche Weise durchgestaltet werden können. Zu seinen hauptsächlichen Themengebieten gehören Menschenkunde und Erziehung, Heilkunst und Ernährung, Baukunst und Raumgestaltung sowie Naturbegegnung und Bergsteigen.

In all diesen Tätigkeitsfeldern und Begegnungszusammenhängen wurde es für viele Personen erfahrbar, dass die Begegnung mit Heinz Grill andere Menschen zu einer freieren Bewusstheit, einer tief empfundenen Lebensnähe, einer körperlichen und seelischen Regeneration sowie einer größeren Lebenszuversicht gefördert hat. Dies machte auf eindrückliche Weise deutlich, wie eine geistig-seelische Aufbauleistung von Mensch zu Mensch unmittelbar stärkend wirken und sogar, wie dies vielfach erlebt und bezeugt wurde, heilsam ausstrahlen kann.

Mit diesen Erfahrungen wuchs aber auch die Einsicht, dass ein Weg des Selbstwerdens, der den Einzelnen zu einem eigenen Lebenswerk und einer eigenen Schöpferleistung anregen will, eine methodische Schulung erfordert, um eine solche Förderleistung nicht nur passiv von einem Lehrer zu empfangen, sondern sie nach bestem Vermögen auch selbst für andere hervorzubringen. Hierin sehe ich das unmittelbare Motiv von Heinz Grill, die „Übungen für die Seele" zu entwickeln. Anregungen hierzu gewann er sicherlich aus seiner spirituellen Lektüre, unmittelbare Vorlagen aber hatte er nicht. Den wohl wesentlichsten Referenzpunkt bildeten für ihn wohl die Denkart Rudolf Steiners und dessen Ausführungen zu einer zeitgemäßen geistigen Schulung. Die weitere Ausgestaltung der Übungen erwuchs aus Heinz Grills mittlerweile drei Jahrzehnte überspannender Unterrichtstätigkeit, aus der sorgfältigen Beobachtung seiner Teilnehmer und Schüler sowie aus seinem unablässigen Bemühen, sie in ihrer Entwicklung zu fördern.

In diesem Buch kommen Ihnen die „Übungen für die Seele" daher in einer ausgereiften, methodisch und didaktisch vielfältig erprobten und bewährten Darbietungsform entgegen. Ich hoffe, dass Sie in ihnen wertvolle Anregungen für die Verwirklichung Ihres Lebens- und Entwicklungswunsches entdecken können!

Dr. phil. Stefan Kurth
Religionswissenschaftler und Pädagoge

Einführung in die Seelenübung

Um die Bedeutung einer Seelenübung zu verstehen, erscheint es für den Anfang notwendig, die Seele, die eine Seinsexistenz des Menschen darstellt, näher zu charakterisieren. Was ist die menschliche Seele? Ist sie nur die allgemein bekannte Psyche oder ist sie mehr als diese? Gibt es überhaupt eine menschliche Seele oder stellt sie vielleicht eine reine Glaubensfrage der Theologie oder ein bloßes Konstrukt der Psychologie dar? Eine sorgfältige Charakterisierung des Wortbegriffes der Seele, wie er in dieser Schrift gebraucht wird, ist jedenfalls am Anfang dieser Ausführungen sehr wichtig, denn würde man diese Charakterisierung unterlassen, so könnte man wohl die folgenden Übungen in ihrem Sinngehalt noch nicht ausreichend selbstständig und verantwortlich praktizieren.

Die Seele, wie sie hier beschrieben wird, besteht aus drei Grundkräften und diese sind das Denken, das Fühlen und das Wollen. Im allgemeinen Wortverständnis wird der Begriff Seele meist auf die verschiedensten Gefühlserscheinungen des menschlichen Daseins reduziert, während man das Denken gewöhnlich dem Geist zuordnet und den Willen den elementaren Körperimpulskräften. Indem der Begriff Seele aber neben den Gefühlen auch das Denken und den Willen einschließt, wird es deutlich, dass die Seelenübung nicht nur einen emotionalen Anteil, sondern darüber hinaus eine denkende Leistung, eine empfindsame Innerlichkeit und schließlich eine willentliche Disziplin beinhaltet. Der Name „Seelenübung" wurde bewusst gewählt, da diese drei Kräfte, das Denken, das Fühlen und der Wille, im einheitlichen und gleichen Maße geschult werden.

Für das Üben einer Seelenübung benötigt man keine besonderen Voraussetzungen, wie beispielsweise einen stillen Meditationsplatz oder Ruhe und Abgeschiedenheit, und auch keine spezifischen Vorkenntnisse und Vorbildungen. Lediglich eine rationale Vorstellung über die menschliche Entwicklung, wie sie im günstigsten Sinne verlaufen kann und wie sie zu Gesundheit und einer sozialen Integrität führt, sollte derjenige, der diese Übungen praktiziert, erwerben. Aus diesem Grunde kann in diesem einleitenden Kapitel eine bescheidene Skizze über die menschliche Entwicklung erfolgen.

Jeder einzelne Mensch besitzt die Möglichkeit, sich selbst im Denken zu geordneten und logischen Gedankenabläufen zu erziehen. Je geordneter ein Gedanke in einem Zusammenhang zu einem nächsten Gedanken, einem Thema oder einer Sache, oder in Beziehung zu den Mitmenschen, zur Kultur und zum sozialen Leben gedacht wird, desto mehr fördert er in der Folge ein gesundes Gefühlsleben. Die Gefühle des Menschen können im weiteren Verlauf zu tieferen Empfindungen gefördert werden. Das Gegenteil zu tieferen Empfindungen bilden oberflächliche Emotionen, die meist über die Menschen wie eine Sintflut fallen und oftmals in

Das Denken

Die menschliche Seele lässt sich kreisrund wie eine Sonne darstellen, in der die drei Glieder, das Denken, das Fühlen und der Wille, mit einem Dreieck eingebunden sind. Wie die Geometrie wohlgeordnete Bezüge darstellt, so existieren im menschlichen Seelenleben ebenfalls Beziehungen.

Das Fühlen

Die Seele bewegt sich nicht nur im Fühlen, sondern sie umschließt das Denken und den Willen. Das Fühlen ist jedoch die verbindende, mittlere Seelenkraft.

Das Wollen

Den Kreis könnte man als die menschliche Seele bezeichnen, dieser umschließt die Spitze des Dreieckes mit dem Denken, die Schenkel mit dem Fühlen und die unteren Eckpunkte mit dem Wollen.

Eine Übung bezieht sich immer auf alle drei Glieder des menschlichen Seelenlebens: auf das Denken, auf das Fühlen und auf das Wollen. In unterschiedlicher Intensität werden diese Seelenkräfte angesprochen.

übersteigerten Reaktionsweisen wie enthusiastischen Ausschweifungen oder tragischen Entgleisungen ihren Verlauf nehmen. Die Reife eines Menschen aber stellt niemals ein oberflächliches Gemütsleben dar, sondern vielmehr die Tiefe seiner Gedanken und Empfindungen, die gewissermaßen seine Seele beschreiben.

Die menschliche Entwicklung benötigt neben der Entfaltung von geordneten Denkvorstellungen und der Entwicklung von tieferen Empfindungen eine stabile Grundlage im Willen. Diese dritte Kraft der Seele, das Wollen, schenkt dem einzelnen Menschen seine tiefste Prägung in der Persönlichkeitsstruktur. Weniger das äußere triebhafte Verlangen, das sich mehr den Ausschweifungen in der Welt widmet, sondern mehr die willentliche Disziplin, Ideale nach bestem Gewissen zu erstreben und im geduldigen, besonnenen Einsatz sinnvolle Aufgaben bis zu ihrem Ende zu führen, kann den Willen des Menschen stärken und seine Persönlichkeitsstruktur festigen.

Eine Seelenübung will den Menschen im Denken veredeln, im Empfinden beziehungsfreudiger vertiefen und im Willen strukturieren und stabilisieren. Die Entwicklungsfrage dieses Übungsansatzes bezieht sich deshalb nicht auf einen äußeren Fortschritt im Sinne der Technik oder des materiellen Wohlstandes, sondern auf den Menschen und seine werdende Seelenreife.

Die Seelenübungen können auf sehr einfache Weise zur Ordnung des Daseins benützt werden. Wer sie jedoch sehr intensiv praktiziert, entfaltet zunehmend eine höhere Erkenntnissicht, die in ein hellsichtiges Erschauen der verschiedensten Lebenstatsachen eindringt. Der Übende entwickelt mit der Hinwendung an verschiedene Erscheinungen des Daseins ein tieferes Wahrheitsfühlen und Wahrheitsdenken und er bemerkt, dass hinter jedem Phänomen eine geistige Bedeutung ruht. Langsam prägen sich in ihm die Empfindungen zur geistigen, höheren Erkenntnis aus. Diese bleibt jedoch nicht wie eine phantastische Einbildung und sie findet nicht in Trancezuständen oder in somnambulen halb oder kaum bewussten Phasen des Daseins statt. Sie zeigt sich vielmehr durch die entwickelten Gedanken und die entstehenden tiefen Seelenempfindungen. Das geistige und in diesem Sinne hellsichtige Erschauen einer tieferen Wahrheit, tiefer als es die äußeren Sinne verkünden, entwickelt sich zur konkreten und objektiven Fähigkeit im Menschen. Ein geistiges Schauen ist deshalb Schritt für Schritt erlernbar.

Die drei Seelenkräfte lassen sich schematisch und anschaulich mit einem Dreieck skizzieren. Die höchste und freieste Seelenkraft ist das Denken. Sie wird deshalb an die Spitze des Dreiecks gestellt. Die verbindenden, konnektiven Fähigkeiten, die ein Mensch entwickelt, ruhen substanziell in seinem reifen Fühlen. Diese Seelenkraft wird deshalb den Schenkeln des Dreiecks, die zwischen oben und unten vermitteln, zugeordnet. Die tiefste und tragende Kraft des menschlichen Daseins aber bildet der Wille. Die Basis, die Grundlinie des Dreiecks, trägt die Schenkel bis hinauf zur Spitze. Das Dreieck beschreibt deshalb ein hervorragendes Bild für das menschliche Seelenleben, da es eine zusammengehörige und logische geometrische Einheit und gleichzeitig eine Gliederung dieser Einheit darstellt. Die Seele selbst ist in drei Kräfte gegliedert und dennoch bilden diese eine Einheit.

Auf den Menschen lässt sich die Dreigliederung mit einem oberen, einem mittleren und einem unteren Pol übertragen. Das Denken zählt zum Kopfbereich, das Fühlen zur Mitte und zum Herzen und der Wille zum Stoffwechsel. In diesem Sinne ruht die Dreiecksrelation immanent im Menschen selbst.

Das Denken

Die freie und universale Seelenkraft bewirkt die Fähigkeit, einen Gedanken weiterzuentwickeln.

Das Fühlen

Es stellt eine individualisierte Seelenkraft dar.

Der Wille

Dieser ist dem Stoffwechsel zugeordnet und repräsentiert die innerste individuelle Kraft.

Die Bedeutung der Seelenübung für die Gesundheit

Grundsätzlich erfordert jegliche Art des Übens eine selbstentschiedene und selbstgewollte Aktivität. Eine Körperübung beispielsweise richtet sich mit ihrer Aktivitätsanforderung an den Willen, während eine mentale Übung wie beispielsweise das Lösen einer mathematischen Gleichung das Denken herausfordert und dieses trainiert. In der Seelenübung jedoch werden alle drei Kräfte, das Denken, das Fühlen und das Wollen, zu einem gezielten und harmonisch gewählten Einsatz herausgefordert. Diese Aktivität, ganz besonders wenn sie regelmäßig und über längere Zeit getätigt wird, führt immer zu einer gesundheitlichen Steigerung der Lebenskräfte und zu einer angenehmeren psychischen Ruhe und Ausgeglichenheit.

Wer sich beispielsweise einer gesünderen Ernährung widmet, bemerkt in der Regel sehr schnell, wie sich sein Bewegungsapparat dynamisiert, die Gelenke sich entlasten und die Haut einen gesünderen Tonus entfaltet. Die Arbeit mit Seelenübungen basiert jedoch nicht auf einer Veränderung der materiellen Umstände, denn der Übende nimmt keine Mineralien, Eiweiße oder anderweitigen Stoffe zu sich. Er entwickelt vielmehr sein Gedankenleben, vertieft seine Empfindungen, verlebendigt sein Sinnesleben und schult seine Geduld, Ausdauer und Zielstrebigkeit. Indem er auf aktive und bewusst gewählte Weise zu bestimmten Fragestellungen und Themen übungsmäßig in Verbindung tritt, verlebendigt er beispielsweise auf sensitive Weise seine Stoffwechselkräfte. Durch das geordnete Denken, das zu einem Objekt der Außenwelt in Beziehung tritt, entlastet sich ein überspannter Kreislauf und das menschliche Herz gewinnt nicht selten eine regelrechte Stärkung. Den größten Nutzen aber erhält das Nervensystem, das sich stärkt, neue Synapsenschaltungen entwickelt und in Erschöpfungsphasen eine regelrechte Substanzerkraftung erlebt. Jene so häufigen vegetativen Dystonien, die sich im sich verselbstständigenden autonomen Nervenbereich zeigen, können gänzlich verschwinden, wenn sich das zentrale Nervensystem durch die logisch und rhythmisch gewählte Aktivität mit Seelenübungen stärkt.

Einen besonderen Vorzug können die Übungen zur Stärkung des Immunsystems gewinnen. Der heutige Bürger leidet weniger an den früher bekannten schweren Epidemien, die viele Menschen in schreckensvollen Fieberattacken regelrecht vernichteten. Er unterliegt heute den sogenannten kalten Krankheiten, die sich in nervlichen Überforderungen, psychischen Problemen, Erschöpfungszuständen, Allergien, Reaktionsstörungen verschiedenster Art und schließlich in Karzinomkrankheiten äußern. Das Immunsystem benötigt deshalb heute eine Durchwärmung, Stärkung und spezifische Einstimmung. Indem der Einzelne sich mit Hilfe der Seelenübungen schult und sowohl sein Denken, als auch sein

Das Nervensystem

Die vielseitigen Überlastungen des Nervensystems durch überhäufte Sinneseindrücke und intellektuelle Überanstrengungen benötigen zum Ausgleich nicht nur Ruhe, sondern eine sinnvolle Aktivität. Das zerebrospinale Nervensystem erfährt durch die geordneten und logischen Gedankengänge eine grundsätzliche Beruhigung und Stärkung. Gleichzeitig wird es in der sensiblen Empfangsbereitschaft und in der Weiterentwicklung von Synapsen gefördert.

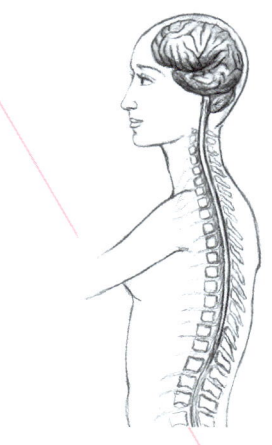

Der Kreislauf

Auf besondere Weise wirken die mentalen Denk- und Bildeprozesse der Seelenübungen auf die Gefäße und auf das Herz. Sowohl eine Zentrierung der Herzleistung als auch eine Entlastung von Stauungen im Herzkreislaufsystem sind bereits nach den ersten Übungen spürbar. Meist bemerkt der Übende eine Ruhe und Innerlichkeit in der Herzgegend.

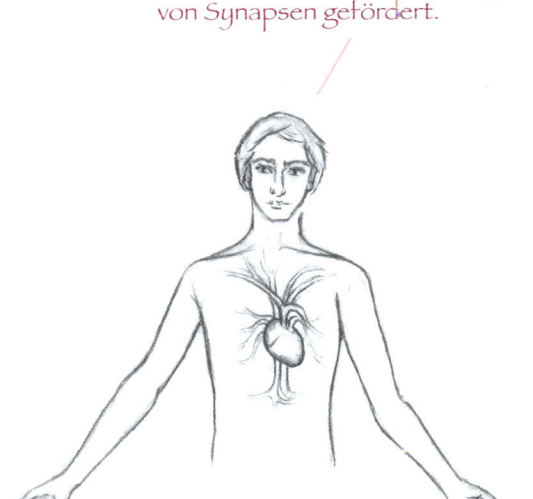

Der Stoffwechsel

Als drittes großes System in der menschlichen Physiologie ziehen die Stoffwechselorgane wie Pankreas, Leber und das Intestinum einen Nutzen aus den Übungen. Indem geordnete Bewusstseinsprozesse zur Förderleistung gebracht werden, kräftigen sich diese Stoffwechselorgane und die lebenserhaltenden und regenerationsfördernden parasympathischen Nerven greifen günstig in das Verdauungssystem ein.

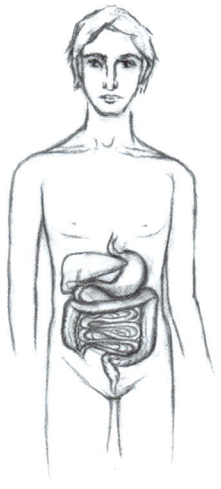

Fühlen und seinen Willen auf gehobenen Stufen anzusprechen lernt, gewinnt sein Immunsystem eine gesunde Aktivierung, die sich einerseits in einer besseren Integrationsfähigkeit von Fremdem und andererseits in einer besseren Abwehrleistung ausdrückt.

Das Immunsystem muss die Stoffe und Kräfte aus der Außenwelt aufnehmen, um im weiteren Verlauf in spezifischen und unspezifischen Abwehrprozessen die unbrauchbaren Elemente auszuscheiden. In einer Seelenübung widmet sich der Übende einem relativ ähnlichen Prozess, denn er ist um des Erfolgs der Übung willen beständig beschäftigt, das Unnötige oder Unbrauchbare an Emotionen oder intellektuellen Störeinflüssen abzusondern und den selbstgewählten Inhalt und das damit verbundene essentielle und wegweisende Gedankengut zu fördern. Die gewählte Seelenübung stärkt somit auf indirekte und doch hochwirksame Weise das gesunde Immunwirken im Menschen. Die Aktivität, die der Einzelne leistet, ist zunächst nicht materiell, jedoch übt sie durch ihre bewusstseinsstärkende Wirkung rückwirkend auf den physischen Körper einen bedeutenden lebensstärkenden Einfluss aus.

Eine weitere erwähnenswerte Wirkung der Seelenübungen, die eine gezielte Aufmerksamkeit, Denktätigkeit und Empfindungswahrnehmung schulen, betrifft das autonome oder sogenannterweise vegetative Nervensystem. Dieses besteht aus den parasympathischen, den beruhigenden Gangliengeflechten des Nervus vagus und den sympathisch anregenden Nerven des aus dem Rückenmark austretenden Grenzstranges. Im Allgemeinen ist dieses vegetative Steuerungsystem ein Teil des Unbewussten und wird heute durch viele intellektuelle Reizüberflutungen überlastet. Die Seelenübung mit ihrer gezielten Aufmerksamkeit regt auf der einen Seite an und bewirkt in der Folge der Tätigkeit eine Beruhigung im vegetativen Gleichgewicht.

Die ästhetischen Wirkungen der Seelenübung und die schöpferische Aktivität des Übenden

Neben den gesundheitlich stärkenden Wirkungen, die die Seelenübung für den Menschen gibt, sei die ästhetische Bedeutung hervorgehoben. Allgemein entwickelt sich Schönheit und Ästhetik durch eine Art künstlerische und kreative Tätigkeit. Diese frägt nicht sofort nach dem Nutzen, den sie in materieller Weise erbringt, sondern erfreut sich an der selbstgewählten und schöpferischen Tätigkeit selbst. In der Regel denkt der einzelne Bürger der heutigen Zeit weniger nach künstlerischen Maßstäben, sondern mehr nach materiellen Grundsätzen. Diese besagen, dass eine Übung beispielsweise so viel Wert habe, wie an Nutzen in ihr liegt. Man könnte dieses materielle Denken als Marktdenken bezeichnen, da es sich nach sogenannten Marktwerten richtet. Ein Auto besitzt einen Marktwert nach den Kriterien der Haltbarkeit und Leistung des Motors und nach der Garantie auf eine rostfreie Karosserie. Diese sogenannten Marktkriterien lassen sich jedoch auf die Seelenübung nicht übertragen.

Das menschliche Seelenleben unterscheidet sich von einem materiellen Ablauf dahingehend, dass es nicht dem Verbrauch unterliegt, sondern ganz im Gegenteil erbauend und in wachsender Weise kreativ ist. Der Motor eines Autos bringt eine bestimmte Leistung und hält eine Anzahl von Kilometern durch, bis er verfällt. Das menschliche Seelenleben jedoch kann und darf nicht nach technischen und maschinellen Kriterien erklärt werden, denn es besitzt eine nichtmaterielle, künstlerische und schöpferische Dimension in sich. Der einzelne Mensch kann sich zu einem freien und weiten Denken und zu einem eleganten Beziehungsleben entschließen. Auf diese Weise ist er niemals von einer Übung abhängig. Jedoch kann er im Gegenzug eine Übung praktizieren, diese beleben und inhaltsreich gestalten. Nicht die Übung begrenzt die Möglichkeiten, sondern die menschliche Aktivität in ihrer Souveränität, Freiheit und schöpferischen Phantasie schenkt in letzter Konsequenz die Qualität des Übens. Eine Seelenübung hätte deshalb noch keinen Wert, wenn ihr der einzelne Ausführende diesen durch seine wache und moralische Phantasie nicht geben würde. Nicht die Wirkung, die aus der Übung passiv herauskommt, wie aus dem Motor, nachdem er angeschaltet ist und eine Leistung abgibt, sondern diejenigen Kräfte, die der Übende durch sein Denken und Empfinden in diese hineinlegt, sind von größter Bedeutung.

Wie ein Künstler die Qualität nicht aus seinem Gemälde herausnimmt, so gewinnt im gleichen Maße auch der Übende aus der Seelenübung nicht einen Konsum oder einen Wert. In der Farbe und im Pinsel existieren noch keine künstlerischen Werte, jedoch ab jenem Moment, in dem der Künstler durch die Kraft seiner Phantasie die Ideen zu Idealen komponiert und diese schließlich in das Gemälde umsetzt, gewinnt dieses einen Wert. Die Arbeit ist schöpferisch, erbauend, gestaltend, formend und schließlich sogar transzendierend. In die Seelenübung legt der Ausführende weise gewählte Gedanken, Ideen, Empfindungen und Inhalte hinein und erschafft auf diese Weise eine Art Atmosphäre, die eventuell für ihn selbst und seine Umgebung wahrnehmbar wird. Der Übende ist schaffend tätig und je nach seiner Aktivität erwacht die Übung erst zu ihrer Qualität. In diesem Sinne existiert die Übung nur durch das Denken, Fühlen und Wollen des Ausführenden. Die Übung ist vergleichbar mit einem leeren Bilderrahmen, der eine eigene Struktur und Logik aufweist, der jedoch in sich selbst noch kein Leben hätte. Das Bild erschafft der Mensch durch seine Seele selbst und der Rahmen gibt ihm eine Hilfe für Größe und Form. Der Übende tritt intensiver in eine Beziehung zu seinem Übungsobjekt und wird auf diese Weise künstlerisch tätig. Er selbst erweckt die Übung zum Leben.

Der große ästhetische Wert liegt in der schöpferischen Bedeutung dieser Seelenaktivitäten. Jede Übung übersteigt aus diesem Grund die materielle Erwartung, die heute in der marktorientierten Zeit Allgemeingut geworden ist. Der Ausführende wirft, wenn man den Vergleich gebraucht, ein Licht auf seine Umgebung durch seine Seelenaktivität. So wie die Sonne erst die Blüte zur Schönheit erhebt, so erweckt der Übende durch seine gebildeten Gedanken, seine sensitiven Gefühle und seine wohldosierten Willenseinsätze seine Umgebung zu einer lichteren Ausstrahlung.

Wer auf diese Weise, wie es die Seelenübung im äußeren Rahmen beschreibt, praktisch und vernünftig mit seinem aktiven Bewusstsein übt, erlebt positive Veränderungen in seinem Umfeld und auch bei sich selbst. Die Umgebung wird lichter, von Ruhe begleitet und die gesamte Atmosphäre gewinnt ein friedvolles Antlitz.

Diese Wirkungen sind bereits mit den ersten geordneten Gedanken und Empfindungsansätzen spürbar. Der Übende muss Träumereien und ein passives emotionales Verhalten auf dem Weg zurücklassen und zu den Phänomenen der Welt eine eigene, selbstentschiedene Beziehung knüpfen. Schon nach wenigen ersten Übungsansätzen bemerkt er, wie ihn die sich entfaltende Denkkraft aufrichtet und wie er in seinen Empfindungen eine erste wärmende Innerlichkeit heranbildet. Die aufgerichtete Haltung bei gleichzeitiger Ruhe und Wachheit verleihen dem menschlichen Antlitz und dem gesamten Erscheinungsbild eine schönere Form.

Im fortgeschrittenen Verlauf des Übens, dann wenn die Seelenübung erste höhere Erkenntnisse preisgibt, gewinnen beispielsweise die Augen einen außerordentlich beziehungsfreudigen Charakter mit gleichzeitiger Anmut und lichter Bewegtheit. Das menschliche Haupt erscheint geformt, ohne hart zu werden, und man wird nicht umhinkommen, den Menschen, der erste hellsichtige Erkenntnisse erfährt, als gegenwärtig, licht und schön zu erleben.

Es existieren Pflanzen mit gröberer Struktur und es gibt Pflanzen mit feineren Gliederungen. Die Schafgarbe, achillea millefolium, bildet eine außerordentliche lichte und feingliedrige Gestaltung, dies sowohl in den Blättern als auch in den Blüten. Grundsätzlich darf man sagen, dass die Feingliedrigkeit einer Pflanze durch die Wirkungen des Lichtes entsteht. Bei der Pflanze arbeitet das Licht aus dem Kosmos, während es beim Menschen durch seine eigene Seelentätigkeit an seiner Person zu arbeiten beginnt. Bei der Pflanze bleibt das Licht apersonal und differenziert die feinsten Blatt- und Blütenstrukturen. Der Mensch jedoch wird selbst zum personalen Lichtträger.

Das Licht als sehr feine Entität des Kosmos wirkt am Menschen durch sein Gedanken- und Gefühlsleben und somit kann man sagen, dass es je nach Persönlichkeitsentwicklung und Persönlichkeitsverhältnissen die menschliche Physiognomie erhellen, verfeinern, verschönern und im Edelmut steigern oder im Gegensatz dazu, durch ein mangelndes Gedankenleben dieses sogar verschatten und vergröbern kann.

Dieses Bild zeigt, wie das Antlitz des Menschen durch seine Denktätigkeit veredelt und erhellt wird.

Allgemein darf man das Licht und die Schönheit in einen Zusammenhang führen. Je besser der Mensch zu denken beginnt, desto schöner organisiert sich das Licht an seinem Haupt.

Der elementare Unterschied der Seelenübung zur Meditation

Die einfachste Meditationsauffassung, die es heute im Allgemeinen auf populäre Weise gibt, ist diejenige, dass der Meditierende sich einer Entspannungsphase im Leben hingibt und für einige Zeit bei sich selbst innehält oder durch beruhigende Musik diese Art ruhige Stimmung sucht. In früheren Zeiten wie beispielsweise in älteren traditionellen Yogadisziplinen gab es dagegen regelrechte Schulungen zur Meditation und diese stellte einen hochaktiven Erfahrungszustand dar. Man hätte in diesen Schulungen, die einen ernsthaften spirituellen Charakter besaßen, niemals von Entspannung gesprochen, denn eine gewisse innere Ruhe, Sammlung und Entspannung setzte man grundsätzlich voraus.

In der gesamten vorliegenden Schrift wird infolge der schwierigen Benennung des Begriffes der *Meditation* auf diesen weitgehendst verzichtet. Der Grund des Vermeidens des Begriffes *Meditation* liegt weiterhin darin, dass es neben den sogenannten Entspannungsmeditationen heute außerordentlich viele verschiedene, teils tiefgründige, teils mehr oder weniger profane esoterische Meditationsformen mit unterschiedlichsten Inhalten und Ausdrucksformen gibt. Beispielsweise existieren sogenannte gegenständliche und nichtgegenständliche Meditationsformen. In der ersteren nimmt der Übende einen Inhalt und konzentriert sich auf diesen, wie es ein sogenanntes *mantra* ist oder auch Licht und Ton, während er in der zweiten eine gedankliche und vollkommene Leere erstrebt, wie dies häufig in Formen der buddhistischen Meditation, etwa der *Vipassanā*- oder der Zen-Meditation, erfolgt.

Der Unterschied eines Gebetes zur Meditation würde ebenfalls ein recht breites Thema eröffnen. Obwohl in dieser Schrift auch die Seelenübung „Das Kosmische Gebet" als Gebet benannt ist, besitzt es, wie die Beschreibung zeigen wird, keinen Charakter der Anbetung oder der passiven Hinwendung an eine im Glauben angenommene Gottheit. Der Übende verdeutlicht vielmehr über die einfachen Körperbewegungen eine Art künstlerischen Ausdruck des gedachten Gedankens und er ist weniger in einem typischen Gebet, sondern mehr in einer kreativen Aktivität tätig.

In der Seelenübung begibt sich der Übende keinesfalls in einen Zustand der Versenkung. Er arbeitet mit einem geordneten und konkret gewählten Gedankeninhalt, konzentriert sich auf diesen, behält die Wahrnehmung der Sinne nach außen bei und meidet jede Art Zurückfallen in seine eigene träumerische oder subjektive Innenwelt. Die Gefahr ist tatsächlich sehr groß, dass der Übende mit dem Begriff der Meditation einen Zustand der reinen Subjektivität bei sich selbst verbindet und sich nicht zu einem konkreten Inhalt und einer geordneten Auseinandersetzung mit diesem hinwendet.

Eine Seelenübung meidet ein träumerisches Bei-sich-selbst-Sein. Dieses träumerische Bei-sich-selbst-Sein ist lediglich ein subjektiver Zustand, der mit Meditation nicht verwechselt werden soll.

Die Seelenübung mit konkreten Inhalten und Beobachtungen fördert die Konzentrationsfähigkeit und wirkt auf diese Weise stärkend auf die Aufrichtekraft und wache Gegenwärtigkeit. Man kann die Seelenübung als Vorbereitung für eine Meditationsschulung betrachten.

Die Meditation ist nicht ein Zustand, in dem der Mensch in sich selbst versunken wäre und in dem er abgeschlossen von der Außenwelt keine Wahrnehmungen besäße, es ist vielmehr das Ergebnis eines freien Denkens, in dem der Gedanke so objektiv und klar erlebt wird, dass dieser eine außerordentlich ruhige Atmosphäre spendet.

ELEMENTARES VERSTÄNDNIS DER SEELENÜBUNG

Die Objektauswahl zur Seelenübung

Für alle Übungen, die in der Folge beschrieben werden, bedarf es einer Auswahl von konkreten Objekten. Man kann deshalb die Seelenübung als gegenständliche Übung bezeichnen. Ähnlich wie es Meditationsformen mit Inhalten und Objekten und Meditationsformen ohne Inhalte gibt, so könnte man vermuten, dass es auch Seelenübungen mit Inhalten und ohne Inhalte geben könnte. Eine Meditation ohne Objekt und Inhalt würde ein Eintauchen in eine Leere darbieten und den Versuch demonstrieren, in eine vollkommene Stille ohne Denken, ohne Fühlen und ohne Wollen einzutauchen. Eine Seelenübung kann jedoch nicht stattfinden, wenn sie in der sogenannten Leere, in der schweigenden Stille ohne Denken und ohne Fühlen versucht werden würde.

Der Übende wählt selbst durch eigene Entscheidung die Objekte zum Üben. Es gibt eine sehr große Anzahl von verschiedenen Möglichkeiten, die dem Übenden zur Verfügung stehen. Mit den folgenden Zeichnungen werden einige Möglichkeiten zur freien Auswahl vorgeschlagen.

Ein sehr dankbares Üben entsteht, indem der Ausführende sich bestimmten Textstellen mit Konzentration und Aufmerksamkeit widmet und diese, beispielsweise wie es in der Konzentrationsübung beschrieben ist, sorgfältig studiert. Die Disziplin dieses Studiums gibt es unter anderem in der Anthroposophie und sie wird allgemein mit Meditation auf Texte bezeichnet. In östlichen Schulen des Yoga und der Meditation nennt man das Studium in kontemplativ-meditativer Weise mit dem Begriff *svādhyāya*. Grundsätzlich soll durch die Worte und die wiederholte Auseinandersetzung mit diesen das Seelenleben angeregt werden.

Die Betrachtung von bestimmten Pflanzen oder vegetativen Erscheinungen in der Natur bietet sich zum Üben an. Die Pflanzenwelt ist von den Lichteinflüssen und Jahreszeiten abhängig und äußert sich im Sprießen und Welken. Grünende Frühjahrspflanzen wirken von ihrem Erscheinungsbild anders als die sich zum Jahresende neigenden und welkenden Herbstpflanzen. Der erfahrbare Unterschied zwischen Grünen, Blühen und Welken bereichert das menschliche Seelenleben und offenbart Kräftewirkungen, die vom Kosmos ausgehend zur Pflanzenwelt wirksam ausströmen. Das Studium einer Einzelpflanze jedoch kann die tiefere Signatur oder die Bedeutung der Pflanze der menschlichen Seele näher rücken.

Pantheon

Kunstgegenstände, wie Statuen oder Gemälde sollten nicht am Seelenleben des Menschen leichtsinnig vorübergleiten. Die große Versuchung bei künstlerischen Betrachtungen ist die Schwärmerei für das Schöne, die in den meisten Fällen jedoch die eigentliche Bedeutung und Ausdrucksgebung des künstlerischen Gegenstandes nicht erkennen lässt. Eine andere Versuchung besteht in schnellfertigen Bewertungen intellektueller Art. Kunst und künstlerisches Erleben aber erfordern eine regsame Seelenaktivität und diese kann in besten Vorzügen mit der Seelenübung aktiviert werden.

Hochinteressant ist das Studium von Architekturformen und Gebäuden wie dem Pantheon in Rom, bei dem phantasievoll ein Obelisk und ein Tempel mit Kuppeldach und Dreiecksformen kombiniert sind. Welche Kräfte strahlen aus einem Gebäude aus? Wie wirkt Architektur auf das menschliche Erleben? Welche Einflüsse üben hohe Formen im Verhältnis zu niedrigen Formen auf das menschliche Gemüt aus?

Statue

Ein Stück Holz

Wieder ein ganz anderes Objekt kann ein einfacher Gegenstand wie ein Stück Holz bieten. Das Holz, je nach spezifischer Art, besitzt Unterschiede. Grundsätzlich erlebt der Betrachter jedes Holz in seiner spezifischen Natur und kann dieses wiederum vom Erleben eines Metalls unterscheiden. Nicht die Sympathie für Holz oder Metall erscheint für das Üben von Bedeutung, sondern dass der Übende eine Beziehung zu der Materialien ausprägt und schließlich ein zunehmendes tieferes Erleben in seiner Seele erweckt.

Welche etymologische Bedeutung liegt dem Wort Seele zugrunde?

Etymologisch gesehen führt sich das Wort Seele auf das althochdeutsche „seula" zurück, dessen Ursprung jedoch im weiteren Sinne nicht mehr bekannt ist.

Auffällig erscheint bei dem Wort Seele der große Unterschied zum italienischen Wort „anima". Während der Wortstamm des deutschen Begriffes vom „e" geprägt ist, verwendet die italienische Sprache den Vokal „a" und akzentuiert diesen mehr mit Atmen und dem damit verbundenen Lebenshauch. Das lang ausgedehnte „e" spricht gefühlsmäßig mehr zu den Augen und zum Sehen und liegt dem Atmen relativ fern. Nach den hier vorliegenden geistigen Forschungen liegt der Ursprung des Wortes Seele im „Sehen" oder im höherem Wahrnehmen, was dem ursprünglichen Sehen entspricht.

Der althochdeutsche Begriff „seula" trägt ebenfalls eine gewisse Empfindung von Sehen in sich. In manchen etymologischen Deutungen wird das Wort Sehen auf den Bereich Jagd und die Augenaktivität, die hierzu notwendig ist, zurückgeführt. „Seula" aber, mit der oftmals genannten Bedeutung „zur See gehörig", kann eine Andeutung einer überirdischen Heimat geben.

Das dem Begriff „seula" nahe verwandte „saiwan" ist das Wort, das häufig in etymologischen Büchern als Ursprung des Wortes Seele genannt wird. Es benannte in alten Zeiten durchaus die klassische Seherin, die hellsichtige Person. Interessant ist in diesem Zusammenhang, dass auch Platon die Seele als weissagendes Wesen benannte. Gleichzeitig kannte Platon den Atem als seelische Grundkraft und konnte ihn mit „psyché" als lebensspendenden Hauch erleben.

In früheren Zeiten erlebte der menschliche Bürger die Seele mehr ausgedehnt im Kosmos. Er fühlte seine Heimat nicht so sehr im irdischen Dasein, sondern mehr in einem überirdischen Zugehörigsein. Daher war der Mensch früher naturbedingt zu einem gewissen Grade hellsichtig. Die Augen mit ihrer Begabung zum Sehen nützen das Licht und dieses Licht ist überirdischer Art. Es entspringt nicht von der Erde, sondern aus dem Kosmos. Das Sehen ist durch das Licht tätig und in diesem lebt die menschliche Seele. Der Begriff der Seele ist deshalb aus dem geistigen Wahrnehmen durch die Art des höheren und weissagenden Sehens entwickelt.

Der deutsche Sprachgeist
verbindet mit dem Wort Seele
das übersinnliche Sehen.

Der italienische Sprachgeist
jedoch meint mit „anima",
dem Wort für Seele,
das atmende und
bewegende Prinzip.

Erweitertes Verständnis des Menschen und des Geistes

Die Seele und ihr Fortbestehen nach dem Tode

Im Vergleich zum physischen Körper, der mit dem Tode abscheidet, der zu Staub und den Erdenelementen übergeht, bildet die Seele tatsächlich eine andere Dimension. Sie ist ungreifbar, nicht nach den Maßeinheiten der materiellen Umstände wägbar. Sie ist vielleicht wie die Luft, die im Raume zirkuliert, und bleibt nicht auf einen bestimmten Ort begrenzt. Man kann sie im weiteren und trefflicheren Sinne wie ein Licht bezeichnen, das auf die Erde strahlt und aus dem Kosmos entspringt und jene Eigenschaft besitzt, die kein materieller Körper im gleichen Maße hat. Das Licht verbraucht sich durch das eigene Leuchten nicht. Es bleibt Licht und behält seine eigene Souveränität.

Wohin geht die Seele, nachdem der physische Körper verstirbt? Wie und in welcher Region hält sie sich auf? Diese Fragen beschäftigten die verschiedensten Religionen und Philosophien der vergangenen Zeit. Viele Antworten sind zu dieser Fragestellung entstanden, die in der Summe wohl zu dem gleichen Ergebnis gekommen sind. Die Seele ist wie ein großer Atem, ein Hauch, eine „psyché", wie es Platon ausgedrückt hat, die mit der Geburt oder bereits mit der Konzeption in den Körper hineinzieht und mit dem Tode den Körper wieder verlässt. Die Seele selbst darf man wohl als kosmische Entität bezeichnen, die in Beziehung zum Erdenleben steht, jedoch in ihrer ursprünglichen Heimat aus dem Kosmos entspringt und diesem zugehörig bleiben wird. Mit dem Körper ist deshalb der menschliche Bürger im Irdischen verankert, mit der Seele jedoch bleibt er den kosmischen Bedingungen treu und mit dem Geist kann er sowohl das irdische Leben wie auch sein eigenes Seelenleben lenken und transzendieren. Der Geist ist deshalb höher als das menschliche Seelenleben und er repräsentiert sich durch das in der Entwicklung immer freier werdende Ich des Menschen.

Für die Praxis der Seelenübungen ist es wichtig, dass der Interessierte sich nicht Weltanschauungen passiv hingibt und diese im Glauben übernimmt, sondern dass er sich mit den verschiedensten Möglichkeiten, philosophischen Denkvorstellungen und weltanschaulich geprägten Thesen oder Überzeugungen auseinandersetzt. Auf natürliche Weise wird er wohl zu der Überzeugung eines Weiterlebens der menschlichen Seele nach dem Tode gelangen. Er kann sich auf rationale Weise ein Bild über die unterschiedlichen Ebenen von Körper, Seelenleben und Geist aneignen und auf diese Weise zu einer Erkenntnis gelangen, dass es Anteile im Menschen gibt, die feiner als der physische Apparat sind und die eine

Nach der anthroposophischen Lehre Rudolf Steiners wandert die Seele nach dem Tode durch die zur Erde zugehörigen Planetensphären, verbindet sich mit ihren spezifischen Lichtsphären, verinnerlicht sich, wird einmal ganz zu Geist und kehrt schließlich nach längerer Zeit wieder zurück in einen neuen Körper auf die Erde. Der Blick in den nächtlichen Sternenhimmel schenkt ein leises kosmisches Lebensgefühl.

unvergängliche Seinsqualität besitzen. Die Glaubensfrage, ob eine Seele nach dem Tode weiterexistiert oder nicht, kann heute durch Vergleiche, Beobachtungen, Erfahrungsauswertungen und schließlich durch sorgfältige Studiengänge rational erschlossen werden. Würde der Praktizierende das Fortbestehen eines seelischen Inhaltes und Daseins nach dem Tode verneinen, so müsste er tragischerweise in der Folge die menschliche Entwicklung leugnen und schließlich zu aller schicksalshaften Absurdität dem Leben und der Evolution den Sinn absprechen. Das Üben jedoch sollte gerade zu Beziehungserkraftung und Sinnerfüllung führen und die Seele nicht nur für den Genuss im Dasein tauglich schmieden, sondern sie um Sozialfähigkeit und Dialog bereichern. Diese Erkraftung hätte jedoch wenig Sinn, wenn sie sich nur auf eine persönliche eigennützige Sphäre beziehen müsste und nur innerhalb der Grenzen von Geburt und Tod gesehen werden würde.

Eine Seelenübung führt immer zu einer Vertiefung des Denkens und Fühlens und meidet ein schnellfertiges emotionales Ausschweifen. Im Allgemeinen kann man aufgrund geistiger Forschungen sagen, dass Emotionen und alle oberflächlichen Leidenschaften sehr schnell verblassen, während tiefer erworbene Empfindungen und wahre Gefühle einen bleibenden Wert besitzen. Obwohl an dieser Stelle keine große Diskussion über Reinkarnation oder über das Präexistentsein der Seele eröffnet werden soll, kann sich dennoch der unbefangene Betrachter davon überzeugen, wie tiefe seelische Kräftewirkungen noch innerhalb Generationen fortwirken. Das Beispiel eines guten Lehrers, der Vorbild in einer Klasse war, lebt in den Seelen der jungen Menschen weiter und dies sogar, nachdem der Lehrer abgeschieden ist. Der Tod begrenzt das Seelenleben nicht. Alle errungenen, wirklichen Erkenntnisse und alle tiefen Gefühle bleiben in der Weltenschöpfung erhalten. Die Seelenübungen wollen diese tiefen Gefühle stärken und das kulturelle, soziale und freundschaftliche Leben mit wahrheitsgetreuen und bleibenden Eindrücken begleiten.

In der Antike fand die Vorstellung von der Reinkarnation der Seele durch Pythagoras und Platon eine weite Verbreitung. Auch verschiedene frühchristliche Gruppen vertraten sie. Im Jahr 553 wurde die Lehre der Präexistenz der Seele des Kirchenlehrers Origenes durch das 5. Ökumenische Konzil in Konstantinopel mit Kirchenbann belegt. In der Folge galt die Vorstellung der Reinkarnation der Kirche als Häresie und ihre Vertreter wurden als Ketzer verfolgt. Die Folgen dieser tradierten einseitigen Lehren führten wohl in umfangreicher Weise zu einer materialistischen Kultur, in der das Seelenleben des Menschen zunehmend unterdrückt wurde.

In den östlichen Lehren des Hinduismus und Buddhismus gilt die Reinkarnationslehre als ein offizielles und angenommenes Glaubensgut, das sich vor allem auf alte Überlieferungen stützt. In der Bhagavad Gītā nimmt die Reinkarnationslehre einen zentralen Platz ein und es heißt beispielsweise im Kapitel II,

Vers 22: „Ebenso wie ein Mensch alte Kleider fortwirft und neue anzieht, legt der Eingekörperte die verbrauchten Leiber ab und tritt in andere neue Körper ein." Dem Geist und Seelenleben wurde aus den alten indischen Überlieferungen der Upaniṣaden mehr Bedeutung eingeräumt als dem Physischen, während im Westen in zunehmendem Maße dem physischen Leib die Priorität gegeben wurde.

In den westlichen kirchlichen Denkmälern erstrahlt eine große Dimension eines institutionellen Denkens. Die Religion wurde zur Macht und institutionellen Gebärde. Die Architekturformen, die jedoch erschaffen worden sind, besitzen erstaunliche Dimensionen. Die Reinkarnation und das lebendige Geistleben wurden aber aus den theologischen Lehren gestrichen.

Im bewegten *Śiva* hingegen, offenbart sich eine sehr dynamische und von jeglicher institutionellen Festlegung unabhängige Geste. Im Tanz und in der Bewegung erscheint *Śiva* als der große Transformator. Der Mythos berichtet von dem lebendigen Gott *Śiva*, der im Himalaya lebte und im Allgemeinen auch den Herrn des Yoga und der Askese repräsentiert.

Der Hinduismus legte sich im Gegensatz zur katholischen Theologie nie systemgebunden fest. Die Lehren blieben deshalb sehr vielseitig, offen und gaben dem Individuum einen größtmöglichen Freiraum der Interpretation.

Das Ich, der Astralleib, der Ätherleib und der physische Leib des Menschen

Die Anthroposophie von Rudolf Steiner spricht von vier Wesensgliedern, die namentlich das Ich, der Astralleib, der Ätherleib und der physische Leib sind. Dieses System, den Menschen in vier Glieder zu differenzieren, kann eine außerordentlich praktische Arbeitsgrundlage geben, denn mit dieser wird es für die Betrachtungen und begrifflichen Einordnungen möglich, auf genauere und sorgfältige Weise die Wirkungsrichtungen zu beurteilen, die eine Seelenübung einnimmt. Das menschliche Wesen wird durch diese Viergliederung nicht nur auf theoretische Weise erfasst, sondern auf eine analytische, gegliederte und vorstellbare Ebene geführt, und gleichzeitig ergeben sich mit den Bildern und Beschreibungen zu diesen vier Wesengliedern nicht nur übergeordnete Betitelungen, sondern tatsächliche Wirklichkeiten, die im Menschen selbst verborgen sind.

So wie der Chemiker die einzelnen Bestandteile eines kompakten Stoffes, wie beispielsweise eines Nahrungsmittels extrahieren muss, damit er sie in Quantität und Qualität bestimmen kann, so muss im gleichen Maße die menschliche Seinsexistenz in ihren Gliedern differenziert betrachtet werden, damit diese der menschlichen Erkenntnis dienen und der praktischen Erfahrung zugänglich werden. Spricht beispielsweise der Yoga von einer Art Einheitserfahrung als Ziel, so kann diese nicht sofort in Anspruch genommen werden, denn der Mensch muss sich zunächst der Disziplin des Erkenntnissuchens unterziehen, damit er beispielsweise die trennenden Kräfte und die vereinenden Kräfte in der Weltenschöpfung erfahren lernt. Es wäre zu einfach, sich selbst in ein sogenanntes geistiges Erleben hineinzuleben und dabei analysierende und differenzierende Erfahrungen über das menschliche Dasein unterlassen zu haben.

Das menschliche Ich ist das höchste Glied, das der geistigen Welt angehört. Das Ich-Selbst ist rein geistig und besitzt keine stoffliche und auch keine feinstoffliche Grundlage. Ob dieses Ich nun das ganz Gleiche darstellt, wie das Selbst des Yoga, der *parātman*, die höchste Seinsexistenz, wird im Laufe der Auseinandersetzung noch geklärt. Es ist dieses Wesensglied, obwohl es transzendenter Natur ist, als eigenes Wesensglied erkennbar und in der Art seiner Zugehörigkeit und Wirkung zu den anderen Gliedern unterscheidbar. So wie der Geist eine von der Seele unterschiedliche Realitätsebene darstellt, so stellt das Ich eine unterschiedliche Realitätsebene zu den anderen Gliedern dar. In der Summe ist dieses Ich-Selbst das Gleiche wie der reine Geist des Menschen. Wäre der Mensch auf einer Stufe des Pflanzenreiches stehen geblieben, so hätte er kein Ich und würde den Naturbedingungen gehorchen. Indem der Mensch jedoch ein Ich-Selbst besitzt,

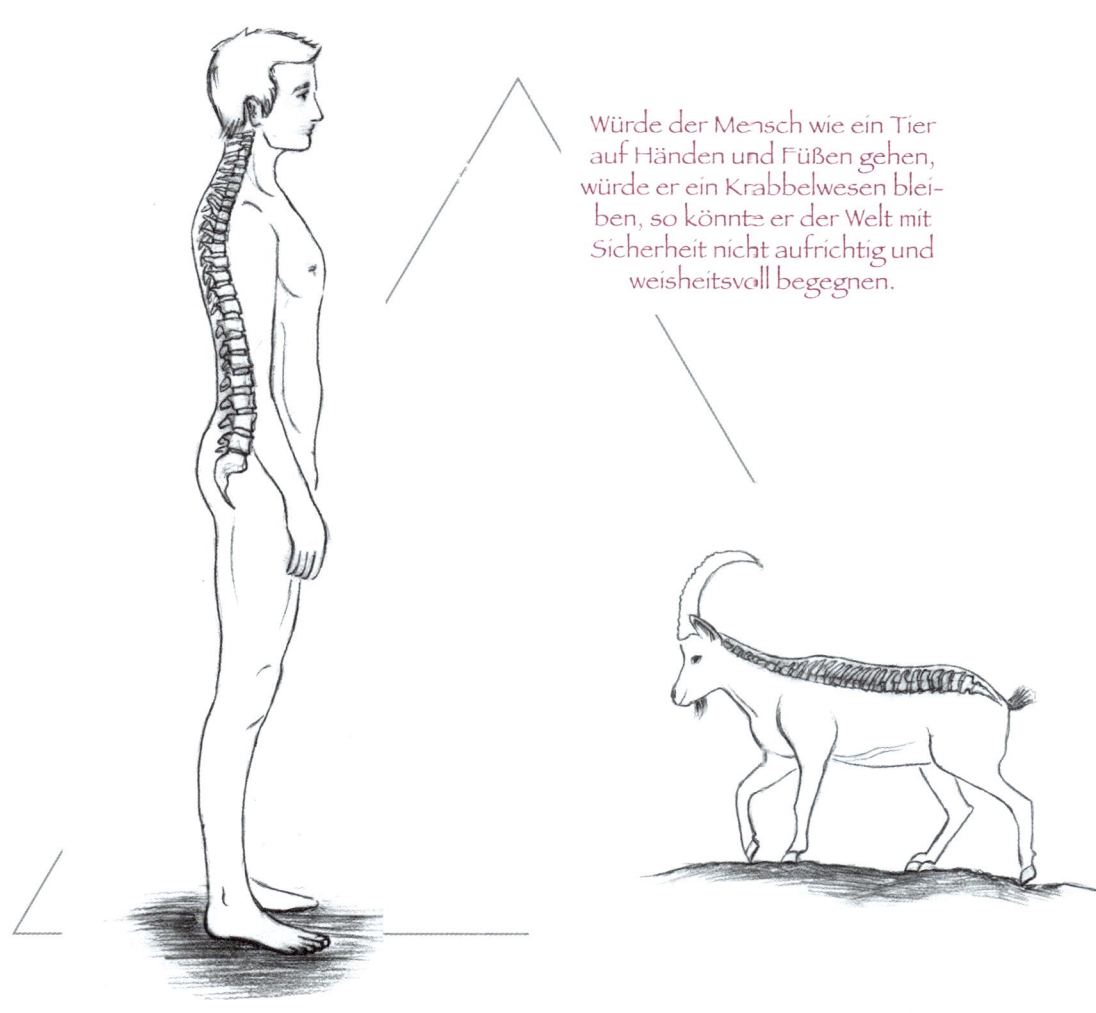

Würde der Mensch wie ein Tier auf Händen und Füßen gehen, würde er ein Krabbelwesen bleiben, so könnte er der Welt mit Sicherheit nicht aufrichtig und weisheitsvoll begegnen.

Es ist ein großer und empfindsamer Unterschied, wie die Statur der Wirbelsäule ausgerichtet ist. Die vertikale Linie offenbart das himmelwärtsstrebende Prinzip, während die horizontale Linie den Hang zur Welt und zu den irdischen Bedürfnissen symbolisiert.

In der klassischen christlichen Kreuzform begegnen sich die horizontale und vertikale Linie als geistige und weltliche Dimensionen.

steht er über allen anderen Reichen, sowohl den Pflanzen als auch dem Tierreich, und besitzt die Fähigkeit, sein Schicksal in eine gewünschte Richtung zu lenken. Der Mensch ist durch die Kraft des Geistes und die daraus resultierenden Fähigkeiten der Schöpfer seines Schicksals. Das Ich und der Geist gehören zusammen.

Der Astralleib, das nächstfolgende Glied, ist bereits in einer gewissen feinstofflichen Grundlage gegründet und er ist der kosmische Leib, das ist jener Leib, den der Mensch gewissermaßen mit den Sternen als Mikrokosmos in sich trägt. In ihm sind auch die Planeten und die Wirkungen, Dimensionen, Motive und Gesetze des zugehörigen Kosmos enthalten. Der Astralleib ist ein Lichtleib, der aber nicht das klare Sonnenlicht, wie es an den taghellen Einstrahlungen des wolkenlosen Himmels sichtbar ist, repräsentiert, sondern tatsächlich mehr das innere Licht der Sterne und Planeten trägt, und der in diesem Sinne mehr eine Art modifiziertes Licht oder sogar eine Art spezifiziertes Licht der Sonnensphäre darstellt. Dieses Licht des Astralleibes bringt Wesen und Wesensgestaltungen aus sich selbst hervor. Die Seele, wenn man diesen Begriff nicht zu profan nimmt, und der Astralleib sind das Gleiche, denn beide bringen nicht ein unmittelbares Licht durch sich selbst hervor, sondern sie kreieren Prozesse und somit diejenigen Erscheinungen, die für das physische Auge in jeder Weise unsichtbar sind und doch eine reale, wirkende und durchaus für das Gemüt nachempfindbare Tatsache darstellen. Wäre der Astralleib nicht als reale Anlage im Menschen vorhanden, so könnten keine Bewusstseinsprozesse entstehen. Der Astralleib ist der Träger des Bewusstseins und der Werkmeister von all jenen Gestaltungen, die aus dem nach innen gelagerten Licht der Sonne entstanden sind.

Wieder ein anderer Leib ist der Ätherleib, der bereits näher an dem physischen Körper angelehnt ist. Aber auch dieser Leib ist für das physische Auge unsichtbar. Er besteht aus dem sogenannten Äther oder aus dem konkreten Licht selbst, das in sich hell ist und wie aus sich selbst eine entzündende Flamme hervorbringt. Der Ursprungsort dieses Lichtes ist tatsächlich die Sonne, aber man darf sich dieses Licht, das den Äther in sich birgt, nicht als das gewöhnliche, physikalische Licht allein vorstellen, denn es ist vielmehr das in sich fluktuierende und arbeitende Licht, das aus einer übergeordneten Sphäre kommt und eine Beziehung zu der irdischen Welt erschafft. Die Sonne selbst ist der physische Ausdruck derjenigen Kräfte unseres Sonnensystems, die ätherisch im Weltenall bis hin zur Erde fluktuieren. Der Äther entspringt nicht aus den Erdenstoffen oder aus den Erdenverhältnissen. Er besitzt seinen Ursprung in sonnenähnlichen

Die astralen Einströmungen nimmt das Tier außerordentlich über die Hörner auf. Aus diesem Grund sollten Kühe nicht der Hörner beraubt werden. Bei Beschnitt der Hörner werden die Tiere dem Wesen ihrer Art fremd. Eine Beobachtung der Hörner und Geweihe bei verschiedenen Tieren schenkt eine Ahnung, wie das Tier die Instinkte empfängt. Die Hörner und Geweihe sind wie Antennen, die den Kosmos über das Tier zur Erde leiten.

Sphären und wird aus diesen heraus die Erde beleben, bereichern, die Stoffe bearbeiten und in eine nächstmögliche Struktur verwandeln. Am Werden und Wachsen der Pflanzen arbeitet die Ätherkraft, die tatsächlich mehr ist als das physisch wahrnehmbare Sonnenlicht. Im Menschen selbst befindet sich der Ätherleib als eine sakrale Tiefe veranlagt. Durch die verschiedenen Aktivitäten, ganz besonders durch die Denktätigkeit, erzeugt das menschliche Geschöpf die verschiedensten Ätherkräfte. Indem der Künstler ein Porträt in Gedanken ersinnt und dieses schließlich durch eine präzise Ausarbeitung manifestiert, bewegt er nicht nur in sich selbst ätherische Kräfte, sondern er erschafft förmlich neue, unbekannte Dimensionen, die schließlich für die Weltenschöpfung zur Verfügung stehen. Welche großartigen Kräfte erstrahlen heute noch aus einer Figur, die Michelangelo ersonnen und geschaffen hat? Die Ätherkräfte eines Davids können heute noch den Menschen beim Anblick dieser gewaltigen Statue in seinem Rückgrat und Haupte erheben. Der Betrachter erspürt, wie diese Aufrichtekräfte aus der Figur auf ihn hinüberstrahlen. Diese Aufrichtekraft erfolgt durch die manifest gewordenen Ätherkräfte in der Figur.

Der physische Leib besteht aus den Elementen der Natur, und dieser ist nun, wie es wohl am trefflichsten zu beschreiben ist, nicht mehr von feinstofflicher, sondern von grobstofflicher Art. Mineralstoffe, Enzyme, Blut- und Lymphflüssigkeit, Gewebefasern, Eiweiße, Zuckerverbindungen und vieles, das den Körper in seiner Komplexität erbaut, sind nachweisbare oder physisch wägbare Substanzen und deshalb sagt man, sie seien diejenigen, die der Erde angehören. An diesem physischen Leib arbeiten die drei höheren Glieder, das Ich, der Astralleib und der Ätherleib, und erhalten diesen in der Entwicklung, in einem Bewusstsein und am Leben.

Indem nun diese Viergliederung in einer praktischen Arbeitsgrundlage angewendet und aufgebaut wird, stellt sich die problematische Anforderung, dass der Übende ab jenem Moment, ab dem die menschliche Beurteilung die wägbare Sinnessphäre verlassen muss und in die übersinnlichen Dimensionen eindringen will, die sich mit dem Wahrnehmen und Erschauen des Ätherleibes beginnend und sich steigernd mit dem Erschauen des Astralleibes und des Ich ergeben, eine große Verunsicherung kalkulieren muss, da er eigentlich nie mit definitiver Sicherheit sogleich beurteilen kann, ob er seinen Wahrnehmungen eine Berechtigung einräumen darf und ob seine Erkenntnisse einer fundierten Wahrheit angehören. Aufgrund dieser bestehenden Unsicherheiten zwischen Subjektivis-

Die Blume webt im Licht und in der Wärme. Sie bleibt nahezu bewegungslos und nimmt die Einflüsse aus dem Kosmos passiv auf. Sie besitzt keinen eigenen Bewegungs- und Empfindungsorganismus. Die Biene jedoch bestäubt sie und bringt als Tier eine Art intensivere Verbindung zwischen den astralen Sternenwelten zu den ruhigen Lebenswelten.

mus und objektiver Gültigkeit auf dem Weg des übersinnlichen Schauens werden in der Regel alle spirituellen Wege zu einer Relativität erklärt, und es wird eigenartigerweise, wie das heute der Fall ist, die physische Welt und ihre wissenschaftliche Grundlage als einzige, sichere Realität angenommen.

Eine äußere Sicherheit und wirklich bestehende objektive Gültigkeit scheint es tatsächlich auf den ersten Blick für den Weg der Spiritualität und des Übens zur Erkenntnis der höheren Welten nicht zu geben. Es ist aber trotz dieser zunächst sich ergebenden Anforderung der Unterscheidung zwischen Subjektivität und Objektivität zu bemerken, dass der Übende die Sicherheit für die Richtigkeit der Beurteilungen, die er in seiner Disziplin der Auseinandersetzung findet, auf dem Weg selbst entnehmen kann. Ein Geistschulungsweg, der sich mit Begriffen des Ich, des Astralleibes, des Ätherleibes und des physischen Leibes auseinandersetzt, studiert die menschlichen Gesetze und die menschliche Wesensnatur auf eine ähnliche Weise wie der Arzt, der den Körper mit all seinen Organsystemen studiert, nur besteht der Unterschied darin, dass die gesamte Betrachtung auf reale Weise die höhere Wesensnatur des Menschen und ihre metaphysische Wirkungssphäre einbezieht. Der Weg der Geistschulung selbst ist aus ihren eigenen objektiven Gesetzen entwickelt und er ist alles andere als eine Phantasterei oder eine Theorie. So wie der Ingenieur ein Bauwerk konstruieren kann und schließlich am Ergebnis der entstandenen Wände, Decken, Winkel und Dächer die Maße auf ihre Richtigkeit hin überprüfen kann, so kann ebenfalls derjenige, der den Geistpfad begeht, auf langsame Weise seine Handlungen, seine Worte und seine Denkvorstellungen überprüfen lernen, denn auch diese besitzen in ihren Bezugsrichtungen gegenüber den eigenen Leibern, als auch gegenüber den Verhältnissen der Mitmenschen eine objektive und wahre Gültigkeit.

Die Sicherheit, die der Lernende deshalb auf dem Weg entwickelt, ist beispielsweise durch die Durchdringung der Begriffe und deren Erkenntnisanalyse und die Ausgestaltung des Seelenleibes möglich. So wie der Ingenieur zumindest eine mathematische und geometrische Ausbildung besitzen muss, so lernt sich der Übende innerhalb der gesamten Disziplin der Auseinandersetzung in seinen eigenen Leibesgliedern kennen, und er lernt vor allem auch, sich in der Auseinandersetzung mit seinen Mitmenschen objektiv zu prüfen. Die Kritik an anderen wird zur Selbstkritik und die Analyse von Begriffen hilft dem Lernenden, das Wahre von dem Falschen zu unterscheiden. Es gibt keine bessere Selbstkontrolle als das Studium von den verschiedensten Philosophien, geistigen Schriften, anderen Menschen, die Reflektionen im Dialog mit den Mitmenschen und schließlich

Der Berg oder Fels ist wie ein Monument für die irdische Welt. Er offenbart sich als zeitloses stilles Geheimnis. Zu dieser physischen Natur gehört der Mensch mit seinem Körper nur für eine sehr bescheidene Episode.

die Analyse des Zusammenwirkens der verschiedenen Interaktionen. Allein bei sich selbst könnte der Einzelne niemals irrtümliche Vorstellungen von objektiven Wahrheiten unterscheiden. Indem der Übende im regsamen kritischen Austausch mit seinen Mitmenschen bleibt und seine Verhaltensweisen im Verhältnis zu den anderen studiert, entwickelt er eine zunehmende objektive Selbstkontrolle.

Der nach Geist Strebende möchte eine Wahrheit finden und sich mit der Wahrheit entwickeln, und er möchte diese nicht in Weltenferne für sich alleine leben, sondern er möchte sie auf das soziale und allgemeine Leben übertragen. Indem er sich in dieser Übertragungsfähigkeit ordentlich und systematisch übt, bemerkt er weiterhin die Tauglichkeit seines bisherigen Erkenntnisstrebens. Solange ein Begriff oder eine Vorstellung nicht ausreichend durchdrungen ist, schenkt sie dem Leben noch keine ausreichende Integration. Esoterische Träumereien oder intellektuelle Spekulationen sind für die soziale Ausgestaltung untauglich. Die Reife des Erkenntnisstrebens und seine Richtigkeit zeigen sich tatsächlich in der soliden Sozialfähigkeit des spirituellen Aspiranten. Der Übende begibt sich auf einen Weg, der von allem Anfang an gewissermaßen durch die formende und sichtbare Kraft seiner eigenen Wesensglieder selbst gekennzeichnet ist. Es gibt für ihn keinen Orden, keine feste Gemeinschaft und auch keine festen Formen und Regeln, in die er sich passiv einfügen könnte. Indem er den Weg zu den höheren Welten mit Hilfe des Yoga oder anders ausgedrückt mit Hilfe eines Geistschulungsweges begeht, beginnt er diesen auch in seiner Seele mit einer objektiven und gültigen Struktur anzulegen und auszugestalten. Der Weg der Spiritualität ist niemals zu verstehen wie ein physischer Pfad, für den man nur den Einstieg finden muss und sich dann ohne Verirrung an ihm entlangtasten kann, sondern er ist vielmehr ein Weg, auf dem die Seele und das Ich des Menschen wandeln und selbst noch den Weg wie eine noch nicht fertige Anlage konstruieren müssen. Die Erfahrungen, die bisher auf einem Geistschulungsweg bestehen und die durch Lehrer mitgeteilt werden, nimmt der Lernende in jedem Falle entgegen, aber er nimmt sie nicht entgegen wie reine Weg- oder Tourenbeschreibungen, sondern er studiert die einzelnen Gedanken und ergründet die darin ausgedrückten Gefühle, bis er sie selbst in ihren Maßeinheiten und Möglichkeiten erkennt und leben lernt.

Der Übende wird deshalb weniger in eine vorgegebene Struktur eintreten und Regeln und Disziplinen passiv befolgen, vielmehr wird er der mühevollen und mutigen Auseinandersetzung folgen und mit den einzelnen Begriffen, Vorstellungen, vorgegebenen Bildern, den genannten Regeln, Hinweisen, den Übungen, den Meditationsformen seine Gedanken schulen und erbauen, damit sich diese für ihn zu einer objektiven Anschauung darbieten und zu einer wachsenden Beurteilung offenbaren. Schulungskurse können ihm eine Hilfe bieten, aber sie ersetzen nicht die eigene Disziplin der Ausformung des objektiven Denkens und der Entwicklung einer wachsenden Beurteilungsfähigkeit. Indem der Geistaspirant auf eine lebendige und aktive Weise auf dem Weg arbeitet und die Begriffe zu bewussten Vorstellungsinhalten führt, lernt er seinen Umgang mit sich selbst und anderen auf eine höhere Ebene anzuheben. Er wird beziehungsfreudiger.

Der Umgang mit den Begriffen bietet heute einen der Schlüsselansätze zur Kontrolle des persönlichen Weges und zur Entwicklung einer natürlichen, dynamischen Sicherheit für die Beurteilung der gegebenen Umstände. Wenn sich der Schüler beispielsweise mit dem Astralleib auseinandersetzt, so stellt er als Erstes fest, dass dieser Astralleib nicht mit den physischen Augen sichtbar und daher auch nicht mit den gewöhnlichen Instrumenten messbar oder wägbar ist. Der Astralleib bildet nach der geistigen Forschung gesehen eine reale Existenz, die jedoch in der metaphysischen Dimension des menschlichen und kosmischen Daseins liegt. In der Auseinandersetzung mit diesem Begriff kann der Lernende nun keine großartigen Fortschritte erringen, solange er nur einige über die Zeit entstandene Definitionen annimmt und diese als seine Meinung etabliert. Er würde durch die definitive und meist schnellfertige Belegung des Begriffes diesen gewissermaßen aus seinem möglichen Licht der Betrachtung entreißen und ihn wie einen fixen Gegenstand in seinem Inneren abspeichern. Der Weg mit der Arbeit der Begriffe und mit der Entwicklung einer richtigen und lebendigen Anschauung führt nicht zu schnellfertigen Definitionen, sondern er führt gewissermaßen zu einer objektiven Vergegenständlichung. Der Übende nimmt deshalb den Begriff nicht zu seiner Meinungsbildung, sondern erhebt ihn in das Licht der möglichen Betrachtung, formt ihn zu beschreibenden Bildern, entdeckt seine Möglichkeiten und Beziehungen und lernt ihn auf diese Weise aus verschiedenen Blickrichtungen kennen. Langsam rücken ihm die Eindrücke in der Seele nahe und er gewinnt erste Empfindungen über die Richtigkeit seiner getätigten Wahrnehmungen und der damit erwachenden Erkenntnisse.

Das Ich, der Astralleib und der Ätherleib, die die seelische und geistige Wesensnatur des Menschen beschreiben und repräsentieren, lassen sich deshalb nicht auf definitive Worte festlegen und auch nicht auf profane Weise fixieren, sondern sie entwickeln sich in ihrer zunehmenden und wahrer werdenden Realität durch die tätige Auseinandersetzung des Bewusstseins. Sie werden zu Gegenständen der Betrachtung und sie enthüllen langsam ihre wahre Tiefe und Wirklichkeit. Der Weg, der immer mit Begriffen und mit objektiver werdenden Beurteilungen und auch wahrer werdenden übersinnlichen Wahrnehmungen die menschliche Entwicklung erhebt und fördert und das interaktive Leben bereichert, schenkt aus sich selbst jene schöne Sicherheit, die sich durch ihre eigene Logik und Weite bestätigt.

Die praktische empfindsame Annäherung zu den vier Wesensgliedern
Beispiele zur Beobachtung

Im allgemeinen Verständnis über den Menschen und seine psychische Seinsexistenz wird der heutige Bürger wohl keinesfalls die Existenz eines Bewusstseins wie auch die des Unbewussten bezweifeln. Die Lehren über das Bewusstsein und Unbewusste erschlossen sich im Laufe der verschiedensten psychotherapeutischen Methoden. Das Gedankengut der Psychoanalyse nach Sigmund Freud wurde nahezu allgemein zugänglich und von vielen Menschen aufgenommen.

Jedoch könnte infolge der sehr schwierigen Begrifflichkeiten die bestehende Wirklichkeit eines Ätherleibes, Astralleibes und eines Ich durchaus erheblich in Frage gestellt werden. Noch sind diese Begriffe für die allgemeine Bildung wie Fremdwörter und besitzen deshalb eine sehr schwere Erfassbarkeit. Rudolf Steiner schrieb über diese sogenannten feinstofflichen Leiber und lehrte Wege, wie der sich Übende zu einer Anschauung und Erkenntnis dieser über die Physis hinausgehenden Wesensglieder kommen könne.

Die einfachste Methode, sich selbst über die einzelnen Wesensglieder eine Anschauung zu machen, kann die folgende Beschreibung geben:

Man beobachte einen Stein, der auf einer Wiese oder im Flussbett liegt, und überlege sich während der Beobachtung, ob dieser sich von sich selbst aus in eine veränderte Lage bringen könnte, ob er beispielsweise in Wachstum überzugehen vermöge oder ob er durch sich selbst eine Art Metamorphose, eine Verwandlung in einen anderen Form- oder Seinszustand herbeiführen könnte.

Der Stein ruht bewegungslos, er ist den Mächten der Erosion preisgegeben.

Mit der Betrachtung dieses Steines gewinnt der Interessierte einen Eindruck über die Leblosigkeit der Materie, die aus sich selbst heraus zu keiner Bewegung und zu keinem Wachsen imstande ist. Der Stein selbst repräsentiert urbildlich die Festigkeit der Materie, die in sich keine Wärme und keine eigene Lebensreaktion zeigt.

Eine ganz andere empfindsame Erfahrung öffnet sich, wenn der Interessierte eine Pflanze, ganz besonders eine wachsende, gedeihende Frühjahrspflanze mit verschiedenen Zeitabschnitten beobachtet. Er sieht mit den physischen Augen eine bestimmte Größe und Form dieser Pflanze, die sich beispielsweise mit ihrem Grün von der Umgebung unterscheidet. Nach einigen Tagen erblicken die Augen ein Größerwerden dieser Pflanze, ein regelrechtes Wachsen. Vielleicht ist sie von 20 auf 30 cm innerhalb einer Woche in die Höhe gehoben. Indem sich der Interessierte nun die Frage stellt, woher diese Wachstumsmöglichkeit entsteht, gewinnt er einen Eindruck, dass in dieser Pflanze tatsächlich eine besondere „Energie", wie man dazu zunächst sagen kann, lebendig wirksam ist.

Die Wachstums- oder Lebenskräfte können nicht aus der bloßen Materie entstehen. Sie sind im Stein oder im toten Körper nicht vorhanden, während sie in der Pflanze ihren souveränen Ausdruck offenbaren.

Der auf diese Weise Beobachtende und mit Fragen sich Hinwendende gelangt zu einem empfindsamen Eindruck, dass diese Form des Wachstums nicht nur mit dem Begriff Energie ausreichend benennbar ist, sondern dass es tatsächlich lebens- und wachstumsfördernde Kräfte gibt. Im Frühjahr zeigen sich die vermehrenden und sprießenden lebensbildenden Kräfte mehr als beispielsweise in den kalten Jahreszeiten des Spätherbstes und Winters. Diese Bildekräfte, die Wachstum, Vermehrung und Regeneration erzeugen, sind Ätherkräfte. Sie bedienen sich der Materie, aber sie kommen nicht aus der Materie.

Man beobachte beispielsweise eine aggressive Katze und werde sich bewusst, dass mit diesen Regungen bestimmte Kräfte, die real vorhanden sind, gegenwärtig sind. Es sind dies die sogenannten astralen Kräfte.

Für einen nächsten Schritt beginnt der Interessierte ein Tier und dessen unterschiedliches Bewegungsspiel zu beobachten. Im Gegensatz zur Pflanze, die sich mit ihrem Blütenkelch dem Licht entgegenzuheben vermag, kann das Tier Sprünge und allerlei Gebärden vollziehen. Gewisse Temperamente, wie Trägheit oder Elan, zeigen sich bei dem Hund, der Katze, dem Pferd. Schmeicheln oder sogar Aggressionen lassen sich bei einem Hund auf verschiedenste Weise erkennen. Indem der Interessierte das Tier beobachtet und auf die instinkthaften Regungen achtet, erkennt er ahnend ein weiteres Wesensglied. Es ist dies der Astralleib, der beim Tier mit sogenannten Instinkten und beim Menschen mit den verschiedenen Gemütsbewegungen seinen spezifischen Ausdruck bekundet.

Diese astralen Kräfte können von Menschen auf das Tier übertragen werden, beispielsweise reagieren die Hunde in einem Dorf auf Unruhe und bellen über die Nacht hinweg. Die Katze selbst reagiert ebenfalls auf den Einfluss des Mondes und neigt zum nächtlichen Streunen.

Die Beobachtung des Menschen und seines Ichs erfolgt schließlich mehr über seine nach außen gerichtete Schaffenskraft. Es ist nicht nur, dass der Mensch zu sich selbst das Wort „Ich bin" sagen kann, sondern er kann beispielsweise Errungenschaften entwickeln wie eine Schreibmaschine, die er schließlich zu einem Computer stilisiert. Das Ich des Menschen bildet deshalb eine Dimension, die über alle Instinkte und Gemütsregungen hinausgeht. Indem man mit diesen

Für die Betrachtung des Menschen und der Fähigkeit des Ichs muss man seinen Erfindergeist, seine Phantasie und seine Bildungsmöglichkeiten anhand seiner Geschichte und seiner Lebenswerke beobachten.

vier Schritten die typische Materie, sodann die Pflanzenwelt, im Weiteren die Tierwelt und zuletzt den Menschen und sein geschaffenes Werk beobachtet, entdeckt man, dass zu der bloßen Materie tatsächlich eine Lebensbildekraft hinzuwirkt. Aber es wirkt nicht nur diese Lebensbildekraft, die am Pflanzenreich am deutlichsten sichtbar ist, sondern es gesellt sich im Tierreich darüber hinaus die instinkthafte, durch das Nervensystem organisierte Empfindsamkeit hinzu und bewirkt leidenschaftliche Reaktionen.

Im Menschen schließlich wirken neben dem physischen Grundgerüst der Ätherleib und der Astralleib oder man kann sagen, es wirken ätherische Kräfte und astrale Kräfte, die sich in spezifischen Leibesgliedern organisieren und durch das Ich, das heißt durch eine vernunftgeprägte, phantasievolle und schaffensfreudige Kraft gelenkt werden.

Diese einfache Beobachtung prägt eine erste Empfindung zu diesen vier sehr unterschiedlichen und doch bedeutsamen Wesensgliedern. Der Interessierte erfasst auf logische Weise, wie die Materie in den toten Stoffen gegeben ist, wie ätherische Kräfte in den Pflanzen wirken und die physischen Stoffe zu neuen Formen erbauen können. Er erfasst aber auch die großartigen Dimensionen der darüber hinausgehenden Gemütsreaktionen und erkennt die Möglichkeiten des menschlichen Ichs.

Was liegt am Anfang: der Geist oder die Materie?

Für die Entfaltung positiver Ergebnisse mit der Seelenübung benötigt es keine religiösen Bekenntnisse und keine Glaubenszugehörigkeiten. Wichtig erscheint es lediglich für den, der praktiziert, dass er sich über die Fragestellung, ob der Geist oder die Materie am Anfang steht, eine sorgfältige Klarheit verschafft.

Es gibt tatsächlich keine unlogischere Betrachtung als diejenige, dass man heute in einer sogenannten materialistischen Zeit die Materie an den Anfang der Weltenschöpfung stellen möchte und den Geist als Zusatz oder sogar als eine Folge dieser wertet. Eine Seelenübung gewinnt ihre logische Ordnung nur dadurch, dass der Übende die Materie als ein Ergebnis eines großen geistigen Wirkens definiert und somit den Geist als die größte menschliche Seinsexistenz und Berechtigung zur Freiheit an den Anfang setzt. Für die Entwicklung der Seelenübung benötigt der Interessierte diese logische Grundlage. Würde er die Materie wichtiger als den Geist bewerten, so müsste er in der Folge annehmen, dass der Gedanke aus dem Gehirn entspringt und die graue und weiße Substanz des Gehirns wie eine Produktionsstätte für den Gedanken und den Geist sind. Die gesamte Gehirnanlage entwickelt sich jedoch im Laufe des menschlichen Lebens entsprechend den Lerneinflüssen, die vom Umfeld, von der Gesellschaft und von den Erziehern vermittelt werden. Die Gedanken leben deshalb in Unabhängigkeit von den einzelnen Menschen. Sie werden über das Nervensystem reflektiert und können mit der Zeit durch die erworbenen Fähigkeiten schließlich analytisch gedacht werden. Sie sind jedoch unabhängig in einer geistigen Sphäre existent. Die graue Gehirnsubstanz entwickelt sich durch analytische Denkvorgänge, während die weiße Substanz das reflektierende Denken im Wesentlichen unterstreicht.

In der katholischen Glaubenslehre benennt man bis zum heutigen Tag die Seinsexistenz der Seele vom Körper beziehungsweise von der Konzeption (Empfängnis) abhängig. Infolge kirchenpolitischer Machtbestrebungen eliminierte man das Präexistentsein eines Seelenlebens aus der kirchlichen Lehre und erschuf auf dogmatischer Grundlage ein letztlich materialistisches Glaubens- und Weltbild. Indem die Seele von der Konzeption abhängig ist, steht die Materie am Anfang des Seelenlebens und der Geist wird rein als Theorie, ohne Möglichkeit, ihn zu erkennen, genommen. Die Weltenschöpfung besitzt nach den theologischen Dogmen nur ein theoretisches Geistgebäude, an das der einzelne Gläubige ohne eigene Erkenntnisse glauben sollte. Die Genetik steht deshalb am Anfang und von diesem wäre das Seelenleben abhängig.

Für die Seelenübung darf diese Abhängigkeit keine Gültigkeit haben, denn die Seelenübung entwickelt das psychische und physische Potenzial des Menschen und fördert aus unabhängiger Perspektive die Verwandlung aller genetischen Voraussetzungen. Diese unterscheidende Wahrnehmung zur Unabhängigkeit der erkenntnisorientierten Denkvorstellungen und der daraus sich entwickelnden weiteren Verwandlungsprozesse für die Psyche und Physis ist für die Seelenübung wichtig.

Gut oder böse

Die Begriffe „gut" oder „böse" entstehen durch den Menschen in Beziehung zu einer Sache oder zur Materie. Je nachdem, wie der einzelne Mensch eine Stellung zur Welt bezieht, entwickelt er die bewertenden Kriterien des moralisch Verwerflichen und des lobpreisenden Befürwortens.

Ein Pyrit: ist er gut oder böse?

Was ist die Materie? Die Materie ist die Erscheinung des Festen, Wägbaren, Analysierbaren. Diese Materie bildet eine neutrale Dimension des gesamten Daseins. Sie ist weder gut noch schlecht.

Die Mystikerin Teresa von Ávila (1515-1582)

Im Gegenzug zu materialistischen Weltbildern entfalteten sich viele sogenannte mystische Wege, in denen sich Menschen von der Welt abwandten und eine unio mystica, eine Art gottselige Einheit, ersuchten. Die Seelenübungen wollen jedoch weder eine mystische Weltenabkehr, noch eine Zuwendung zur Materie mit materialistischen Neigungen fördern, sie wollen vielmehr die Eigenständigkeit des Menschen und seine Beziehung zur Materie wie zum Geiste auf eine größtmögliche Stufe entfalten.

Materialismus

Genau genommen entsteht der Begriff des Materialismus nicht durch eine sympathische Hinneigung zur Welt und zur Materie, sondern vielmehr durch ein Abhängigkeitsverhältnis zur Welt aufgrund einer mangelnden geistigen Wahrnehmung. Indem in der modernen Zeit die geistigen Einsichten in die höheren Welten verloren gingen, konnte sich der Materialismus mit höchsten Errungenschaften bis hin zu Utopien entfalten.

PRAKTISCHE GRUNDLAGEN

Die Schulung des Denkens zu Konstruktivität

Im deutschen Sprachgebrauch existiert das Wort „nachdenken". Es will etwa so viel beschreiben wie ein reflektierendes Sinnen über eine Sache oder über ein Ereignis. Das Wort „nach" bezieht sich auf die Vergangenheit. Sehr wenig bekannt und im deutschen Sprachgebrauch sogar ungewöhnlich erscheint das Wort „vordenken". Dieses würde man tendenziell für ein Planen oder für das Erstellen eines Konzeptes verwenden. Es richtet sich an die Zukunft oder an eine Angelegenheit, die noch nicht ausreichend in das Existentsein eingetreten ist. Die Erstellung eines Architekturplanes beispielsweise benötigt die Phantasie und das Vorstellungsvermögen über das zukünftige, werdende Gebäude.

Für die Seelenübungen ist dieses Vordenken, oder – wenn man es mit einem anderen Wort bezeichnet – konstruktive, schaffende Denken bedeutungsvoll. Der einfache Vergleich zwischen einem Denktraining mit Kreuzworträtseln, das ein typisches Nachdenken und vielleicht sogar analytisches Grübeln darstellt, und einem schaffenden, bildenden, gestaltenden Denken ist aufschlussreich und essenziell. Denn mit dem ersteren kehrt der Praktizierende in seine Welt der bekannten Erinnerungen zurück, während er sich mit der zweiten Art des Denkens in eine perspektivische Zukunft, die er selbst heranbildet, bewegt.

Die Wirklichkeit des Denkens zwischen Erinnerung und Zukunft oder zwischen Nachdenken und Vordenken prägt im weiteren Verlauf die Gefühle des Menschen und schenkt ihm ein Empfinden des freien Willens. Solange das Nachdenken die einzige und gelebte Realität im Gemüte bleibt, fühlt sich das Bewusstsein relativ limitiert, denn es fehlen noch die konkreten Ansätze für ein Denken zu neuen Zielperspektiven und Zukunftsvisionen. Die Sehnsucht des menschlichen Strebens nach Fortschritt in den verschiedensten Bereichen und Lebensstufen bedarf des konstruktiven Denkens, das Ideen erfassen lernt, die es schließlich zu Idealen oder praktischen Verhältnissen vorstellend entwickelt und die es zuletzt durch eine willentliche Aktion in eine Umsetzung bringt. Ein Bergsteiger plant die Besteigung eines Berges, studiert die Wege, stellt sich das Erleben vor und realisiert schließlich, nach getätigter Vorstellung, sein Vorhaben. So einfach und selbstverständlich diese Aktivität erscheint, so wesentlich ist jedoch der zugrundegelegte und motivierende Denkansatz, der bei all diesen Planungen in die Zukunft gerichtet ist.

Wesentlich ist deshalb diese Art des Vordenkens, da sie an inhaltlichen Themengebieten anknüpfen und konkrete Vorstellungen heranbilden muss. Warum, so könnte man fragen, kann das menschliche Bewusstsein ein Auto, das mit einem schlechteren Fahrwerk ausgestattet ist, zu einem besseren Fahrwerk konstruieren? Gäbe es kein perspektivisches Denken, keine Umsetzung von

*Wie entwickelt man aus einem Dreieck
weitere Figuren?*

*Mit dieser Fragestellung begegnet
der Übende den Möglichkeiten
des konstruktiven Denkens.*

*Noch ist die neue Figur in der Realität
nicht vorhanden. Sie muss gedacht und schließlich
in einem weiteren Verlauf konstruiert werden,
damit sie in der Realität eintreten kann.*

einer zukünftigen Idee zu einer werdenden Tat, so könnte der einzelne Mensch niemals Kulturen erschaffen und er könnte vor allem keine Fortschritte bei sich selbst und in Beziehung zu anderen entwickeln. Die Seelenübung fördert das perspektivische Denken und schult auf differenzierte und umfassende Weise eine Konstruktivität. Sie fördert die Schaffenskraft und Kreativität des gesamten Gemütes. Neben einer gesundheitlichen Erkraftung steigert diese Art des Denkens das natürliche Selbstempfinden und Selbstwertgefühl. Diese Steigerung in dem Selbstwertempfinden und in den Selbstgefühlen entsteht vor allem dadurch, dass sich der Übende gerade durch die Denktätigkeit in der Eigenständigkeit erleben lernt. Wer denkt, wird eigenständig, unabhängig und erfreut sich an den Ergebnissen seiner gestaltbildenden Phantasie- und Ideenkraft. Das Denken enthebt sich aus dem belasteten sogenannten Intellektualismus und wird zur Quelle des konstruktiven Schöpferdaseins.

PRAKTISCHE GRUNDLAGEN

Konstruktion einer geschwungenen Form innerhalb eines Dreiecks

Wie bringt man in die statische Figur, die das Dreieck repräsentiert, eine Innenbewegung geschwungener Art, die den Proportionen der Ausgangsfigur entspricht?

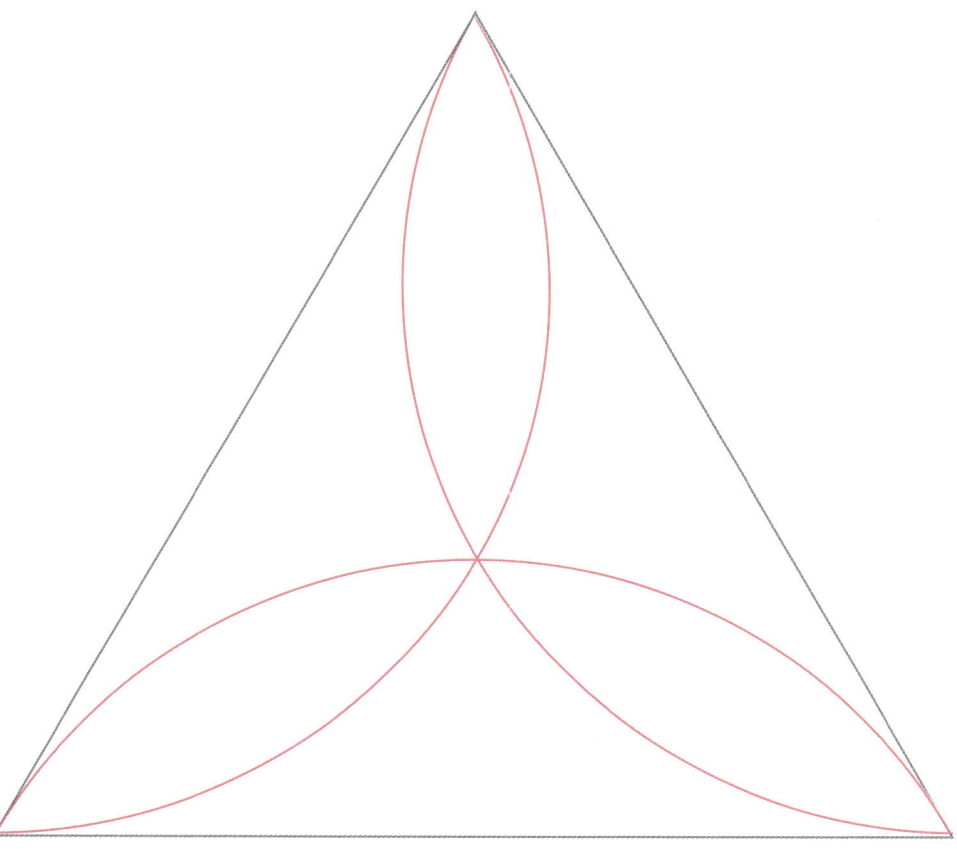

Man halbiere die jeweiligen Seitenlängen des Dreiecks und schlage mit dem Zirkel nach innen Kreise. Aus diesen Kreisen entsteht die blütenhafte dreiblättrige Figur einer dynamischen Bewegung.

Das Dreieck gewinnt durch diese Innenfigur eine außerordentliche Bewegtheit. Die Bewegung jedoch weicht aus der geometrischen Regelmäßigkeit in keiner Phase ab. Die neue Figur ist durch eine empfindungsvolle Denktätigkeit entstanden.

Schwieriger wird die Aufgabe, wenn man eine ganz neue geometrische Figur aus dem Dreieck gewinnen möchte, wie beispielsweise ein Fünfeck. Das Pentagramm war das Ordenszeichen der Pythagoräer.

Konstruktion eines regelmäßigen Fünfecks aus einem Dreieck

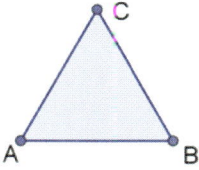

1. Wir gehen vom gleichseitigen Dreieck ABC aus. A und B sind Ecken des zukünftigen Fünfecks.

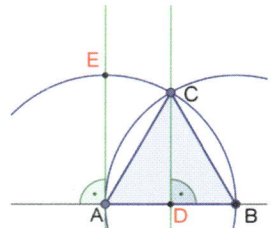

2. Mit Senkrechten und Kreisen werden die Punkte D und E konstruiert.

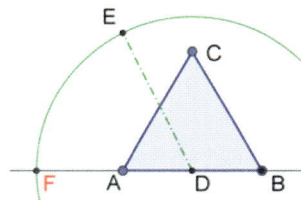

3. Mit einem Kreis um D durch den Punkt E ergibt sich der Punkt F.

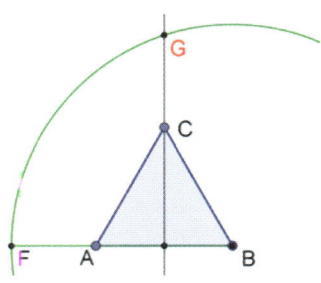

4. Mit einem Kreis um B durch den Punkt F ergibt sich der Punkt G, ein weiterer Punkt des Fünfecks.

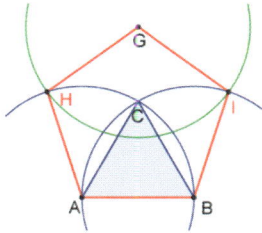

5. Der Kreis um G mit dem Radius AB liefert die übrigen beiden Ecken H und I.

PRAKTISCHE GRUNDLAGEN

Vorbereitende Schulung des Denkens

In früheren Schulen wie denen des Pythagoras oder Platons gab es die Mathematik als Studienfach, damit der Einzelne seine Denkprozesse ausreichend entfaltet. Bevor er eine geistige Initiation erhielt, eine sogenannte Einweihung in die höheren Welten, musste er dieses Studienfach zur Schulung der Logik und der Gedankenbildung absolvieren. Es ist heute ein großer Mangel bei den breiten esoterischen Marktangeboten, dass diejenigen, die sich beispielsweise mit den früheren Leben oder mit Formen der Meditation auseinandersetzen, keine ordentliche Schulung zur Logik durchgehen und deshalb mit Spiritualität kaum eine stabile und langfristige Zukunftsperspektive entdecken. Die Schulung des Denkens schenkt dem einzelnen Menschen eine psychische Festigkeit und kann ihn zu einer größeren Spannweite der spirituellen Umsetzung in das soziale Leben fördern.

Eine ganz einfache Übung, wie das Denken geschult werden kann, ist beispielsweise die Betrachtung von verschiedenen Formen. Man beobachte einen Menschen, seine Körperhaltung, seine Physiognomie und versuche einige Stunden später diese in der Erinnerung nachzukonstruieren. Wie waren die Gliedmaßen im Verhältnis zum Rumpf? War das Haupt gegliedert, erhoben, wie war die Gesichtsform? Wie gebärdeten sich die Haare, das Spiel der Mimik? Durch diese einfachen Beobachtungen entwickelt sich eine natürliche Vorstellungskraft und das Denken gewinnt eine ruhige, für die Psyche stabilisierende Ausrichtung. Diese Übung kann man schließlich in der vorstellbaren Phantasie steigern, indem man den Menschen, nachdem man ihn in der physischen Erscheinung wahrgenommen, vorgestellt und gedacht hat, erneut in eine idealere Form verschönernd denkt. Die Betrachtung von Formen kann gegenüber Landschaften auf ideale Weise geschehen. Die Form entsteht aus einer vorhergehenden Bewegung. Es gäbe keine Formen, wenn es in der Weltschöpfung keine Bewegungen geben würde. Die Form ist deshalb ein Ergebnis und bildet keinesfalls den Anfang in der Weltschöpfung. Indem man an den Konturen einer Bergkette mit den Augen entlanggleitet und sich die Bewegungsformen vorstellt, erlebt man langsam diese Wahrheit, eben dass die Bewegung sich zur Form konsolidiert. Das Denken wird auf diese Weise sehr einfach angesprochen.

Eine bereits anspruchsvollere Form des Denkens ist es, wenn man beispielsweise am Abend in rückwärtiger Reihenfolge für etwa zehn Minuten die wesentlichen Ereignisse des Tagesgeschehens zurückerinnert. Indem eine rückwärts ablaufende Reihenfolge zur Bevorzugung gelangt, muss das Denken sich auf neue Weise trainieren und der sich so Übende bemerkt, wie er manche Ereignisse noch einmal unter einem kritischen Licht der Betrachtung erlebt. Die spirituelle Rosenkreuzerschule schlägt diese gleiche Übung aus spirituellen Gründen vor, da sie eine Bedeutung im besonderen Maße für den sogenannten menschlichen Ätherleib einnimmt.

Man gleite mit den Augen bewusst an den Konturen der Bergkette entlang und erinnere sich schließlich, nach einiger Zeit an diese Bewegung. Die Übung bringt eine subtile Bewegtheit bei gleichzeitiger Ruhe in das Seelenleben. Sie wirkt erfrischend und fördert eine regelrechte verjüngende Kraft im Menschen.

Hochinteressant erscheint die Betrachtung des Menschen von seiner Rückenpartie und den Schultern. Wie fallen die Haare, wie sind die Schultern zum übrigen Körper gegliedert? Schließlich kann aus dem Bild heraus eine Idealform denkend und vorstellend erzeugt werden. Der Mensch wird auf diese Weise kreativ und künstlerisch tätig.

Der Künstler, der eine Form veredelt darstellen möchte, muss sich in diesen sogenannten Bildeprozessen des Denkens üben. Je besser sie gelingen, desto mehr kann der Einzelne sogenannte Ätherkräfte oder Lebenskraft bildende Substanzen erzeugen.

PRAKTISCHE GRUNDLAGEN

Die Schulung zu tieferen Empfindungen und einer tragfähigen Willenskraft

Im Gegensatz zum Tier, das sich ohne Schulung durch angeborene Instinkte in der Welt zurechtfindet, muss das menschliche Dasein durch die Begegnung mit der Außenwelt und den vorgenommenen Lernschritten die Empfindungen und Gefühle ausprägen. Die Empfindung zu einem physischen Gleichgewicht, zu einem psychischen Lebensgleichgewicht, und das Gefühl, das Wahre von Unwahrem zu unterscheiden, lernt das menschliche Bewusstsein über die verschiedensten Erfahrungen und kognitiven Auseinandersetzungen.

Jedes aktive Lernen führt zu einer Steigerung der persönlichen Willenskräfte und fördert intuitive Gefühle, die das Leben beziehungsfreudiger, leichter und sozialfähiger machen. Auf die Seelenübung bezogen sollten Zielrealisationen und aktive Erkenntnisse zur Entfaltung gelangen. Der Übende bleibt am besten so lange im rhythmischen Aufbau und in der Wiederholung der Seelenübung, bis er das gewählte Objekt besser kennengelernt hat und einige erstrebenswerte Erkenntnisse gewinnen konnte. Es wäre für die Willenserkraftung nicht unbedingt vorteilhaft, wenn sprunghafte Wechselverhältnisse bestehen würden und der Interessierte sich einmal für zwei Minuten einer Architekturbetrachtung, sodann sich abwendend das Gesehene wieder vergessen und sich schnellfertig einem ganz anderen Inhalt hingeben würde. Die Kontinuität im rhythmischen Aufbau der Übung stärkt die psychischen Persönlichkeitsstrukturen über die Willenserkraftung.

Empfindungen entwickeln sich in der Seele durch die bewusst gewählten Lernschritte in Hinwendung zum Leben und zu spezifischen Themen. Der Schreiner entwickelt zum Beispiel eine Empfindung zu verschiedenen Holzqualitäten und erlebt nach Jahren der Arbeit, wie das Holz auf die Bearbeitung reagieren wird. Eine Berufsausbildung ist in diesem Sinne ein großer Lernschritt und ist zu sehen wie eine umfassende Seelenübung, nicht nur zur Denk- sondern auch zur Empfindungsentwicklung.

Jemand könnte sich beispielsweise in der Erkenntnis und Unterscheidung des Wahren vom Unwahren üben und lernen, eine tiefe Seelenempfindung in sich gegenüber der sehr negativen Eigenschaft der Lüge zu entwickeln. Er beobachtet beispielsweise Personen, die miteinander sprechen, und versucht, das Wahre vom Lügenhaften zu unterscheiden. Am Anfang ist diese Aufgabenstellung, das Wahrheitsgemäße zu entdecken und das Lügengemäße zu identifizieren, sehr schwierig, denn der sich so Übende benötigt Kriterien, wie er auf die Phänomene in der menschlichen Kommunikation blickt. Er muss beispielsweise wissen, dass jede lügenhafte Aussage in die menschliche Begegnung eine Art Abriss der natürlichen Beziehungsverhältnisse bringt und diese sich mit bestimmten Wahrnehmungen bemerkbar machen. Nicht nur, dass das Gegenüber beim Aussprechen einer Lüge plötzlich gleichsam wie einen unmerklichen Moment des Entsetzens erlebt; es befindet sich tatsächlich auch derjenige, der die Lüge ausspricht, nicht mehr wirklich mit seinen Sinnen in einer gesunden Freude und in einer natürlichen Anteilnahme nach außen gekehrt. Wie auf sich selbst zurückgeworfen bleibt der Lügner in seiner Beziehungsdynamik stehen. In der Folge entwickelt sich eine regelrechte Entfremdungssphäre, ein künstliches oder emotional gebundenes Zueinander, schließlich wird in den meisten Fällen das Gespräch anstrengend und die Worte passen nicht mehr natürlich zusammen. Es tritt eine Störung im Flusse des Bewusstseins ein und diese kann man in esoterischer Weise als Störung des Astralleibes werten. Infolge des Abrisses, der durch die Lüge entsteht, stören sich die menschlichen Beziehungsverhältnisse, und dies nicht nur im einzelnen Gespräch, in dem die Lüge eingebracht wurde, sondern meist sogar in einem größeren Rahmen.

Wie erlebt der Mensch den Abriss? Wie erlebt er die Beziehungen, die auf einem geordneten und intakten Bewusstsein bestehen und wie sind im Gegensatz die Einflüsse zu werten, wenn jemand, wie das heute durchaus im Allgemeinen der Menschheit zu werten ist, mannigfaltigen Lügen ausgesetzt ist?

Mit diesem Bild könnte man eine Ahnung gewinnen, dass gerade im Moment die Beziehung durch einen Einfluss, der von außen kommt, einen feinen Abriss bekommt.

Die Empfindungen für Wahrheit und Falschheit muss der einzelne Mensch auf seinem Lebensweg zu einem zumindest geringen Grade entwickeln. Durch eine klare Erkenntnisforschung gelingt diese Unterscheidung meist sehr solide. Dennoch ist es vorteilhaft, wenn sich der Übende beispielsweise in den Empfindungen bis zu jenem Grade schult, dass er Lüge intuitiv und spontan von der Wirklichkeit unterscheiden lernt. Die Schulung erfolgt über das Denken zur Ausprägung von Wahrheitsempfindungen.

PRAKTISCHE GRUNDLAGEN

Wo und wann kann man Seelenübungen praktizieren?

In früheren Zeiten praktizierte man bestimmte Übungen wie Meditationen in den frühen Morgenstunden und teilweise auch am Abend. Westliche Klöster und indische Ashrams wählten gezielte Zeiten für Gebete, Meditation, Lesen von Schriften, Praktizieren von Übungen, Gesänge und Rituale. Das Leben in diesen spezifischen spirituellen Einrichtungen war nach einem streng geregelten Zeitplan geordnet und es gab Äbte, Oberhäupte oder Meister, die die Art und Weise der Übungen vorgaben und wenn es Änderungen gab, diese für die anderen entschieden.

Für die Praxis der Seelenübungen gibt es jedoch kein absolutes Zeitschema, wie etwa, dass man jeden Morgen zur gleichen Zeit die Übung absolvieren sollte. Es erscheint jedoch sinnvoll, dass derjenige, der sich für eine bestimmte Art des Übens wie beispielsweise der Konzentrationsübung oder auch einer anderen Art Seelenübung entscheidet, diese zu einer bewusst gewählten Tageszeit ausführt und sie fortwährend jeden Tag in progressiver Weise zur gleichen Zeit rhythmisch wiederholt. So kann die Seelenübung vor Antritt des Frühstückes regelmäßig erfolgen, genauso aber lässt sich die Übung am Morgen, am Mittag und am Abend jeweils für 5 bis 10 Minuten in die Praxis umsetzen.

Diese rhythmische Eingebundenheit erlegt sich jedoch der Übende selbst auf. Das ist ein Umstand, der eventuell für viele Menschen, die es gewohnt sind, autoritativen Regeln und vorgegebenen Zeitplänen zu folgen, ungewöhnlich und schwierig erscheint. Indem man jedoch Fortschritte im inhaltlichen Erarbeiten eines bestimmten Themas machen möchte oder im weiteren Verlauf eine erste Hellsichtigkeit ausprägen möchte, sind die Wiederholung und die rhythmische Abfolge von regelmäßigen gewählten Übungen wichtig. Das Element der Wiederholung führt zu ersten Empfindungswahrnehmungen in der Seele und die rhythmische Abfolge von wachsenden Übungsanforderungen mit spezifisch sich steigernden Inhalten schenkt eine Erweiterung und Vertiefung des Bewusstseins. Eine natürliche Stärkung der Psyche entwickelt sich aus diesen rhythmischen Aufbauformen.

Die Wahl des Ortes zur Ausführung der Seelenübung ist beliebig, sie kann im Wohnzimmer geschehen oder eventuell sogar auf der Fahrt mit der Straßenbahn in die Arbeit. Bei einem Spaziergang in der Natur könnte ebenfalls ein Zeitraum in die Auswahl gelangen, in dem die Betrachtungen und inhaltlichen Konzentrationsbildungen stattfinden. Wichtig erscheint, dass für die Ausführung der Seelenübung immer der Körper aufgerichtet bleibt und die Augen nicht geschlossen werden.

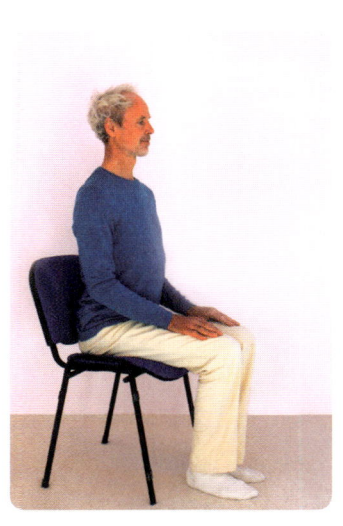

Findet die Übung auf einem Stuhl statt, so sollten die Wirbelsäule aufgerichtet und die Arme mit Schultern und Nacken entspannt bleiben.

Für den, der die Sitzhaltung am Boden bevorzugt, können der Schneidersitz oder ähnliche dem Yoga entsprechende Sitzhaltungen dienlich sein. Die aufgerichtete Position bei entspanntem Nacken und Gesicht ist ebenfalls sehr wesentlich.

Unter Umständen kann auch die Seelenübung im Stehen erfolgen, wie dies beispielsweise bei den leichten Atemübungen der Fall ist. Wer jedoch in die Natur geht oder sich einer anderen spezifischen Form der Betrachtung widmet, kann die Übung jederzeit in einer ruhigen stehenden Position ausführen. Während des Gehens und während direkter Aktivitäten ist jedoch der Denk-, Kontemplations- und Bewusstseinsprozess schwer zu absolvieren.

PRAKTISCHE GRUNDLAGEN

Wie kontrolliert man die Richtigkeit der Praxis von Seelenübungen?

Eine sehr häufige Frage von Teilnehmern eines Kurses oder von autodidaktisch praktizierenden Interessenten ist die folgende: Wie lassen sich Fehler beim Üben erkennen und gibt es definitive Anzeichen einer falschen Praxis von Seelenübungen? Wie lässt sich die Gültigkeit eines Ergebnisses in der Übung von irrigen Einbildungen unterscheiden?

Die Antwort auf diese fundamentalen Fragen kann nicht mit wenigen Worten erfolgen, denn das Üben mit der Seele gewinnt eine vielseitige und weitreichende Dimension, die mit den unterschiedlichsten Erfahrungen, Kenntnissen und schließlich Erkenntnissen erst zu ihrer wirklichen Authentizität emporsteigt und sich nach und nach auf dem Praxisweg integriert. Grundsätzlich könnte man aus einer esoterischen Sichtweise die Antwort über die Unterscheidungsbildung von Irrtum und Wahrheit auf eine einfache Weise formulieren. Der Übende bräuchte nur, und das ist das Ironische an der Sache, den Engel befragen und dann würde er an seiner lichtvoll übergeordneten Verhaltensweise sofort bemerken, ob er sich mit seinen Gefühlen auf dem richtigen oder auf einem abirrenden Weg befindet. Wenn man den Engel sehen würde, würde man bemerken, dass dieser nicht abirren kann. Leider ist der Irrtum dem Menschen inhärent, der Engel ist frei davon. Den Engel aber erkennt man heute nicht mehr.

Die Wahrnehmung zu der Dimension des Engels war früher den hohen Einweihungsschulen und den verschiedensten weisen Menschen zugänglich. Sie war selten auf naturgegebene Weise angelegt, sondern sie musste durch Schulung und Purifikation des alltäglichen lasterhaften Lebens erworben werden. Heute sprechen viele Menschen auf esoterischen Wegen von Engeln und erlauben sich allerlei gewagte Kommunikationen mit diesen sogenannten metaphysischen Wesenheiten. Die Schule zu höheren Erkenntnissen und tieferen Einsichten in die geistigen Welten sollte jedoch keinesfalls zu spekulativen Gesprächen mit angenommenen Engeln führen, sondern man sollte regelrecht den Engel beschreiben lernen: wie er ist, in welchen Dimensionen er sich aufhält und wie sein Wirken erscheint. Der Übende kann jedoch diese fortgeschrittene Stufe der Wahrnehmung nicht sofort in Anspruch nehmen und aus diesem Grunde benötigt er eine langsame Annäherung zur Unterscheidung von Gültigkeit und Irrtum.

Ein erstes Kennzeichen für einen logischen richtig getätigten Denkvorgang erlebt der Übende in dem tatsächlich wachen Gefühl der Ruhe und freien Übersicht. Die Sinne sind bei einem geordneten Gedankenprozess keinesfalls unruhig umhergleitend, sondern sie werden zentrierter und das Denken lässt sich als ein freier Vorgang beobachten. Jene zu beobachtende Ruhe erscheint in einer gesteigerten entspannten Wachheit und keinesfalls in einer träumenden Schläfrigkeit. Sie wirkt angenehm und erbauend, auf die Körperlichkeit stärkend und meist richtet sich der Körper auf natürliche Weise ohne Anstrengung in die vertikale Linie auf. Emotionen beginnen in dieser sensiblen Phase der Beobachtung und Ruhe zurückzuweichen. Der Übende bemerkt eine Art Innerlichkeit, die jedoch nicht auf den Körper bezogen, sondern auf die Umgebung ausgedehnt ist. Wache Ruhe wirkt auf die gesamte Atmosphäre entspannend und belebend.

Ein weiteres Merkmal für die Richtigkeit oder ein Abirren des Übens liegt in der Art und Weise der Zentrierungen, die mit dem Denken in zunehmendem Maße eintreten sollen. Solange das Denken sich noch nicht in klaren Gedankenformen gründet, bleibt es sogenannterweise intellektualistisch, es wirkt erkaltend und anstatt die Beziehungssphäre zu bereichern, schirmt es diese ab. Der Gedanke, der durch das Denken bewegt erscheinen soll, ist von verborgenen Trieben und Gefühlen motiviert und dies verdunkelt und dezentriert die Atmosphäre um den Praktizierenden. Indem der Übende diese Zentrierungen von einem rechten Denken als Gegensatz zu einem getriebenen ungeduldigen intellektuellen Aktivsein erlebt, kann er leichter Irrtümer von Wahrem unterscheiden.

Das Üben mit den verschiedenen Seelen- und Bewusstseinsinhalten führt immer zu einer Erweiterung der Beziehungssphäre und schließlich erhellt es das Haupt. Für den Praktizierenden erscheint es günstig, wenn er sich eine zunehmende Vorstellung über die Unterschiede von lichtem zu einem sich abdunkelnden Denken aneignet und dieses bei sich selbst, wie auch in Beobachtung zu anderen, studieren lernt. Seelenübungen tragen tatsächlich zu einem heller werdenden Haupt des Menschen bei. Sie machen ihn schöner und lichter und man kann dieses Erscheinungsbild von emotional geprägten Verhältnissen des Menschseins unterscheiden lernen. Die Beobachtung sollte deshalb gegenüber sich selbst und anderen auf sehr konkrete Weise erfolgen.

Ein weiteres und bedeutungsvolles Empfinden äußert sich nach einiger Zeit des Übens, wenn dieses mit Sorgfalt, aktiver Klarheit und mit einer angemessenen Geduld stattfindet. Der Übende fühlt sich während seines wachen Denkvorgangs und seines bewusst gehaltenen Aufmerksamseins wie wenn er aus der Atmosphäre heraus angeblickt werden würde. Dies äußert sich wie ein Gesicht, das sich aus der Umgebung zu ihm hinwendet, ihm weitere Ruhe verleiht und ihn in der lichten Bewusstheit stärken möchte. Der Übende ist dann nicht mehr in seinen Körpergefühlen gefangen, sondern fühlt sich in der Aufmerksamkeit und im Denken wie leise in die Schwerelosigkeit des Raumes versetzt. Das Bewusstsein bedarf keiner unangenehmen Anstrengung, denn es belebt und erhebt sich wie von selbst und bleibt in einem äußeren freien atmosphärischen Empfinden.

PRAKTISCHE GRUNDLAGEN

Der Übende muss auf dem Wege keine großen asketischen Leistungen vollbringen, jedoch muss er sich für die Zeitdauer einer Seelenübung von Äußerlichkeiten, Emotionen, Vorurteilen und vorschnellen Schlussfolgerungen, wie auch von ungeduldigen hereinströmenden Spekulationen freimachen. Des Weiteren ist es für eine gesunde Unterscheidungsbildung unerlässlich, dass er die verschiedensten Grundlagen für ein ordentliches Studium über seelisch-geistige Inhalte absolviert und sich aktiv um unterscheidende Kriterien bemüht. So wie ein Bergsteiger einen brüchigen von einem festen Griff unterscheiden lernen muss, im gleichen Sinne muss der Aspirant auf dem Weg den irrigen und verführenden Anteil der Körperemotionen und den richtig getätigten und frei gewählten Gedanken erfassen lernen. Es ist wie seine Berufskunde, die er keinesfalls nachlässig nehmen darf. Wenn er diese erworben hat, bedarf es in der Folge des Mutes, sie auf seine Seelenbewegungen im richtigen Sinne anzuwenden. Er lernt beispielsweise die ungeduldigen Begehrensformen, wie auch die schweren ziehenden phlegmatischen und mutlosen Tendenzen, von denen das Bewusstsein allzu leicht eingenommen wird, kennen und durch klare Entschiedenheit zu überwinden. Jede Überwindung innerhalb der Übung schenkt ihm ein zentrierteres Wahrnehmen der Umgebung, ein lichteres freieres Empfinden und zuletzt ein Hellerwerden seines Hauptes.

Langsam entwickelt sich auf diesem Weg die Bildung einer Unterscheidung zwischen trügerischen Spekulationen zu wahren Erkenntniserfahrungen. Die Realität eines geistigen Wirkens nimmt der Übende so real wahr, wie ein beobachtender Spaziergänger am Morgen die über den Bergeskamm hinaufsteigende Sonne wahrnimmt. Mit der Seelenübung fühlt sich der Einzelne konkreter in der Welt stehend und wirkend, gleichzeitig fühlt er sich durch die geschulte und entwickelte Kraft des Denkens wie von außen angeschaut, wie von einem Gesicht begleitet, das ihm wohlwollend und lichterfüllend entgegenstrahlt. Diese Erfahrung, wenn sie ohne Einbildung auf empfindsame Weise getätigt wird, entsteht nicht auf der körperlichen, sondern auf der ätherischen Ebene, auf der Ebene, auf der sich erstmals der Engelsschimmer als gegebene und wirkende Realität für den Menschen äußert. Das Lichterwerden und das Angeschautwerden, das der Übende mit wachsender Konzentration auf dem Weg erlebt, entsteht tatsächlich durch den Angelos, den Engel, der geradewegs diese Auseinandersetzung in konkreter Gedankenarbeit für den Menschen fördern möchte.

Diese Kriterien zur Unterscheidung und Selbstkontrolle des Weges können mit gezielter Sorgfalt zur Entwicklung gebracht werden, denn sie können, wenn man sie ausreichend studiert, viele Unsicherheiten vermeiden helfen und sie können vor allem dem Übenden die Freiheit zu größeren Entscheidungen ermöglichen. Obwohl ein Lehrer, der sich mit den tieferen Geheimnissen der Seele auskennt,

Hinweise geben kann und auf dem Wege gelegentlich konsultiert werden soll, so muss dennoch der Übende alle Entscheidungen selbst tätigen und die Richtigkeit seines Weges ausreichend beurteilen lernen. Mit der Fähigkeit, Irrtum von Wahrem zu unterscheiden, steigt die Kraft der Seele und der Übende gewinnt auf diesem Gebiet eine natürliche Autorität.

Die Seelenübungen

Der freie Atem
Erste Seelenübung

Wie bereits in den einleitenden Kapiteln vorgestellt, benötigt jede Seelenübung ein Objekt, ein Thema oder eine Person, die der Betrachtung dient. Der eigene Körper und der Atemvorgang sind zum persönlichen Dasein zugehörig und deshalb erlebt der Übende sich selbst und den Atem als subjektiven Prozess. In dieser ersten Seelenübung soll jedoch der eigene Körper sowie der Atemprozess, der mit diesem in Verbindung steht, objektiv betrachtet werden, gleich einem Gegenstand, der im Außen erfasst wird. Der menschliche Geist kann mit einiger vorgenommener Disziplin den eigenen Körper und seine Physiologie wie ein Objekt der Außenwelt erleben. Der Gegenstand dieser Seelenübung ist deshalb der Körper im Verhältnis zum Atem.

Der Begriff „freier Atem" will ein innerleibliches Verhältnis, das sich besonders auf die Atemqualität bezieht, beschreiben. Im Allgemeinen ist es bekannt, dass in anstrengenden Phasen des Daseins der Atem oftmals fixiert wird. Im Atem spiegeln sich die verschiedensten Aufregungen und Beklemmungsgefühle, die entweder zu Einengungen oder dem Gegenbild, einer Hyperventilation, führen.

Der Atem besitzt seine beste und schönste Qualität, wenn er gemäß seiner natürlichen Bewegung frei und leicht durch die Lungen ventiliert. Welche Kräfte aber stören den harmonischen und freien Atemfluss? Es sind die verschiedensten intellektuellen Fixierungen, die sich bis zu Grübeleien oder anstrengenden, getriebenen Denkaktionen steigern können. Willentliche Übersteigerungen mit emotionalem Charakter stören ebenfalls den leichten und beschwingten Atemfluss und beladen diesen mit Unruhe, rauen Geräuschen und Heftigkeit.

Grundsätzlich regelt sich der Atem nach den Sauerstoffbedürfnissen und wenn ein aktiver Körpereinsatz gefordert wird, so wird der Atem naturgemäß schneller, während er sich bei kontemplativen Betrachtungen automatisch sanfter gebärdet. Die Qualität des Atems sollte sich nicht schwer oder anstrengend äußern. Der Atem versorgt den Körper und ist deshalb der Physiologie des Körpers unterstellt. Wenn man nun eine anstrengende Denkleistung erbringen muss, so sollte man den Atem bewusst frei lassen und sein Denken nicht unbewusst mit dem Atem verbinden. Indem die Disziplin mit dem Bewusstsein gelingt, das Denken nicht mit dem Atem zu verbinden, kann der Körper leichter regenerative Kräfte sammeln und der Atemvorgang beruhigt das Nervensystem.

Der freie Atem gewinnt seine angenehme Qualität, indem der Übende lernt, das Denken frei vom Atemvorgang zu gestalten. Auf Bewegungen und körperliche Tätigkeit bezogen kann der Übende ebenfalls auf den Atem achten und bei anstrengenden Arbeiten diesen freilassen.

Der freie Atem wirkt vor allem auf den Kreislauf entlastend. Wer diese Übung öfters am Tage praktiziert, kann meistens einen erhöhten Blutdruck systolisch und diastolisch absenken. Je freier und unbeschwerter der Atemfluss gelingt, desto mehr entfalten sich neue Lebenskräfte im zerebrospinalen wie auch vegetativen Nervensystem. Die Gefäße entspannen sich und die Blutzirkulation gewinnt bis an die Peripherie wie auch in das organisch Innere einen sehr harmonischen Fluss. Der freie Atem sollte deshalb in Therapien von Herzkreislauferkrankungen unbedingt eine Aufmerksamkeit gewinnen.

Nehmen Sie eine ganz einfache Standposition mit dem Körper ein. Praktizieren Sie zunächst das Gegenbild des freien Atems, damit Sie schließlich die Unterschiede zum freieren Atem ausreichend wahrnehmen.

Atmen Sie willentlich mithilfe der Armmuskulatur tief und schwer ein. Füllen Sie unter Druck die Lungen in ihrer gesamten Vitalkapazität auf. Die Arme werden aktiv unter Anspannung des Schultergürtels und der Rückenmuskulatur nach oben bewegt.

Dieses Gegenbild zum freien Atem zeigt offensichtliche Fixierungen, die sich im Besonderen am Nacken manifestieren und die ebenfalls einen ungünstigen Tonus der Haut verursachen.

Nachdem Sie dieses Gegenbild praktiziert haben, können Sie nun den hervorragenden Wert der freieren Atemübung erleben. Stellen Sie sich erneut in eine aufgerichtete Standposition und richten Sie die Sinne in die Raumesweite und Raumestiefe nach außen. Werden Sie sich ganz des Luftraums, der Ihren Körper umkleidet, bewusst. Der Atem bewegt sich nicht von innen nach außen, sondern von außen nach innen. Der äußere Raum durchdringt den nach innen gelagerten Lungenraum. Die Lungen öffnen sich lediglich gegenüber dem äußeren Raum, aber sie bleiben entspannt und nehmen die Luft auf sanfte Weise auf.

Bleiben Sie mit der Aufmerksamkeit im Raum und führen Sie in einer ganz entspannten, unfixierten und leichten Bewegung die Arme nach oben. Schwerelos erhebt sich die Wirbelsäule. Die Schultergelenke und der Nacken fixieren sich keinesfalls. Mit dieser empfangenden Geste der Arme strömt der Atem unbeschwert und ohne jegliches Druckgefühl in die Lunge hinein.

Die mentale Vorstellung, dass die Luft leicht ist und deshalb den Raum schwerelos erfüllt, hilft dem Übenden, sich mit seinem Denken vom Atem zu lösen. Der Körper bleibt der Schwerkraft unterlegen, während der Atem durch die Bewegung der Arme leicht wird und das Denken als freie und unabhängige Seelenäußerung den Prozess überschauend lenkt und die Qualität der ganzen Übung fördert.

Üben Sie diese Bewegung bis zu etwa zehnmal. Auf sanfte Weise können Sie den Atemvorgang intensivieren, sodass die Lungen sich dem Sauerstoff intensiver öffnen. In dieser Übung sollte niemals Druck auf die Atmung angewandt werden. Die Muskulatur im Brustraum und in den Schultern bleibt beständig entspannt.

Die empfangende Geste des Atems beschreibt eine natürliche Weite und Beziehungsfreude. Sobald sich das Denken im Lichte des Gedankens frei gebärdet und der Atem in leichter Physiologie zu fließen beginnt, öffnen sich die Sinne nach außen auf entspannte Weise und der Übende fühlt sich in Beziehung mit seiner Umgebung.

Die Übung ist für alle Lebensstufen geeignet und sollte ganz besonders in älteren Jahren zur Entlastung der arteriellen Gefäße praktiziert werden. Eine häufigere Wiederholung mit einer guten und entspannten Sauerstoffversorgung des Körpers entlastet im weiteren Verlauf die venösen Gefäße, sodass Thrombosen in den Beinen weniger häufig auftreten.

Diese Übung wurde an den Anfang aller Seelenübungen gestellt, da sie mit dem freien Atem eine Erfahrung eröffnet, die der Übende für alle weiteren mentalen Disziplinen dringend benötigt. Das lichte und geschmeidige Denken mit seinen Möglichkeiten zur Konstruktivität sollte unabhängig vom Atem zur Entwicklung gelangen. In diesem Sinne kann diese Atemübung für alle Seelenübungen eine Grundlage bilden.

Weisheitskräfte in der Natur und die Signatur einzelner Pflanzen
Zweite Seelenübung

Die gesamte Natur besteht in einer konkreten Ordnung, die im Gegensatz zum Menschsein eine Art Einheit und Vollkommenheit repräsentiert. Jedoch verbleibt diese Einheit auf einer elementaren Stufe. Das personale Menschsein hingegen erfährt sich wie eine übergeordnete oder von der Natur herausgelöste eigene Wirklichkeit. Die Natur ist in sich selbst ein Ausdruck für Reinheit und steht auf der Stufe des Lebens und ihrer unterschiedlichen, vom Kosmos motivierten Gestaltbildungskräfte. Das Licht scheint auf die Pflanzen und erweckt sie zum Leben, und dieses Licht ist vom Kosmos ausgehend wirksam. Eine eigene Willensäußerung kann die Natur von sich aus nicht bekunden. Sie ist apersonal und wird im Sanskrit im Allgemeinen mit *prakṛti* bezeichnet.

Von den Bergen bis hin zum einzelnen Mineral, von den Bäumen bis zum Grashalm wie auch in den Witterungsbedingungen, Jahreszeiten sowie den Rhythmen des Wachsens und der Fortpflanzung besteht eine weisheitsvolle Gesamtharmonie. Blicken die menschlichen Augen auf die so vielseitige, einmal sprießende und einmal welkende Pflanzenwelt, so können sie darin keine Disharmonie wahrnehmen. Jedes einzelne Pflanzenwesen besitzt seinen eigenen Wunderbau, der im Lichte des Kosmos lebt. Die Natur ist in der Vielheit und im Einzelnen ästhetisch. Ein Baum, mit oder ohne Blätter, dünn oder kräftig, ist immer ästhetisch, da ihn eine vollkommene Weisheit als eine schöpferische Kraft durchgestaltet. Aber auch das Jahr mit den Jahreszeiten ist von einer höheren, weisen Geistigkeit geleitet. Der Sommer kommt und bringt das Blühen der Pflanzen auf einen steigenden Höhepunkt, auf den der Herbst mit dem Welken der Blüten und Blätter folgt. Die Natur und die Rhythmen in ihr, die vielen Erscheinungen von Keimen, Sprießen, Blühen und Gedeihen, wie auch von Welken, Vergehen und Ruhen, sind in einer zusammengehörigen, weisheitsvollen Harmonie angelegt und versinnbildlichen eine natürliche, apersonale Wirklichkeit der lebendigen Gestaltbildekräfte.

Diese lebendigen Gestaltbildekräfte enden jedoch an den Gesteinen, Felsen, Mineralien und allen rein materiell gewordenen Substanzen der Erde. Sie bilden den Ruhepol der *prakṛti*, den festen Boden oder die leblose Materie. Mit einer sorgfältigen Betrachtung entwickelt sich diese mineralische oder feste Materie nicht durch einen Zufall, sie erwacht nicht durch sich selbst, sondern sie entsteht dann, wenn sich alles Leben, Wachsen und Gedeihen zurückzieht. Der menschliche, wie auch der tierische und sogar der pflanzliche Körper besitzen die Ströme des Lebens und die Materie, die von Leben durchdrungen ist, bleibt in

ZEHN SEELENÜBUNGEN

Sprießend
Nach ausreichender Kontemplation erlebt man eine seelische Stimmung wie leicht rosa.

Blühend
Es äußert sich häufig eine Seelenstimmung wie bläulich.

Welkend
Bei welkenden Pflanzen lässt sich häufig eine Seelenstimmung wie violett erleben.

Diese Seelenstimmungen sind nur Empfindungen und nicht durch die physischen Augen sichtbar. Die Farbe erscheint deshalb mehr nach seelischer übersinnlicher Wahrnehmung.

beständigen Prozessen der Verwandlung, wie beispielsweise aufbauende Gestaltbildung und abbauende Rückzüge. Mit dem Zurückweichen der Lebenskräfte, beispielsweise dem endgültigen Tod, beginnt die Materie ganz in ihre eigene Natur überzugehen.

Im Menschsein leben die Rhythmen des Auf- und Abbaues, und den physischen Körper ereilt einmal das unausweichliche Schicksal des ganz Zu-Staub-und-Erde -Werdens. Zu Lebzeiten jedoch ist der physische Körper mit dem inneliegenden Leben genauso wie die Tiere und Pflanzen ein Teil höherer, sogenannter Bilde- oder Gestaltkräfte. Dieser Körper und das belebende, energetische Leben in ihm sind in einer Weisheit und Harmonie geschaffen, die aber doch scheinbare Abweichungen und die Möglichkeiten zu einem Kranksein tragen. Die Organe wie das Herz oder die Leber arbeiten nach gewissen natürlichen Rhythmen. Die Zelle als einer der kleinsten physischen Bausteine ist einem Ganzen eingegliedert. Die Geburt und der Tod sind die beiden Grenzsteine, zwischen denen das Leben eingeschlossen ist. Doch zu der Natur und der Pflanzenwelt besteht mit dem Menschsein gerade jener große Unterschied, dass das Denken und der Wille in die Naturgesetze eingreifen und mächtige Veränderungen zu bewirken vermögen. Der Mensch besitzt einen frei entfaltbaren Willen und ist somit jener Versuchung ausgeliefert, die man in älteren Zeiten als Sünde und ihre hässliche Anhaftung bezeichnete.

Aber die Weisheitskräfte, die mit ihrem Harmoniespiel in der gesamten Natur walten und arbeiten, die ordnen und ausgleichen, in alle Erscheinungen ihre stille Kraft hineingießen, sind wie das Licht der Sonne gegeben. Der Übende kann sich durch eine entsprechende Entwicklung der Aufmerksamkeit ihres Ausdruckes bewusst werden, wenn er die Natur und ihre differenzierten Bilder sorgfältiger und mit einigen wesentlichen, ausgewählten schöpferischen Gedanken beobachten lernt. Wenn die Augen auf einigermaßen unbefangene Art und Weise die Erscheinungen in der Natur beobachten, wird sich das Gemüt jener Vielheit eines weisheitsvollen Zusammenspiels, das in sich selbst vom Kosmos auf die Natur einwirkt und wiederum vom Pflanzenwesen in Wachstumsprozessen hinausstrahlt, bewusst. Sich beispielsweise einer am Morgen sich aufrichtenden Pflanze hinzugeben, ohne in romantischen Gefühlen zu schwelgen, führt zu einem zumindest im Äußeren reicheren Wahrnehmen, das dem kommenden Licht der Pflanze einen Raum gewährt, sodass dieses sich schließlich leichter entfalten kann. Die erste Aufmerksamkeit liegt in einem ruhigeren Schauen, das mit konkreten und doch besinnlichen, gezielt vorgenommenen Gedanken begleitet ist, die zu feinen Bildern und inneren Vorstellungen wachsen. Diese Art der besonderen Aufmerksamkeit in einer konkreten, konzentrierten gedanklichen Wachheit lässt den eigenen Sinnen einen freien Raum. Die Sinneslenkung mit gezielten Gedanken kann im Bewusstsein zur Erweiterung beitragen und eine tiefere Erlebensbereitschaft in der Seele vorbereiten.

Das tiefere Erkenntnisleben wird aber in eine bestimmte Richtung angeregt, wenn sich der Betrachter mit oder nach dieser konkreten gedanklichen Beobachtung der Natur und des an ihr gestaltbildenden Lebens die Frage stellt: „Was sind eigentlich Weisheitskräfte oder Lebenskräfte, die Gestaltungen im Pflanzenreich hervorbringen?"

In der Grundlegung dieser Fragestellung hilft dem Beobachter am Anfang die Methode, diese erste Frage weiterhin näher zu konkretisieren. Man steigere die Frage in verschiedene differenzierte Detailfragen: Sind nicht alle Weisheitskräfte Lichtkräfte des Kosmos und führen sich die Gestaltungsvorgänge nicht auf die Einflüsse der Sonne zurück? Ist das gesamte Pflanzenwachstum vom Kosmos und den Lichteinflüssen abhängig? Ist es nicht sogar der Mensch mit seinem Geist, der die Harmonie dieser gestaltbildenden Weisheitswirkungen, die nach allem Anschein vom Kosmos kommen, beeinflussen kann?

Als was oder wie erscheinen die Kräfte der Weisheit, die aus dem Licht des Kosmos hereinstrahlen? Wie bilden diese Weisheitskräfte des Lichtes den Samen der Pflanzen und wie gestalten sie im irdischen Zusammenwirken mit der Materie Formen und Farben? Welche geheimnisvollen unsichtbaren Substanzen leben in den Lichtqualitäten?

Jener, der Einsichten in das überirdische Kräftewirken oder in die weisheitsvolle Dimension der Schöpfung mit ihren geistigen Einflüssen erfahren möchte, muss hierfür in der Regel erst einen inneren Sinn ausbilden. Das unbefangene und emotionsfreie, aber doch konkret gehaltene Beobachten muss das so nervöse und unruhige Gemüt fast immer erst erlernen. Die physischen Augen können die lichtvollen, geistigen und wesenhaften Kräfte, die nach einem Harmoniespiel in der Natur arbeiten, nicht sehen. Hierfür müssen innere Augen, die sich im feinstofflichen Leibe anlegen, durch eine entsprechende Schulung ausgeprägt werden. Diese inneren Augen reifen schließlich zu einem umfassenderen Sinnesorganismus und geben auf empfindsame Weise die Antwort auf die entsprechenden Fragen, die der Mensch lernend zur Natur ausrichtet. Die Antwort wird aus jener Region der entwickelten geistigen Sinne wie eine frei verfügbare Offenbarung gegeben. Sie liegt in der Seele, die sich in Gedanken und Empfindungen äußert, und wenn diese Sinne über ein geschultes Wahrnehmen und Denken zum Erkraften gebracht werden, schenken sie jene gewünschten Eindrücke über die tatsächlich existierenden Lebenskräfte. Die Fragen, die der Übende an die Natur richtet und durch geeignete Beobachtungen und Gedankenbildungen erarbeitet, beantworten sich aus einem sich erhebenden und offenbarenden Seelenlicht selbst.

Geben Sie sich einige Minuten einer konkreten Beobachtung zu irgendeiner Art Naturerscheinung hin. Beobachten Sie auf unbefangene Art, mit einer gezielten gedanklichen, aber nicht starren Aufmerksamkeit die äußere Erscheinung wie die Farbe, die Gestalt, die Form und die Bedingungen. Stellen Sie sich sodann die wünschenswerten Fragen wie „Was sind die Weisheitskräfte?" oder auch die entsprechend in der Fortsetzung gewählten weiteren Präzisierungen wie „Welche Substanzen arbeiten an dieser Erscheinung?". Die konkrete Beobachtung bahnt hier einen ersten Weg durch das Dickicht von vielen durcheinanderwirbelnden Denkvorgängen, die meist gepaart sind mit Emotionen und Wünschen. Indem die Betrachtungen aber für einige Minuten zu einer Sache ausgerichtet sind und geeignete Fragen über die höhere Sinngestalt in den Mittelpunkt rücken, entsteht im Bewusstsein eine erste Zielrichtung und eine natürliche Zentrierung der Gedanken in der sich bildenden Vorstellung.

Der Name „Seelenübung" bezeichnet den Charakter der Übung, da mit dieser eine Annäherung zu seelischen Geheimnissen wie auch eine natürliche seelische Empfindung eintritt. Das Blühen äußert sich beispielsweise anregend auf das Seelenleben. Eventuell kann ein zartes Hellblau oder ein Türkis bei der Betrachtung innerlich empfunden werden. Auch eine Art kelchförmige offene Gestaltung, die dem Kosmos zugeneigt ist, empfindet der Betrachter über oder oberhalb der tatsächlich sichtbaren Blüte. Die Seele ruht unsichtbar im Inneren des Leibes und lässt sich durch die physischen Grenzen nicht einschränken, sie webt und fühlt mehr hinter dem geschäftigen und nervösen Treiben des Alltags. Je tiefer aber die Aufmerksamkeit und die Interessen mit den Empfindungen der inneren Welt zusammenfinden, desto mehr Zugang bahnt sich zu den großen Weltengeheimnissen an. Die Empfindung darf aber nicht mit einem romantisierenden Gefühl oder gar mit einer Emotion verwechselt werden. Diese mehr äußerlich spürbaren Gefühle sind so sehr von einer oberflächlichen Beschaffenheit, dass sie für die Übung störend sind und von der eigentlichen inneren Einkehr und wirklichen Beobachtung hinwegleiten. Empfindungen dagegen sind mehr stiller Natur, und sie geben eine innere Gewissheit, einen Hauch von Wärme im Herzen und eröffnen den ersten Strahl einer seligen Beschaulichkeit.

Zu der Ausführung dieser Seelenübung muss der Übende nicht unbedingt einen Meditationsplatz aufsuchen. Wichtig ist es nur, dass Sie sich für die Zeitdauer des Übens ganz von allen äußeren Umständen freimachen und damit das Bewusstsein auf unbefangene und doch gleichzeitig schöpferische Weise ausrichten. Hierfür ist die Routine einer Übung gar nicht so sehr hilfreich, denn das Üben erfordert mit jedem Tag eine neue Entscheidung und eine zumindest wieder wachsame, beobachtende und wahrnehmende gedankliche Ausrichtung, damit diese Gedanken das werdende Bild oder die sich weitende Vorstellung von Neuem beleben können.

Wird diese besinnliche Seelenübung über längere Zeit ausgeführt, führt sie das Bewusstsein zu einem ersten mehr seelischen und körperfreien Erleben. Das Denken reinigt sich. Die herkömmliche, so sehr schnell bewertende Logik, die nach den sichtbaren Erscheinungen und ihrem definitiven Fixiertsein an sie aufgebaut ist, löst sich mit dem seelischen Erwachen in den weit werdenden Bildern und Vorstellungen. In dem expandierenden Bewusstsein, jener fein gegliederten Ebene in der Psyche, existieren bestimmte Gesetze. Man wird bei der ausdauernden Beobachtung der Natur auf verschiedene verborgene Geheimnisse stoßen. Je nachdem, wie die Fragestellung ausgerichtet ist und welche Objekte der Betrachter in das Licht der Aufmerksamkeit nimmt, entstehen die ersten feinen Antworten im Inneren oder im seelischen wachen Bewusstsein. Der Übende wird ein Bild für das weise und unendliche Kräftewirken, das aus dem Licht kommt, in der Natur und ihren Erscheinungen sehen und mit diesem Kräftewirken die wesenhafte und gleichzeitig weisheitsvolle Geistigkeit des Harmoniespiels erahnen. Das Sehen jedoch ist nicht ein Sehen mit den äußeren Sinnen, sondern ein inneres Wahrnehmen in der Seele, ein Wahrnehmen sogenannter Äthersubstanzen, die aus dem Lichte kommen und die in den feinsten Berührungen die vielseitigsten Formen und Erscheinungen erschaffen. Diese bezeichnet die Anthroposophie beispielsweise mit den Worten Lichtäther und Wärmeäther. Sie sind unsichtbare, jedoch gestaltbildende Weisheitskräfte.

In der vergleichenden Darstellung der Pflanzenwesenheiten im Unterschied zum Menschen mit seinem freien Willen entsteht ein Sinn für dasjenige, was die Theologie als Personalität oder die Psychologie als Selbstbewusstsein und Individualität im Willen bezeichnet. Durch das Üben kann ein Sinn für die ergreifende Macht der sogenannten Willensübergriffigkeit zur Ausprägung kommen, die die wesenhafte Schöpfung der Pflanzen nicht kennt, da sie keine eigene Freiheit besitzt. Der menschliche Wille kann sich aber einerseits ganz den unbewussten Trieben und Leidenschaften unterstellen und sich somit der Macht der Projektion ausliefern, oder er kann sich auf einen stufenweisen Weg der Befreiung begeben und die Reinheit einer universellen Weisheit im zunehmenden Maße entwickeln. Schließlich kann aus diesen Übungen jener Sinn gedeihen, den man im Geben und Nehmen zur Natur hinüberträgt. Die Natur ist das abgestiegene Reich des Lebens, das wie das wesenhafte Kleid des schöpferischen Kosmos dem menschlichen Antlitz entgegenstrahlt. Durch die Betrachtungen der verschiedenen Naturerscheinungen entwickelt sich der konkrete Sinn für das Geben aus der Seele und das Bewusstsein erfährt mit der fortgeschrittenen Übung, dass das menschliche Selbstbewusstsein durch die Möglichkeiten einer tiefgründigen Anschauung und einer schöpferischen Gedankenentwicklung diese Natur mit einem Licht und Frieden der Seele begleiten kann.

Die Übung kann neben den Formen von Blühen, Welken und Fruchtbildung auf ganz bestimmte und ausgewählte Pflanzen ausgerichtet werden und damit eine praktische und detaillierte Anwendung beispielsweise für Heilkundige, die mit Phytotherapie arbeiten, erhalten. Durch die konkrete und intensive Beobachtung einer Blume, eines Baumes oder eines Pflanzengewächses entstehen ein tieferer

Bewusstseinseindruck und ein erster Sinn für das inneliegende Geheimnis eines in der Form befindlichen Wesens. Die Übung ist in dieser detaillierten Ausrichtung aber nicht nur für den Heilkundigen, sondern auch für den, der allgemein Botanik oder auch Naturerscheinungen erforscht, sinnvoll. Der, der diese Übung praktiziert, beispielsweise der Heilpraktiker, der Pflanzenpräparate und Kräutertees seinen Patienten verordnet, entwickelt einen tieferen und sensitiven Sinn für die elementare Zuordnung, die eine Pflanze oder ein Kraut zum menschlichen Körper und seiner Physiologie besitzt. Aber auch für jenen, der krank ist, oder für jenen, der ein religiöses Bewusstsein und eine tiefere Naturfrömmigkeit ausprägen will, können diese Übungen ein warmherziges, erbauendes, stärkendes und reinigendes Empfinden bringen.

Beobachten Sie beispielsweise eine Getreideähre, die feinwiegend im Licht mit ihren zarten Grannen wie ein graziles Kunstwerk emporragt. Der Blick gleitet über den Stängel und über die wenigen anliegenden Blätter zu der Ähre empor. Welche Farbe besitzt die Pflanze? Wo und auf welchen Böden gedeiht sie?

Welche Bedeutung können die langen, fein gegliederten Grannen besitzen? Der Blick sollte möglichst mit konkreten Fragen und natürlichen Gedanken kombiniert zu einem tieferen Eindruck führen. Dieser Eindruck über die Pflanze sollte nun im Gedächtnis nachwirken und einige Stunden oder einen Tag später erneut in die Erinnerung gerufen werden. Vielleicht mag die Betrachtung der gleichen Getreideähre des Öfteren eine Wiederholung erfordern und Sie erst über mehrere Erinnerungen und über die Tage hinweg zu einem wirklichen Bild und einer lichten Vorstellung leiten. Das Bewusstsein benötigt meist eine rhythmische Einstimmung von wiederholten aktiven Betrachtungen, gefolgt von Pausen, und es benötigt die Arbeit der Erinnerung, und erst mit der Zeit erwachen die feinen, übersinnlichen Eindrücke von der elementaren Sinnesbedeutung einer Pflanze.

Die Betrachtung der Getreideähre wird in der Regel zu einem tiefen, warmen Eindruck im Herzen führen und sie wird im Bilde wie in einem heilenden, ja, heiligen und goldenen Licht erscheinen. Die anfangs ganz junge Pflanze erscheint ähnlich wie rosa, dann mit zunehmendem Wachstum und der Veränderung zur gelben Farbe nimmt man bläuliche Schimmer wahr und am Ende bei guter Reife goldfarbene, übersinnliche Tönungen. Das Getreide ist die geistige Nahrung, die das Feuer und das Licht des Himmels trägt, und sie ist daher die goldene Pflanze und das geistige Nahrungsmittel zur Spiritualität.

Oder der Übende beobachtet die rote Malve mit ihren schönen und kräftigen karminroten Blüten. Mit der Zeit gewinnt er einen Eindruck über ihre beruhigende und harmonisierende Wirkung, der sich meist schon spürbar bei den ersten Erinnerungen an ihre Gestalt entwickelt. Rund wirkt ihre Geometrie, im Sinne eines metaphysischen Überstrahltseins. Die Malve ist die beruhigende Pflanze, die sich als Tee am Abend eignet und das so oft aufgebrachte und hitzige Stoffwechselleben dem mehr nach Entlastung und Lösung arbeitenden autonomen Nervensystem anpassen will.

Ein weiteres Beispiel, wie sich das Ergebnis einer Übung entwickeln kann, ist folgendes: Ein Blick auf die Olivenbäume des Südens, die mit einer vitalen Fülle und einer kleinen und zähen Blattstruktur eine unglaubliche Stärke symbolisieren, führt zur Entdeckung des hohen Wertes von Oliven und ihrem Öl. Die Olive wächst an einem Baum, der in seinem erdhaften Holzelement kaum einen entsprechenden Umfang annimmt; die Blätter und sein rundes Wesen im Grün zeigen aber die kosmische, vitale Natur des Baumes. Die Olive ist deshalb ein ausgesprochenes Stärkungsmittel, das bei vielen Krankheiten auf einfache Weise Verwendung finden kann. Wenn der Übende auf diese Olivenbäume blickt, gewinnt seine Seele auch die Eindrücke einer kosmischen Wesenheit, die an diesem Baum arbeitet, die mehr im Schatten des Baumes Geborgenheit und Ruhe und im hellgrünlichen Glanz der Blätter eine zauberhafte Lebenskräfteakkumulation mit nahezu mystisch silbrigem Glanz vermittelt.

Durch die Betrachtung und Erforschung nimmt der Übende dieses stärkende Wesen bereits zu einem gewissen Grad in sich auf.

Diese Seelenübung wirkt allgemein beziehungsfördernd zu allen Naturerscheinungen und im weiteren Verlauf als vorbereitende Grundlegung einer Hellsichtigkeit des nach geistigem Erlebnis strebenden Aspiranten. Es sind die Ätherkräfte, die in der Natur in spezifischen Variationen wirken und die schließlich durch die sich entwickelnde Seele erahnt und bald wahrgenommen werden. Gleichzeitig erfährt sich der Übende selbst im Verhältnis zur Pflanzenwelt und bewirkt bei den Beobachtungen feinste Veränderungen, die sich günstig im Sinne einer atmosphärischen Harmonisierung und Belebung auswirken.

Die Übung wirkt esoterisch gesehen auf das dritte Zentrum, das sogenannte *maṇipūra–cakra*, erbauend und belebend und fördert über ein feinstoffliches Kräfteverhältnis eine sehr günstige Stoffwechselanregung.

Die Olive im silbrigen Glanz. Sie schenkt ein lebenskräftiges Sinnesleben und ein geborgenes Heimatgefühl.

Ein Zentrum, ein sogenanntes *cakra*, liegt nicht im physischen Körper, sondern im feinstofflichen Astralleib und somit ist das *cakra* unsichtbar. Dennoch aber wirkt durch dieses *cakra* die astrale Planetenstrahlung. Durch das dritte Zentrum wirkt der Planet Venus und schenkt weiche, anmutige, runde und weibliche Formen. Die Zeichnung zeigt den Ausdruck der Venus, eine feine Schalenbildung und eine empfängliche, lichte Offenheit. Man kann die Schale als Symbol für die Venus werten.

Die Arbeit mit dem Wort und der Aufbau von Ätherkräften

Dritte Seelenübung

Die Arbeit mit Wort und Text in einem anregenden und stärkenden Sinn kann als eine große, sogenannte Äther erzeugende, das heißt Lebenskraft spendende Kunst betrachtet werden.[1] Sie ist nicht konsumorientiert, unterhaltend, passiv, sondern höchst aktiv, beziehungsfreudig, anschauungs- und urteilsbildend und regt die sogenannten Schöpferkräfte des Menschen. Das lebendige Studium von Texten regt das Denken über den Intellekt hinaus zur Gedankenbildung an und führt zu einem reichhaltigen Empfindungsleben. Die Ätherkräfte steigern sich infolge der schaffenden, schöpferischen Tätigkeit.

Wer diese Kunst nur zu einem geringen Grad entwickelt und anzuwenden vermag, wird bereits die tieferen Inhalte und Gedanken der verschiedenen existierenden Schriften entschlüsseln. Für all jene, die nach Verwirklichung in ihrer Seele streben, ist das rechte Lesen eine wichtige Aufgabe. Lesen sollte deshalb zu der lebendigen Disziplin einer beschaulichen, aufmerksamen, meditativen und schließlich schöpferischen, Gedanken erzeugenden Kunst gelangen.[2] Das Gelesene wird nicht nur passiv übernommen, sondern aktiv gedacht, empfunden und auf diese Weise wie selbsteigen kreiert.

Wer ein anspruchsvolles Buch liest, wird in der Regel beim ersten Durchlesen die Gedankengänge nur teilweise verstehen können. Legt er das Buch für kurze Zeit beiseite und liest er es schließlich von Neuem, so werden ihm plötzlich manche Gedanken als völlig neu erscheinen und er wird diverse Inhalte, die er vorher überlesen hatte, erst jetzt aufnehmen.[3] Das Erkennen der Gedankeninhalte benötigt Zeiten der Pause, gefolgt von wiederholter Aufmerksamkeit. Die aktive Wiederholung im Lesen ist das Mittel zur Einstimmung der Gedanken, aus denen das Verstehen reift.[4]

Die Disziplin der Aufmerksamkeit muss beim Lesen meist erst gelernt werden. Wie leicht streift das Auge oberflächlich über die Zeilen und bemerkt das eigentliche Anliegen des Autors gar nicht. Wirkliche Aufmerksamkeit bedeutet bewusstes Einfühlen, bewusstes Sehen, bewusstes Wahrnehmen und ein gedankliches Vorstellen. Diese gedankliche und empfindende Aufmerksamkeit kann unendliche Tiefen und gewagte Höhen berühren. Wie ein Musikinstrument gestimmt und im gegenseitigen Klingen wahrgenommen wird, so kann auch das Wort durch eine konkrete, regsame Außenwahrnehmung richtiggehend gesehen und gefühlt werden.[5]

1. Mit dem Lesen ist nicht nur die Übernahme von niedergeschriebenem Wissen beabsichtigt. Ganz eigentümlich und daher betonenswert ist es, dass der Leser anhand des Textes und gemäß des Inhaltes Gedanken anregen und in sich, in seinem frei wirkenden Bewusstsein, in seinem frei tätigen Ich-Sinne erzeugen lernt. Die Disziplin wird dadurch schöpferisch und erschafft neue Ätherkräfte. Lesen fördert die Ätherkräfte gemäß dem ursprünglichen Gedanken.

2. Grundsätzlich denkt man, dass man etwas lesen müsste, um für sich im intellektuellen Sinn etwas zu erlernen. Das Lesen, wie es hier gemeint ist, soll den ursprünglichen Hauptgedanken oder den wesentlichen Inhalt verstärken und zu einem wirklichen anschaulichen Bewusstsein fördern.

5. Der Leser muss tatsächlich eine gewisse konsumorientierte Haltung bei sich selbst meiden und den Mut dafür fassen, dass er als Leser ebenfalls zur schöpferischen Gedankenbildung und Erkenntnisbewusstheit fähig wird.

3. Ätherkräfte werden vor allem durch Wiederholung erzeugt. Die Wiederholung sollte aber kreativ sein und weniger den üblichen mechanischen Charakter des Auswendiglernens tragen.

4. Wenn in einem Buch oder in einer Schrift wirkliche Gedanken vorhanden sind, dann können diese Gedanken weiter zu einer Ausstrahlung und sogenannten Ätherisierung, zu einer lebenskräftigenden, lichterhebenden Quellkraft werden. Sind aber in einer Schrift keine Gedanken vorhanden – und diese Tatsache ist nicht selten, denn oftmals bewegen Menschen nur Emotionen oder triebhafte, unreflektierte Absichten – kann keine wirkliche Ausstrahlung aus dem Text entwickelt werden. Es fehlt das Zentrum oder, anders ausgedrückt, die geistige Instanz im Text. Mit dem Fehlen des Gedankens entwickelt sich keine wirkliche Möglichkeit zur Erweiterung des Bewusstseins und zur Erkraftung der Gesundheit.

Für den, der ein Buch nur zur Unterhaltung liest, wird die innere Aktivität nicht allzu bedeutungsvoll sein. Wer aber die niedergelegten Gedanken und Erfahrungen eines Menschen begreifen möchte, muss sich innerlich rege beteiligen und sich zu den Höhen oder anders ausgedrückt zu den Gedanken, von denen der Autor spricht, emporschwingen. Nicht das intellektuelle, an Begriffen klebende Denken wird angestrengt, sondern vor allem die inneren Gemütskräfte und die gedankliche Erkenntnisforschung müssen in einem sensitiven Sinn zu der Wahrheit aktiv am Lesen beteiligt sein.[6]

Das Lesen soll im idealen und kreativen Sinn nicht anstrengen, sondern ganz im Gegenteil befreiend und aufbauend wirken. Ist das tiefere Gemütsleben mit einem inneren Dabeisein und Zuhorchen beteiligt und eine innere Bereitschaft des Einlassens auf fremde Gedanken beziehungsweise ein wirkliches Anschauen der Gedanken gegeben, so verflüchtigt sich alle Müdigkeit. Die natürliche Begeisterung oder die gezielte objektive Anschauungsbildung, gepaart mit einer Suche nach der möglichen Wahrheit, führt zu Wachheit und der Leser merkt, wie formende Weisheitsgestalten vor ihm aufsteigen, wie die Worte tatsächlich eine zunächst übergeordnete Ätherkraft erzeugen und diese schließlich auf das Gemüt harmonisierend zurückstrahlen.

Das Lesen aber erfordert zudem auch eine wirkliche Offenheit für eine neue, unbekannte und immer erst einmal außenstehende Wirklichkeit. Der Gedanke wird immer eine freie Ätherdimension, die in jedem Augenblick Ätherkräfte abgeben kann, darstellen. Viele Suchende verstehen die Gedanken anspruchsvoller Schriften nicht, da sie zu schnell in eigene emotionale oder intellektuelle Bewertungen zurückfallen. Werke von großen Yoga-Meistern, Originalschriften von Eingeweihten, Bücher von Philosophen und namhaften Denkern sind nicht einfach im üblichen intellektuellen oder gemütshaften Sinne zu lesen und zu verstehen. Eine innere Weisheit wie auch eine tiefere sakrale Kraft lebt in vielen dieser Werke. Liest das Auge ohne innere Beteiligung und ohne eine sich bildende Vorstellung über die Zeilen hinweg, so wird man dadurch den Kern der Werke nicht erfassen und keine tiefere Wahrheit erleben können und deshalb bei sich selbst kein Zentrum ausreichend ausprägen können.[7] Der objektiv erfasste, wirklich angeschaute und schließlich konzentriert genommene Gedanke eines Leseinhaltes bleibt in der Betrachtung während der Seelenübung zunächst außen, das heißt außerhalb des emotionalen Gemütes oder außerhalb des zugreifenden Wollens, und da er außen in einer freien gedanklichen Bewusstheit bleibt, besitzt er dem geistigen Gesetz gemäß die stärkste einstrahlende Kraft auf das Ich und seine Zentrierung im Menschen. Die Offenheit für die Gedanken, die gleichzeitig eine nicht passive, sondern eine aktive, entschiedene Aufmerksamkeit auf die Worte darstellt, ist notwendig und führt zu jenem sich weitenden Gedanken- und Empfindungssinn, der wie ein Licht im freien Raum aufsteigend das Innenleben erhellt.

6. Hat beispielsweise jemand einen sehr guten inhaltsreichen Text verfasst und ein anderer liest diesen, kann daran folgender Zusammenhang verdeutlicht werden: Kann dieser Leser, wenn er einen Sinn für Begeisterung spürt, denn anders, als sich in diese Welt des geschaffenen Denkens hineinzubegeben und diese zu lieben? Der Gedanke ist der Geist und dieser Geist ist Liebe und in dieser Liebe entsteht eine wahre Verbindung und Einigkeit. Wer deshalb die Kunst des Lesens objektiv, inhaltstreu und in seinen schöpferischen Möglichkeiten entwickelt, wird im nachtodlichen Leben eins mit diesen Gedanken werden. Die Seele und das Ich werden niemals von diesen Gedankeninhalten getrennt werden.

7. Je mehr ein Gedanke im Außen lebt, desto mehr kann er nach innen ein Zentrum im Menschen anlegen. Dieses Gesetz des konkreten, objektiven Gedankens ist im Leben sehr wichtig und sollte auch als eine Disziplin zur Erarbeitung kommen.

8. Der Leser kann und sollte sogar das Werk bereichern, anstatt es zu konsumieren.

9. Es könnte jemand behaupten, dass man einen sehr großen Unsinn geschrieben habe, es aber gut meine und deshalb eine sehr große Liebe ausstrahle. Es handelt sich aber dabei höchstens um die Ausstrahlung von Emotionen und es wäre übertrieben zu sagen, es handle sich um Liebe.

10. Man sollte vorsichtig sein gegenüber den so häufigen Kommentaren oder Sekundärinterpretationen zu Schriften. Rudolf Steiner besaß die Tugend und Fähigkeit, religiöse Schriften wie beispielsweise die Evangelien in ihren inneliegenden Gesetzmäßigkeiten und gedanklichen Absichten zu erfassen. Er kommentierte aber nicht, sondern vermochte sie nahezu auf eine höhere Verständnisstufe und zeitgemäße Bewusstheit zu erheben. Er brachte die wirklichen inneliegenden Gedanken auf erweiterter Stufe zum Ausdruck und erzeugte auf diese Weise zusätzliche Ätherkräfte.

Das tiefere Gemütsleben liegt in der Menschennatur in einer sehr verborgenen Region. Wer ein Buch zur Hand nimmt und zu lesen beginnt, soll sich ganz bewusst, in Ruhe und vor allem immer wieder auf neue Weise für die Worte öffnen.

Das Studium von Texten beginnt nicht in Anlehnung an das eigene festgehaltene Wissen und es sollte nicht zur Selbstbestätigung und Sicherstellung der eigenen Identität missbraucht werden; es dient vielmehr zur schöpferisch-kreativen und immer wieder ganz neuen Beziehungsaufnahme zu den Ausdrücken eines Werkes.[8]

Horcht der Leser zugleich auf seine tiefere Empfindungswelt, so wird er in sich durch diese Offenheit ein feines Gefühl für die Weisheit und Kraft spüren, die der Autor in das Buch gelegt hat, und er wird in seiner Liebesfähigkeit und Verbundenheit zu ihm erkraften. In jeder guten Literatur lebt eine innere, gedanklich weisheitsvolle Seite, ein inneres zartes, fast klingendes Empfinden, das sich in einem sympathischen, erhebenden oder lichtvollen Eindruck bemerkbar macht. Liebe wäre ohne die Weisheit nicht möglich.[9] Gerade religiöse Schriften und Urkunden sind eine sehr wertvolle Literatur. Lesen ist eine sensible und erhobene Kommunikation mit einem anderen Gedankengut auf einer wirklichen, wahren gedanklichen Ebene. Wer auf die feinen Unterschiede achtet und sich von innen heraus auf die Worte besinnt, bemerkt bald, wie der Gedanke selbst auf seine Entdeckung wartet und wie dieser Gedanke erweiternde und gesundheitsförderliche Kräfte erzeugen kann. Würden alle Menschen diesen gedanklichen Sinn entwickeln und sich selbst wirklich mit ihren tieferen Empfindungen konfrontieren, so würden sie sehr schnell triviale Literatur ablehnen.[10]

Ein Buch von einem Verfasser, der in Liebe, Gerechtigkeit und Weisheit lebt oder gelebt hat, trägt auch seine genauen authentischen Kräfte in sich. Der niedergeschriebene Gedanke braucht einen Träger oder auch Erzeuger und dieser liegt in der Person des Menschen. Durch aufmerksames Lesen gedeiht ein sensibler Sinn für den Gedanken und seine Logik und bald entwickelt sich auch ein Bewusstsein für den wirklichen Äther und infolge dieser aktiven Offenheit erblühen durch das Lesen das Herz und der Verstand. Diese Erfahrungen können durchaus sehr leicht wahrgenommen werden, wenn man beim Lesen eine objektive Beziehung entwickelt und gleichzeitig auf seine Empfindungswelt horcht.

Die Eigenschaften, die den wirklichen Wert einer Schrift darstellen, leben natürlich nicht nur in einzelnen Wörtern, sondern hinter den Worten. Lesen ist eine Kommunikation einerseits mit den niedergeschriebenen Gedanken, aber andererseits auch mit dem inneren Sinngehalt, der wirklich in dem Worte liegt. Deshalb ist eine immer wieder neu entschiedene Aufmerksamkeit beim Lesen so wesentlich. Die besten Bücher sind in der Regel schwierig, nicht wegen der Wortwahl, sondern weil ihr Inhalt innere Geheimnisse trägt. Wer liest, soll sich bewusst sein, dass er innerlich aktiv wie auf einen Klang eines feinen

Ein großer Unterschied besteht in der Art und Weise des Lesens. Nimmt der Leser die Lektüre zum konsumierenden Unterhalten, sinkt er tendenziell zurück und seine Wirbelsäule verliert zunehmend an dynamischer Aufrichtekraft und Spannung. Jeglicher Konsum, vor allem dann, wenn er in Übermaß geschieht, schwächt die erbauenden Stoffwechselkräfte.

Das Studium einer Lektüre mit Interesse und gedanklicher Anteilnahme führt zum Aufrichtevermögen der Wirbelsäule und lässt die Haut angenehm erstrahlen. Der Leser ist keinesfalls ein Konsument oder ein passiver Rezepient. Er ist vielmehr in einer hohen Aktivität und gewinnt mithilfe des Studiums förmlich anregende Stoffwechselkräfte, die ihn tendenziell verjüngen.

Musikinstrumentes lauschend und erkennend hinhorchen muss. Beim Arbeiten mit Texten ist immer eine feine Telepathie mitbeteiligt. Das Horchen auf die Worte, auf ihren inneliegenden Hauptgedanken, wie auch das Horchen nach innen in die eigene Welt führt zur Kunst des Lesens. Das Verstehen erfolgt aber meist erst durch ein wiederholtes Lesen und durch ein schöpferisches Erkenntniserwägen über die Inhalte. Besser ist es, wenige Seiten oder nur wenige Paragraphen, als ganze Bücher in einem Zug zu lesen.

Auf praktische Weise können verschiedene Schritte beim Lesen beachtet werden:

1. Wählen Sie eine anspruchsvolle, möglichst inspirierende Schrift aus und lesen Sie einen oder einige Absätze sehr genau.
2. Erinnern Sie sich eine kurze Zeit oder vielleicht auch einige Stunden später in einer besinnlichen Rückschau an den oder die zentralen Gedanken. Nehmen Sie die wesentlichen Gedanken sehr sorgfältig in die vorstellende Bewusstheit.
3. Lesen Sie erneut die gleichen Absätze und überprüfen Sie Ihre Erinnerung nach der Richtigkeit. Welche Gedankenlogik lebt in der Schrift?[11]
4. Bilden Sie sich eine Vorstellung in möglichst genauer Anlehnung an die zentralen Gedanken des Textes und stellen Sie sich die Frage: Was will der Autor mit diesen Sätzen aussagen? Welcher Gedanke liegt in der Schrift? Was bildet den Hauptgedanken? Wie sind die Gedanken aneinandergereiht? Befinden sie sich in einer Logik?
5. Überprüfen Sie durch sorgfältige Innen- und Außenschau Ihre Eindrücke und horchen Sie bewusst auf die stille Kommunikation, die mit den Gedanken entsteht. Welche Formen, welche Gestalten entstehen mit den Gedanken des Gelesenen? Lässt sich das Motiv, das der Autor im Text ausdrückt, einigermaßen erfassen?
6. Stellen Sie sich vor, dass in jedem Text eine äußere wie auch eine innere Absicht lebt und diese sich auf stille oder offensichtliche Weise in der Gesamtlogik ausdrückt. Eine Schrift, die den Leser manipulieren möchte, lässt sich in ihrer Logik mit dieser sorgfältigen Betrachtung erfassen und das Motiv kann erkannt werden. Die Absicht, die den Worten zugrunde liegt, spricht sich meist in jener Art aus, wie die Sätze in ihrer Logik aufgebaut sind.
7. Auf diese Weise können Sie ein anspruchsvolles Werk abschnittsweise erarbeiten, die Motive eines Autors ergründen, sie in ihrem Wert akzeptieren oder sie im Bedarfsfall, wenn nötig, zurückweisen. Sie können an der Schönheit der Worte teilhaben oder an der Minderheit des Ausdrucks Ihre Phantasie entfalten und Überlegungen anstellen, wie ein Ausdruck konstruktiv besser erscheinen könnte. Es kann eine Empathie und ein freies Erleben des Wortes mit der Arbeit an Texten entstehen und wenn Sie sich wirklich in der Anschauung der geschriebenen Worte üben, so werden Sie in jedem Fall frei schaffend wirken und Taktgefühl entwickeln. Sie werden über das Lesen und Arbeiten mit Texten Ätherkräfte erzeugen.[12]

11. Das Motiv eines Textes liegt im Astralleib begründet, während der gedankliche Inhalt, die eigentliche Substanzialität des Textes, im Äther begründet liegt. Die Motive führen zu einer Logik und je nach Qualität stellen sie ein mehr oder weniger günstiges logisches Bezugssystem im Text dar. Je mehr eine Logik im Aufbau der gedanklichen Bezugsrichtungen liegt und je mehr sie mit dem Entwicklungsweg des Menschen übereinstimmen, desto höher sind die Motive und desto harmonischer gestaltet sich die astrale Kraft des Textes.

12. Es kann die Textarbeit natürlich auch ohne Pause durch längeres Aufmerksamsein auf den oder die Paragraphen erfolgen. Wichtig ist es, dass sich der Leser der schöpferischen, Äther erzeugenden Tätigkeit bewusst wird. Lesen erzeugt im Bewusstsein den Gedanken und konsumiert ihn nicht sofort nach innen in die eigene Gemütswelt, sondern bringt ihn in die konkrete, freie Gedankensphäre, und dort wird er wie ein Sein oder auch wie eine Sonnenkraft weiterhin gedacht. Es ist günstig, wenn man sich vorstellt, dass das Denken eine Tätigkeit darstellt, die der Mensch frei in seiner Lichtausstrahlung, das heißt frei vom Körper tätigen kann.

13. Man könnte an dieser Stelle den Einwand vorbringen, man stelle sich als Leser über den Schreiber und verfalle deshalb eitlen Bewertungen. Es handelt sich jedoch nicht darum, schnelle Urteile und Bewertungen auszusprechen, vielmehr entwickelt sich gerade mit der Erarbeitung des geschriebenen Wortes eine intensivere Anschauungsbildung und eine daraus entstehende Empathiefähigkeit. Wer eine Schrift verbesserungswürdig empfindet, wird aus konstruktiven Ansätzen Vorschläge erteilen und eitle Kritteleien, fachliche Unkenntnis und Verurteilungen meiden. Die Textarbeit führt zur Bewusstheit der Schwierigkeiten, die jede Formulierung in sich trägt, und wird aus dieser Bewusstheit den Menschen konstruktiv reagieren lassen.

Allgemein fördert diese Arbeit mit geschriebenen Texten im Sinne des rechten Lesens die kreative Vorstellungskraft des Menschen. Das *viśuddha-cakra*, das sogenannte fünfte Zentrum, das übersetzt heißt „das reine Zentrum" oder das umschrieben auch so viel bedeutet, wie dass ein möglichst reines Licht im Menschen organisiert wird, entwickelt sich zu einer größeren Strahlkraft.[13]

Im Allgemeinen bestehen sieben Energiezentren im feinstofflichen Leib des Menschen. Das fünfte Zentrum liegt im Kehlkopfraum und richtet sich zur oberen Natur des Menschen aus. Das vierte Zentrum am Herzen nimmt genau die Mitte ein. Der Lernschritt, den der Übende beim Lesen von Texten und der Arbeit mit dem Wort gewinnt, ist derjenige, dass er sich mit seiner Aufmerksamkeit und seinem Denken nicht in die Grübelei oder Emotionalität nach innen zurückfallen lässt, sondern sich tatsächlich nach außen wendet. Lesen kann nicht im gefühlsmäßigen Innenerleben erfolgen, sondern es kann nur im denkenden und vorstellenden Nach-außen-Gekehrtsein stattfinden.

Dieses fünfte Energiezentrum oder *viśuddha-cakra* entwickelt sich am besten durch logische und klare Vorstellungsinhalte, die, wenn sie der Mensch aktiv tätigt, eine große Kraft seelischer Art darstellen können. „Warum schenkt eine Vorstellungsbildung eine große seelische Kraft?", könnte man sich ernsthaft fragen. Die Antwort auf diese Frage ergibt sich relativ deutlich, wenn man bedenkt, dass dasjenige, was man als Geist bezeichnet, nicht eine physische Muskelstärke darstellen kann, sondern vielmehr eine Wirklichkeit im Menschsein offenbart, die durch die Kraft des Bewusstseins selbst entsteht. Vorstellungsbilder zu entwickeln und diese in der Konzentration längere Zeit zu bewahren, stellt deshalb eine außerordentliche seelisch-geistige Kraft dar, die für jeden, der eine günstige Entwicklung absolvieren möchte, notwendig ist.

Für die Erlangung erster übersinnlicher Erkenntnisse bedarf es fast immer der Arbeit mit Texten und Textinhalten, denn der Übende trainiert auf diese Weise sein Bewusstsein zu objektiven Anschauungen, die nicht nur die äußere geschriebene Materie des Wortes betreffen, sondern den inneren Gehalt des geschriebenen und komponierten Textes berücksichtigen. Jede günstige Hellsichtigkeit bewirkt ein körperfreies Empfinden und erweckt das fünfte Energiezentrum zu einer größeren blütenförmigen Strahlkraft. Gleichzeitig entwickelt sich die Seelenstärke durch die wachsende Logik, die in objektiven Vorstellungsbildern einen souveränen Ausdruck annimmt.

Wenn das 5. Zentrum entwickelt ist, erhebt sich die Vorstellungstätigkeit und es lässt eine wache Umgangsweise in der Kommunikation erleben. Die Personen sind mit ihrer Aufmerksamkeit nicht in ihrer eigenen Innenwelt gefangen, sondern bewegen das Bewusstsein angemessen in einer Außenorientierung. Grundsätzlich erscheint die Kommunikation in diesem Sinne sympathisch.

Wer das 5. Zentrum nur zu einem geringen Grade entwickelt hat, argumentiert keinesfalls fundamentalistisch, totalitär oder dogmatisch, sondern inhaltlich und mit klaren Vorstellungen.

Daniele Ganser

Willy Wimmer

Heinz Grill

Die Lebensäußerungen dieser drei Personen lassen Logik und Sorgfalt erkennen. Sie suchen mit den Augen den Kontakt und erwägen das Gesehene oder Gehörte rückwirkend im Innenraum.

Die Annäherung an die energetische, seelische und geistige Substanz von Begriffen
Vierte Seelenübung

Damit diese nun folgende erörternde Betrachtung in eine anschauliche Bezugsrichtung zum menschlichen Denken findet, ist die Fragestellung wichtig, wie der Leser mit den sogenannten Begriffen, den Termini, den spezifischen Wörtern, die in einem Text gebraucht werden, umgehen kann. Die im Folgenden beschriebene Umgangsart mit Begriffen schließt die Möglichkeit ein, diese konkret zu erfassen. Damit führt sie im weiteren Verlauf zu einer Verlebendigung und schließlich reichhaltigeren Interpretation des Textes.

Welche Wahrnehmung, welches Gefühl, welche Idee oder Intention liegt in einem geprägten Wort? Es ist ein Begriff die in Worte geprägte Formgestaltung, die eine ehemals getätigte Erfahrung beinhaltet und wiedergeben möchte. Begriffe wären niemals in der Welt entstanden, wenn es nicht erfahrende und erlebte Wahrnehmungen gegenüber der Weltenschöpfung gegeben hätte und wenn es auch nicht den denkenden und schaffenden Menschen gäbe. Die Formgestaltung des Begriffes in Wort und Sprache entsteht aus der regsamen und schaffenden Tätigkeit des Menschen, und so beinhaltet jeder Begriff in sich eine Dimension der Bewegung und eine verborgene Substanz.

Man sagt zu den Hauptwörtern „Substantive" und zu den Verben „Tun- oder Aktivitätswörter". Die Aktivität einer Wahrnehmung oder einer Handlung führt in der weiteren Folge zu einer feststehenden Manifestation und diese zeigt sich in der Substanz des Begriffs. Hätte es niemals ein Denken gegeben, so könnte ein Gedanke nicht in die menschliche Sphäre eintreten und zur Mitteilung gelangen. Die Aktivität des Denkens liegt jeder Manifestation eines menschlichen Planens oder einer Kreation, die der Mensch erschaffen hat, zugrunde. Ein Haus könnte deshalb ohne die Planung und Gedankenarbeit des Architekten nicht zum Entstehen gelangen.

Mit dieser kurzen Hinführung rückt die konkrete Realität, die in den Begriffen vorhanden ist, auf bildhafte Weise etwas näher. Der Begriff als abstrakte Tatsache wäre eine leere Hülle, eine reine Illusion oder ein unwichtiges, relatives Wesen, wenn er im Inneren nicht eine Bewegungsdimension und verborgene Substanzialität tragen würde. Sehr ungewöhnlich ist es sicherlich nun, wenn in dieser einleitenden Betrachtung von einer Bewegung, die in einem Begriff vorhanden ist, gesprochen wird. Grundsätzlich müsste der Betrachter annehmen, dass ein Begriff eine feststehende Buchstabenfolge aufweist und er in diesem Sinne ein rein unbewegliches und materielles Formgerüst darstellt. Jeder Begriff oder auch jedes Wort weist aber in eine bestimmte Richtung, lenkt die Aufmerksamkeit auf eine konkrete Angelegenheit oder Tatsache und gibt dem Menschen somit Richtungen und Bewegungen für das Bewusstsein vor. Diese feine Tatsache der Bewegung im Begriff bemerkt der einzelne denkende und fühlende Mensch jedoch nur auf sehr unbewusste Weise.

Der Begriff ist wie die ausgehauchte Erfahrung der Seele, das einmal erlebte Bild, die erschaute oder erkannte Gestalt, die im manifest gewordenen Gedanken ihre klare Kontur erhalten hat und schließlich im niedergeschriebenen und damit festgelegten Buchstaben ihre allgemeine Definition annimmt. Es beschreibt aber tatsächlich jedes Wort in seinem bildhaften Ursprung – sowohl ein Verbum als auch ein Substantiv – in sich eine allgemeine, vorherrschende Zielbewegung, eine Zielabsicht oder auch ein schon erreichtes Ziel. Die innere oder verborgene Bedeutung eines Terminus erschließt sich nicht durch eine fixierende Definition oder durch eine darübergelegte erneute Festlegung, sondern sie entwickelt sich auf langsame und lebendige Weise durch eine Bemühung um eine Charakterisierung, die auf verschiedene Ebenen ausgerichtet ist. Die Bewegung, die ein Begriff beschreibt und im Verborgenen beinhaltet, ist gewissermaßen sein innerer Bezug, sein wahres Verhältnis zu der Welt und Umgebung, und so ist sie, wenn das Wort erstmals hier hereingeführt wird, seine Seele. Jeder Begriff beinhaltet eine verborgene seelische Realität, denn wenn jemand den lapidaren Begriff „Schrift" gebraucht, so lebt im Hintergrund dieses Begriffes der schaffende Geist des Menschen, denn der Mensch allein kann eine Schrift entwickeln. Gleichzeitig lebt eine Bewegung in diesem Wort „Schrift", denn das Schreiben, die Tätigkeit, die der Mensch vollbringt, geht der Schrift grundsätzlich voraus. Die Substanz, die ein Terminus trägt, ist allgemein seine profunde Kraft, sein innliegendes geistiges Zentrum, oder wenn es hier erstmals auch mit einem recht schwierigen und noch zu erörternden weiteren Worte ausgedrückt wird, sein stilles Ich, seine Realität.

Die vielseitigen Begriffe, die heute beispielsweise auf dem großen Gebiet der Spiritualität vorkommen, beschreiben fast immer seelische Erfahrungen. Sie sind ohne genauere Aufgliederung in ihre verschiedenen Dimensionen und Wahrnehmungen noch viel zu komplex und deshalb können sie noch nicht als praktische Arbeitsgrundlage für den Aufbau eines integralen und umfassenden Studiums dienen. Die Möglichkeit aber besteht nun, diese Begriffe auf eine Ebene der systematischen Aufgliederung zu führen und sie somit durch ihre detaillierte Wirkungsausrichtung zu einer vorstellbaren Auseinandersetzung für das Bewusstsein zu öffnen. Aus der zunächst angelegten Abstraktion des Begriffes entsteht eine flexible, anhebende Dynamik, eine Art lichte Erscheinung, die die unvorstellbare oder halbvorstellbare Form in eine bessere, konkretere und transparentere überführt. Eine leichte und zugängliche Vorstellungstätigkeit erwacht schließlich aus dieser angehobenen Geschmeidigkeit des in der Betrachtung stehenden Wortes. Solange der Begriff zu global und unvermittelt in eine

Beschreibung eingesetzt und von einem Leser auf passive Weise ohne anschauliche Bewusstheit rezipiert wird, bleibt er wie absolut, quasi verdunkelt, und entzieht sich seiner geschmeidigen und wahren Dynamik. Die bevorstehende Arbeit, Begriffe aus ihrer festen Totalität zu entheben und in eine lichtere, bewegte und anschauliche Sensibilität mit einer vorstellbaren Form und Wirklichkeit zu führen, bewirkt eine erstaunliche Fortschrittlichkeit in der menschlichen Beziehungsfähigkeit. Die Klärung der Begriffe, ihre Konkretisierung und damit ihre Veranschaulichung, ihre mögliche Erfahrung und ihre Wertigkeit eröffnen neue Perspektiven und der Übende gewinnt eine Stabilität und Sicherheit in seinem kommunikativen Verhalten.

Der erste Schritt im Umgang mit einem Begriff ist derjenige, dass man ihn am besten auf eine Tafel oder auf ein Stück Papier niederschreibt. Als Beispiel sei das so häufig gebrauchte und nicht immer leicht zu deutende Wort „Liebe" gewählt:

Zunächst lässt man diesen Begriff unbefangen auf sich wirken, ohne ihn sogleich zu bewerten oder zu interpretieren. Man werde sich lediglich bewusst, dass in diesem Begriff eine oder viele Aussagen summarisch zum Ausdruck gelangen.

Ist Liebe ein Gegenstand wie beispielsweise ein Berg, ein Kirchturm oder ein Blumentopf? Nein. Liebe erscheint zunächst als Ideal, als eine mentale oder emotionale Form einer Aktivität. Dennoch aber sollte der Begriff so gegenständlich und real genommen werden, so als könne man sein innigliches Wesen beschreiben und betrachten.

In einem weiteren Schritt wird man sich bewusst, dass Liebe ein Ergebnis einer Aktivität ist. Diese Aktivität müsste nicht zwangsweise im sogenannten Lieben ihren Ausgang nehmen. Sie könnte genauso gut in einer gebenden Gestikulation oder in einer Art tröstenden Stimmung liegen. Liebe jedenfalls ist bereits ein Substantiv und somit beschreibt es ein Ergebnis eines vorhergehenden Prozesses.

Als einen nächsten Schritt kann man in einem etymologischen Werk nachschlagen und diesen Begriff nach analytischen Deutungen erfassen. Leben, und sogar das Leberorgan liegen diesem Begriff zugrunde. Liebe ohne zu leben erscheint deshalb außerhalb einer jeglichen Realität.

Im weiteren Verlauf dieser begrifflichen Annäherung widmet sich der Betrachter verschiedenen Autoren oder künstlerischen Darstellungen, die das Wort gebrauchten oder mit diesem Wort argumentierten. „Die Kunst des Liebens" von Erich Fromm schenkt auf eindrucksvolle Weise eine umfassende Darstellung, wie ein Wort unterschiedliche Qualitäten besitzt und wie es schließlich zu einer großen Anforderung stilisiert werden kann. Wenn Erich Fromm von der Kunst des Liebens spricht, meint er, dass diese Kunst niemals auf banale Weise in das Leben eintritt, sondern lange Entwicklungswege für die Erlangung dieser Kunst notwendig sind.

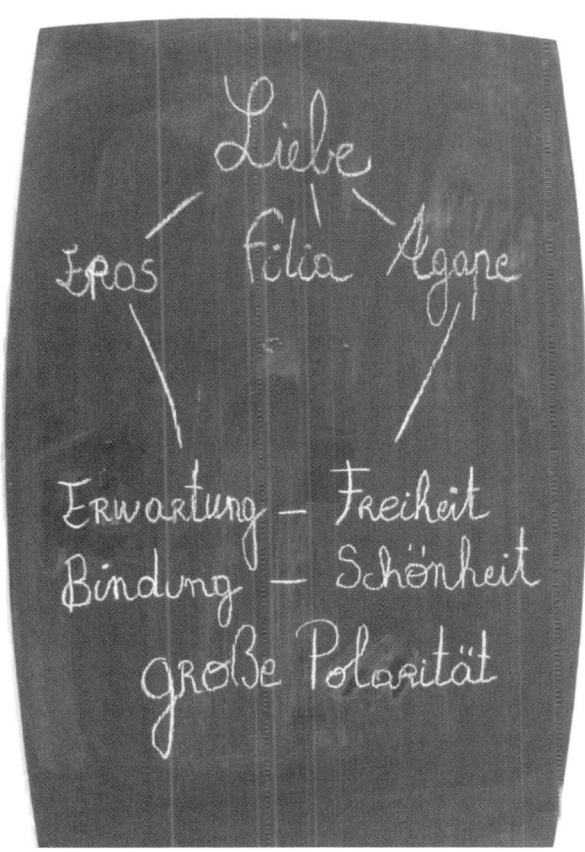

Im weiteren Verlauf wird man als Ausdrucksweisen der Liebe in der Antike „eros", „philia" und „agape" finden, das sind die sinnliche Liebe, die freundschaftliche und schließlich die selbstlose Form der Liebe. Indem man über den Begriff Liebe zu dieser Dreiheit vordringt und beispielsweise das Wort differenziert betrachtet, enthebt man es aus einer definitiven Bewertung und man kann es schließlich innerhalb verschiedener Ebenen des Daseins charakterisieren und gebrauchen.

Der Bewusstwerdeprozess zu einem Begriff erhält das menschliche Seelenleben und fördert eine wachsende Dynamik zu einer positiven und moralisch gut gehaltenen Phantasie.

Der Übende tut sich in allen Seelenübungen leichter, wenn er seine verwendeten Begriffe durch Adjektive und charakterisierende Beschreibungen in eine möglichst anschauliche Wahrnehmung zu führen lernt und in seinem Denken dadurch bewegende Gliederungen und Differenzierungen entstehen. In der Seelenübung „Weisheitskräfte in der Natur und die Signatur einzelner Pflanzen" wird das Wort „Weisheitskräfte" durch Fragestellungen näher in die Konkretisierung geführt, bis es schließlich konkreter und erfassbarer wird.

Begriffe, die in Bewegung und Inhalt vom Leser und Praktizierenden erfasst werden, schenken ihm eine solide Grundlage zur Kommunikation und eröffnen ihm schließlich ein natürliches Gefühl zur Welt. Die Seelenübung selbst erschließt die Welt durch die schöpferische Anwendung des Geistes und gründet den Einzelnen tiefer in seiner Beziehungsfähigkeit.

Beispiel für eine Arbeitsaufgabe

Damit man einen Begriff erfasst, konkretisiert erlebt und wie einen Gegenstand in seiner Bedeutung und Tragweite wahrnimmt, muss man ihn von Sympathie und Antipathie frei halten. Als typisches Beispiel sei im Folgenden der Begriff Regen, der sehr viel mit Sympathie und Antipathie zu tun hat, gewählt.

Macht man den Regen gegenständlich als Begriff, dann darf er nicht mit Trübsinnigkeit und mit dem unannehmlich Nassen in Verbindung gebracht werden. Der Sonnenschein ist nicht vergleichbar mit dem Phänomen des Regens und neutral gesehen sind sie beide verschiedene Offenbarungen der Natur. Beide besitzen ein bestimmtes Erleben und tragen in sich selbst einen Wert.

Mit dem Regen lässt sich vielleicht im weiteren Verlauf ein Phänomen ableiten, das mit dem fallenden Tropfen korrespondiert. Der Regen wird in seiner phänomenalen Bedeutung mit einem spezifischen Detail erlebt. Der Tropfen sucht die Erde, bewässert diese und entschwindet schließlich aus dem Luftraum.

Als einen nächsten Inhalt wählt man geeignete Adjektive, um den fallenden Tropfen oder den Regen im Allgemeinen zu beschreiben und ihn schließlich in seiner spezifischen Eigenart zu erleben.

Indem der Übende mit den Begriffen zunehmend anschauliche Bilder prägt und Details aus ihnen benennt, gewinnt er für sein Seelenleben eine reichhaltige Empfindung. Er lebt sich förmlich in den Begriff hinein und durchdringt ihn mit wachsenden Gefühlen. Für die Entwicklung einer ersten übersinnlichen Wahrnehmung bilden Begriffsdurchdringungen mit spezifisch entwickelten Gefühlen eine außerordentlich wichtige Basisarbeit. Derjenige der tiefere Einsichten in die Weisheiten der Welt und in übersinnliche Geheimnisse erringen möchte, benötigt ein reichhaltiges und objektiv entwickeltes Innenleben.

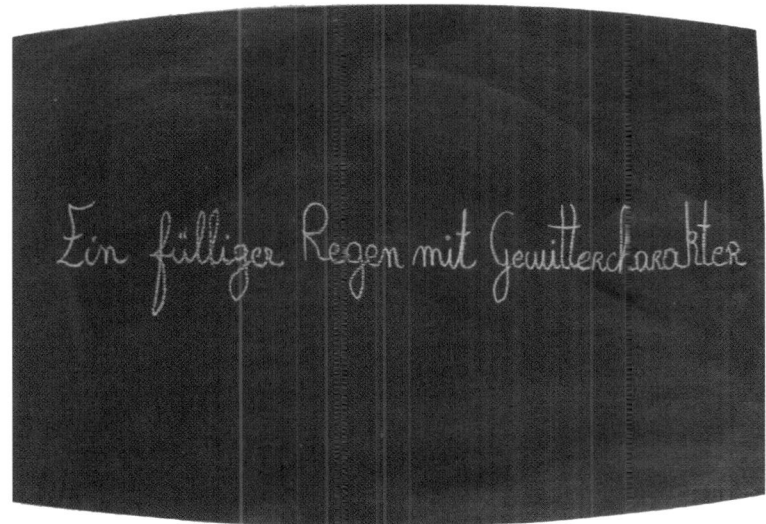

Die Konzentration
Fünfte Seelenübung

Die Konzentration ist die feine Scheidewand, die das Licht von der Finsternis trennt. Sie ist die wichtigste Bemühung, die auf direkte Art durch die unentwegte Übung der Erkenntnis oder auf indirekte Art durch sehr viel fachbezogene Arbeit und Dienst am Leben oder durch die Hinwendung an ein bestimmtes Projekt entwickelt wird. Die Konzentration ist das Ergebnis oder die Berührung eines Oberen zu einem Unteren oder ein Lichtwerden, das die manifestierte und gebundene Ebene erfüllt. Konzentration geschieht aus dem Bewusstsein und wirkt zurück auf den Körper.

Für die Konzentrationsübung, wie sie hier beschrieben ist, kann der kleine Vergleich eine erste bildhafte Vorstellung vermitteln. Eine Pflanze wächst aus dem Keime über die Stängel- und Blattbildung zur Blüte, in der sie schließlich alle Kraft in die Frucht- oder Samenbildung hineinkonzentriert. Der Same oder die Frucht sind das wertvollste Gut, das die größte Aufmerksamkeit von allen übrigen Pflanzenteilen erhält. Aus diesem Grunde ziehen sich die feinen Lebensenergien bald aus der Blattbildung und sogar aus der Blütenbildung zurück, damit die Frucht auf beste Weise gedeihen kann. Für die Konzentrationsentwicklung müssen sich gewisse Teile unseres Wesens zurückneigen oder es müssen gewisse Gedanken, Energien und Gefühle zum Schweigen kommen, damit wesentlichere oder zumindest ein wesentlicher Gedanke im Geiste die ganze Aufmerksamkeit erhält. Die Konzentrationsübung ist eine ganz feine Ausrichtung zur Auflösung begrenzender oder hinderlicher Vorstellungen und beschreibt eine systematische Entfaltung von wesentlichen, tragenden Gedanken. Sie ist nicht eine vitale Übung, in der das Denken, das Fühlen und der Wille wie in einem Konglomerat ineinander vermischt werden, sie ist vielmehr eine Bemühung um eine Art Isolation des Denkens von den Gefühlen, die sich wiederum von den leibeigenen Willensenergien lösen sollten. Die Konzentration beschreibt eine Reinheit im Denken, das im Gedanken gegründet ist, und sie beschreibt eine Empfindung, die im reinen Fühlen ruht, und einen Willen, der in der reinen Handlung reagiert.

Es wäre für diese Übung falsch, wenn man diese drei Seelenkräfte durch eine geballte, mehr vitale Konzentrationsübung ineinander vermischen würde, gleich wie drei Farben, die ineinander vermischt werden und somit eine neue hervorbringen. Vielmehr beschreibt diese Übung den Vorgang einer zunehmenden Differenzierung und Isolierung von einzelnen reinen Farben aus einem Farbgemisch. So wie der Maler in einem Violett-Ton sowohl ein Rot als auch ein Blau erkennen kann, so erkennt der Übende in seinem Bewusstsein bald die verschiedenen vermischten Tönungen und lernt das Denken von dem Fühlen und dieses wiederum von dem Willen zu trennen.

Ausdrucksformen von fehlender Gedankenbildung bis zur realisierten Gedankenbildung

Für Konzentration braucht man einen klaren Gedanken. Konzentration kann niemals ohne Denken beim Menschen erfolgen, dies würde in Schlaf oder emotionale Verhüllung führen. Der Übende kommt, wie das erste Bild etwa zeigt, mit seiner Wahrnehmung wie auch mit seiner Aufmerksamkeit nicht an die Peripherie und auch nicht zu einem Thema oder zu einem Objekt.

Häufig wird Konzentration mit einem gefühlsmäßigen Zustand verwechselt. Hier im Bild zeigt sich emotionale Verführungskunst. Noch ist der Gedanke nicht entwickelt und deshalb findet keine wirkliche Konzentration statt. Die Augen wie auch die gesamte Ausdrucksform zeigen noch eine tiefe untergründige emotionale Bindung, die in einer Konzentrationsübung jedoch zu eliminieren wäre.

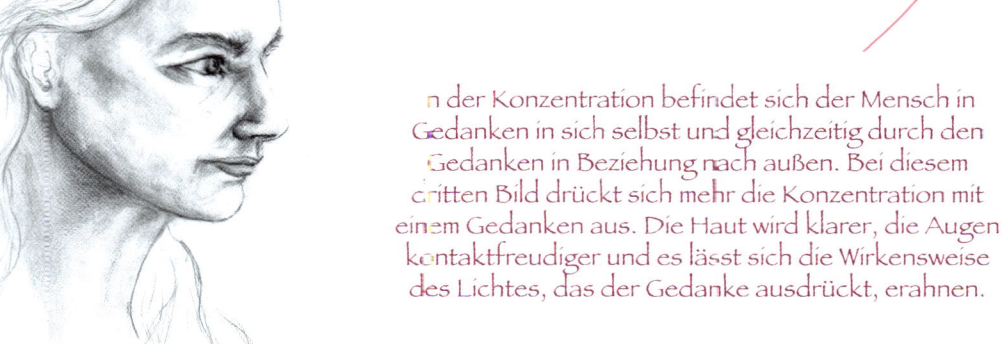

In der Konzentration befindet sich der Mensch in Gedanken in sich selbst und gleichzeitig durch den Gedanken in Beziehung nach außen. Bei diesem dritten Bild drückt sich mehr die Konzentration mit einem Gedanken aus. Die Haut wird klarer, die Augen kontaktfreudiger und es lässt sich die Wirkensweise des Lichtes, das der Gedanke ausdrückt, erahnen.

Für die praktische Ausführung kann hier ein einfaches Schema der Vorgehensweise hilfreich sein: Setzen Sie sich mit aufgerichteter Wirbelsäule in den Schneidersitz, Lotussitz oder Fersensitz auf eine gefaltete Decke. Wenn Ihnen diese Sitzhaltung auf dem Boden Schwierigkeiten bereitet, so können entsprechende Unterlagen, wie feste Sitzkissen, diese erleichtern. Die Übung ist aber auch auf einem Stuhl oder gegebenenfalls sogar im Flugzeug möglich. Wichtig ist der aufgerichtete Rücken, denn durch diese wohlgeformte und leichte Haltung kann die Wahrnehmung leichter auf subtileren Ebenen erfolgen. Für die Konzentrationsübung dürfen die Augen auch geöffnet bleiben. Der Inhalt der Übung soll anfangs nicht über ein einfaches, konkretes Beobachten des physischen Körpers hinausgehen. Beobachten Sie möglichst in einer Reihenfolge die verschiedenen Teile Ihres eigenen Körpers wie die Beine, die Hüften, den unteren Rücken, den mittleren Rücken, den oberen Rücken, die Schultern, den Nacken, das Gesicht und die Stirn. Entspannen Sie den Brustkorb und den Bauchraum, und lassen Sie die Atmung in einem natürlichen und entspannten Rhythmus fließen. Durch diese Beobachtung des Körpers geben Sie den Gedanken eine erste Zielrichtung und auch eine einfache Analogie und Reihenfolge.

Von der Aufmerksamkeit auf den Körper erfolgt nun die Aufmerksamkeit auf die eigene Psyche, die nun wiederum auf ganz konkrete Weise ähnlich wie der Körper beobachtet wird. Blicken Sie so auf das eigene Denken, wie Sie auf die eigenen Schultern im ersten Teil der Anleitung gedanklich geschaut haben. Richten Sie weiterhin die Aufmerksamkeit auf die verschiedenen Gefühle und Regungen des Gemütes, die wie ständige unterschiedliche Ströme sich in angenehmen und unangenehmen Wellen äußern. Die Gedanken und die Gefühle werden in diesem zweiten Teil der Übung wie von einem Zeugenstand als äußere Kräfte erkannt. Sie sind Wesenskräfte oder auch Kreationen, feine Substanzialitäten, die das Tageswachbewusstsein beständig begleiten. In der Regel ist das Ich oder Selbst in diesem unermüdlichen Spiel der psychischen Substanzen untergetaucht und identifiziert sich mit den entsprechenden angenehmen und unangenehmen Gefühlen wie auch mit den Wünschen und aufwallenden Gedanken. Durch die Übung einer konkreten und neutralen Beobachtung entsteht ein erstes Bewusstsein zu den eigenen inneren psychischen Energien, und das Ergebnis führt zu einer inneren Ruhe.

Diese ersten beiden Schritte in der Konzentrationsübung zu einer konkreten Aufmerksamkeit gegenüber dem eigenen Körper und seinen psychischen Energien führen zu einer klaren Übersicht und zu einem ersten unterscheidenden Wahrnehmen. Diese beiden einleitenden Schritte müssen in der Übung jedes Mal und somit mit jedem Tag neu entwickelt werden. Sie benötigen jedoch nur wenig Zeit und mit etwas Routine können sie in ein bis zwei Minuten erledigt sein. So wie der Maurermeister jeden Tag den Mörtel aufs Neue mischen muss, da er sonst fest werden würde, so muss sich der Übende in der Konzentration mit jedem

Tag aufs Neue üben und die einleitenden Schritte zur inneren Klarheit und Beobachtung wie auch Übersicht über die eigenen Gedanken entwickeln, damit er nicht den schleichenden Projektionen unterliegt und die Gedanken nicht zu einer starren und in Besitz genommenen, eigenen Wirklichkeit werden.

Nachdem diese beiden einleitenden Erkenntnisse zu der eigenen Natur des Körpers und der Psyche absolviert wurden, erfolgt ein dritter und sehr anspruchsvoller Schritt zur Beobachtung und Freisetzung eines neuen Gedankens. Die Übung benötigt nun auf dieser Stufe einen bewussten Gedankeninhalt, den sich der Übende mit einer konkreten, eigenen Entscheidung vornimmt. Es darf hier wohl betont sein, dass dieser Gedankeninhalt von dem Übenden selbst vorgenommen wird, denn er darf nicht auf zufällige Einfälle und Eingebungen warten. Als Inhalte eignen sich hier bestimmte Wortformeln, die meist als Weisheiten interessant sind, oder es eignen sich auch Textinhalte, inspirative Verse oder bestimmte Äußerungen und Hauptgedanken von hohen Persönlichkeiten. Dieser Inhalt in den Gedanken sollte jedenfalls unabhängig von der leiblichen projektiven Innenwelt sein. Der Inhalt sollte objektiv wie ein außenstehender Gegenstand im Lichte der Betrachtung wirken können. Anspruchsvolle Textinhalte, wie die Texte aus der Bhagavad Gītā oder aus den Evangelien, können in ihrem tieferen Sinne in der Regel nicht auf Anhieb identifiziert und verstanden werden. Der erste Schritt zur Annäherung und zum Verständnis von so hohen und verschlüsselten Inhalten führt über die konkrete Aufmerksamkeit und Betrachtung zu einer reineren Bewusstheit. In der Konzentration ruht das freie und unabhängige Licht der Aufmerksamkeit in direkter und konkreter Anteilnahme in diesen Worten und Sätzen.

Der Übende erlebt hier mit einiger Ausdauer und Geduld eine Trennung zwischen der eigenen projektiven Innenwelt, die sich meist in unruhigen, schläfrigen psychischen Wellen bemerkbar macht, und der außenstehenden Wirklichkeit des Objektes seiner Konzentration. Das Objekt besitzt keine spürbare Verbindung zu der eigenen Psyche und kann somit als eine außenstehende, neue und konkrete Wirklichkeit seine Betrachtung erhalten. Man sollte für die Konzentrationsübung deshalb zwei wichtige Punkte betrachten: Wählen Sie immer Konzentrationsinhalte wie Texte oder Sätze aus inspirativen Schriften aus, zu denen Sie keine emotionale Bindung besitzen. Denken Sie über Inhalte nach, die Sie auf freie Weise betrachten können. Die Aufmerksamkeit sollte immer auf konkrete, gedanklich wohlgeordnete und freie Weise für das Objekt zur Verfügung stehen. Sobald Sie eine emotionale Bindung oder eine vorbelastete Wunschabsicht zu diesem Konzentrationsobjekt besitzen, wird die Aufmerksamkeit in der freien Verfügbarkeit des Bewusstseins schwieriger und die Konzentration kann nicht mehr so leicht in ihrer klaren gedanklichen Wirklichkeit stattfinden. Weiterhin sollten Sie mit der Konzentrationsübung unbedingt die Inhalte wählen, die Ihr Bewusstsein inspirieren können und die Gedanken in das Licht einer

ZEHN SEELENÜBUNGEN

Der Betrachter bleibt gedanklich aktiv, aber in seinem Willen und den Gefühlen zurückhaltend, während das Objekt über den Gedanken in der Aufmerksamkeit zur Konzentration kommt.

Sehr häufig fällt es Personen schwer, eine regelrechte Distanz bei gleichzeitiger Aufmerksamkeit zu einem Objekt aufzubauen. Der Irrtum ist möglich, ein Objekt zu sehen und es dennoch nicht zu sehen, und an ein Objekt vermeintlicherweise zu denken und dennoch bei sich selbst gedankenlos zu verweilen. Das Genießen eines Eindruckes heißt nicht unbedingt Denken und Wahrnehmen.

übersinnlichen Vision erheben. Je länger das gedankliche Auge in der wirklichen Anschauung zu einem hohen und inspirativen Inhalt ruht, umso mehr nimmt das Bewusstsein die verborgene Saat der Seele aus diesem Inhalt auf. Damit aber die richtige Aufnahme zu diesen hohen Inhalten stattfinden kann, bedarf es der freien Verfügbarkeit des Bewusstseins und einer ersten Loslösung von althergebrachten Mustern und starren Vorstellungen.

Der vorgenommene Textinhalt, oder auch ein gewähltes künstlerisches Bild, soll nun durch diese Art der Anschauung zu einer weiten, lebendigeren und bewegten, in sich selbst wachsenden Vorstellung gedeihen. Aus dem konkreten Licht der Anschauung erwacht die bewusste Weite und feine Wirklichkeit wie eine Blüte aus dem unsichtbaren Raum. Jene Gedanken, die mit dem Objekt in einer Analogie stehen, dürfen hier von der Führung des Bewusstseins akzeptiert werden und sie dürfen sich mit dem anfänglichen Bild der Betrachtung vereinen. Diese Gedanken, die in die Sinnbedeutung rücken, können vielleicht von vielerlei Art sein, und sie müssen schließlich in ihrer Verwendung und Sinngefälligkeit eine Zuordnung erhalten. Das Bild kann sich, wie das folgende Beispiel zeigt, in seiner konkreten Summe zu einer gesteigerten Erkenntnis und größeren Vorstellung weiten.

Nehmen wir einmal an, wir denken den folgenden Textinhalt in klarer, objektiver Weise. Der Sinn dieses Textes ist durchaus verschlüsselt und so können diese Sätze ohne weitere Meditations- und Konzentrationsarbeit wohl nicht auf Anhieb verstanden werden. In einem ersten Schritt lenkt der Übende nach seiner geleisteten Vorarbeit die Aufmerksamkeit auf diese Sätze und denkt auf konkrete und besinnliche Weise über die einzelnen Worte nach. Er betrachtet die Worte wie einen physischen Gegenstand, den er mit den Augen anschauen kann.

> „Der Ätherleib hat annähernd die Größe und Form des physischen Leibes, sodass er ungefähr auch denselben Raum ausfüllt, den auch der physische Körper einnimmt. Er ist ein äußerst zart und fein organisiertes Gebilde. Seine Grundfarbe ist eine andere als die im Regenbogen enthaltenen sieben Farben. Wer ihn beobachten kann, lernt eine Farbe kennen, die für die sinnliche Beobachtung eigentlich gar nicht vorhanden ist. (...) Will man den Ätherleib ganz allein für sich betrachten, so muss man auch die Erscheinung des Seelenleibes für die Betrachtung auslöschen (...)."
> Rudolf Steiner, Wie erlangt man Erkenntnisse der höheren Welten?

Nach einiger Zeit der wiederholten Ausführung und des vorstellenden Denkens über die Sätze, vielleicht verbunden mit dem Lesen von anderen, zu dieser Textstelle verwandten Berichten, gewinnt das Bewusstsein weitere Eindrücke über den unsichtbaren, jedoch existierenden Ätherleib. Das Bild der Vorstellung wird weiter und es erscheint vielleicht wie folgend:

> „Der Ätherleib, der sich in seiner Grundfarbe mit einer jungen Pfirsichblüte vergleichen lässt, wirkt tiefgründig innerhalb der Körperdimensionen und gleichzeitig strömt seine Farbe bis an die Haut oder an die Peripherie. Dieser Ätherleib unterscheidet sich tatsächlich von dem menschlichen Gefühls- oder Astralleib. Er bildet eine eigene Wirklichkeit, die im Körper verborgen ist und dennoch nicht in ihm abgeschlossen bleibt."

Diese im Bilde und Gedanken erwachende Erweiterung und Vorstellung mag vielleicht das Ergebnis eines längeren Ringens um die Begrifflichkeit des sogenannten Ätherleibes und seiner Unterscheidung zum Seelenleib sein. Durch die wiederholten Betrachtungen in der freien Verfügbarkeit des Bewusstseins entwickelt sich eine zunehmende tiefere Wahrnehmung für den inneren Sinn, wie Rudolf Steiner die Begriffe ursprünglich gemeint hat. Schließlich kann die Bedeutung in der Vorstellung und bildhaft gegebenen Wirklichkeit eine weitere Ergänzung erhalten, die sich wieder wie folgend ausdrücken kann:

> „Der Ätherleib wirkt ruhig und zugleich bewegt. In der Materie kann diese Polarität von Ruhe und Bewegung nicht existieren. Ätherische Substanz ist schwerelos und besitzt eine andere Dimension als die physische Substanz. Die Farbe der Pfirsichblüte wirkt durchdringend, bewegend, stabilisierend und beruhigend. Der Ätherleib festigt und bewegt den physischen Leib."

Der Erfolg des Übens und die Weite der Erkenntnisentwicklung hängen von der Fähigkeit der ersten beiden einleitenden Schritte zur konkreten Differenzierung der subjektiven, leibeigenen Wirklichkeit zu der objektiven Wahrnehmung gegenüber dem Objekt des Gedankeninhalts ab. Wir dürfen das Objekt der Betrachtung nicht wie mit Händen greifen und es in uns resorbieren, sondern wir müssen es in der freien Verfügbarkeit des Bewusstseins betrachten lernen und dabei die eigene subjektive Wirklichkeit in einer stillen Zurückgewichenheit ruhen lassen. Die Konzentration ist immer mit einem seelischen Gewahrsein im Gedanken, der wie von außen auf die Empfindungen und auf die Leiblichkeit zurückstrahlt, verbunden. Die regelmäßige Übung führt zu einer großen Kraft und kann selbst in den schlimmen Drangsalen von Konflikten und Disharmonien zu Ruhe und Ordnung im Innenleben beitragen.

Die Konzentration ist eine der wichtigsten Basisübungen, die für die spirituelle Entwicklung notwendig erscheint, und stellt eine Grundbedingung zur Meditation dar. Sie ist gleichzeitig eine Art Reinigungsübung, in der das projektive Ich-Feld zuerst einmal erkannt und dann durch eine objektive Aufmerksamkeit überwunden wird. Es ist aber auch die Konzentrationsentwicklung wohl nur möglich, wenn die Gesetze zu Reinheit und Achtsamkeit gegenüber dem Leben beachtet werden. Pflegen Sie deshalb den Garten einer friedvollen und achtsamen Haltung und den mächtigen Baum von reinen Motiven und Absichten zum Leben. Denn die sorgfältige und achtsame Pflege einer inneren Haltung im Worte, in den Motiven, Wünschen und Gedanken lässt leichter die Subjektivität der unruhigen Gefühle zur Ruhe kommen, und es kann leichter eine objektive und freie Aufmerksamkeit auf inspirative Gedanken erfolgen. Es ist wahr, dass wir niemals zu einer wirklichen reinen Anschauung und somit reinen Gedankenkonzentration kommen können, wenn wir Lügen begehen. Und wir können zu keiner wirklichen Beziehung und schöpferischen Erkenntnisarbeit gelangen, wenn das Herz von Hass und Urteilen über andere überfüllt ist.

In Gebäuden wie diesem kann man ebenfalls eine Konzentration erkennen. Eine ehemalige Idee wird zur Form. Sie nimmt irdische Gestalt mit sichtbarem Charakter an. Die Villa Rotonda in Italien zeigt, wie überflüssige Details fehlen und das Gebäude in sich eine geschlossene Raumdimension annimmt. Im Gegensatz zu den heutigen Stadtbildern, die viele vielleicht unnötige Architekturformen erschaffen, zeigt diese eine außerordentliche Geschlossenheit und Einheit. Der Gedanke, der im Ursprung liegt, ist Geist und das Gebäude stellt die Verwirklichung dieses Geistes oder der Idee dar. Die Konzentration selbst liegt in der Ausarbeitung der Idee zu einer tatsächlichen konkreten Wirklichkeit, die nichts Überflüssiges, sondern nur das Wesentliche beinhaltet.

Die Konzentration äußert sich mit einem ganz feinen Licht der Beschaulichkeit, das aus sich selbst einen Frieden und eine subtile Freude erzeugt. Die Konzentration aus der objektiven Weite des Gedankens ist eine Äußerung der Seele und sie beruht auf einem inneren Erwachen einer universalen Wirklichkeit und eines universalen Wahrheitslichtes.

Die Konzentrationsentwicklung ist aber ein langer Weg, der sicherlich mit vielen Misserfolgen begleitet ist. Lassen Sie sich nicht durch die Schwankungen des Gemütes und die immer wieder aufkommenden turbulenten Unruhen des Denkens stören, sie sind nicht mehr als der Wind, der die Zweige der Bäume bewegt. So ist das seelische Gewahrsein im aufkommenden, konzentrierten Freiwerden des Gedankens nicht irgendein Gefühl, sondern ein tiefes inneres Berührtsein von einer höheren Welt. Üben Sie die Konzentrationsübung möglichst einmal bis zweimal für etwa jeweils fünfzehn Minuten zur gleichen gewählten Tageszeit. Die Konzentrationsübung dient zur Entwicklung des sechsten Energiezentrums, des sogenannten *ājñā-cakra*. Das Porträt Rudolf Steiners auf der rechten Seite bringt dieses Zentrum in einer sehr reifen Entwicklungsstufe zum Ausdruck.

Ājñā-cakra heißt soviel wie die oberste Befehlsstelle. Es wird auch als Zentrum der Meditation bezeichnet. Eine Meditation wäre nach dieser Begriffsbezeichnung das Ergebnis einer gelungenen, guten Konzentrationsübung, denn die Meditation beschreibt einen Zustand des nicht nur Ruhig-Seins, sondern seligen Erfülltseins. Je besser es dem Übenden gelingt, einen Gedanken in der Konzentration zu verfolgen, ihn wiederholt zu denken, desto mehr gewinnt er schließlich eine Ahnung über den Zustand, was Meditation sein kann. Jene lichte Kraft der Konzentration steigert sich zur seligen Empfindung der Meditation.

*Das sechste Zentrum zeigt sich in diesem Bild
durch die Erhabenheit und Erhobenheit der Stirn.
Die Augenbrauen streben leicht nach oben und nach den Seiten
und jenes schöne Gefühl des freien Raumes um das Haupt entsteht.
Ein feines Lichtwirken, das die ganze Person erhellt, umkreist das Gesicht
und die Umgebung desjenigen, der das sechste Zentrum entwickelt hat.*

Das rechte Urteil
Sechste Seelenübung

Diese Seelenübung unterscheidet sich von der Konzentration darin, dass sie mehr Wert auf die Beobachtung eines sichtbaren oder greifbaren Inhaltes lenkt. Sie dient vorzugsweise zur Entwicklung eines besseren Einfühlungsvermögens zu anderen Menschen und bewirkt für das eigene Bewusstsein eine von außen kommende Neubelebung. Der Übende wählt vor allem die personale Beobachtung als Inhalt und er gründet sich selbst in Beziehung zu anderen und ergründet, wie diese Personen zum eigenen Wesen in Beziehung stehen. Die Bedeutung dieser Seelenübung liegt darin, dass der Übende auf neue Aspekte und eine objektive Wirklichkeit aufmerksam wird. Die angestrebten Lernschritte oder die sogar darin erstmals aufkommenden höheren Offenbarungen sind nur zu jenen Zeiten der Entwicklung möglich, wenn das Ich-Selbst, jener geistige Anteil des Menschen, auf freie und dennoch intensive Weise sowohl die Sinne, als auch die Gedanken frei, ohne Zugriffe im Außen bewahren kann. Diese Seelenübung stärkt, reinigt und ordnet die Kräfte des Denkens, Fühlens und des Wollens in jene Richtung einer besseren objektiven Wirklichkeitsbestimmung. Durch die sorgfältige Hinwendung an bestimmte außenstehende Personen entsteht eine Objektivierung gegenüber dem eigenen persönlichen projektiven Verhalten und ein natürliches Anteilnehmen und Weitwerden der Gedanken.

Eine richtige Erkenntnis mag vielleicht in mancherlei Hinsicht wie eine Zufallsintuition ganz plötzlich in das Bewusstsein einmünden und dieses erfüllen. Die Wege aber, wie eine Erkenntnis über die verborgenen und geheimnisvollen Beziehungsebenen, die dem Menschsein zugrunde liegen, zu ihrer erleuchtenden und befreienden Offenbarung gelangt, bleiben meist in eine Dunkelheit eingehüllt. Durch einen wirklichen Zufall gewinnt das menschliche Bewusstsein wohl keine zufriedenstellende Erkenntnis. Eine vielleicht im Unbewussten untergetauchte, vorbereitende Vorarbeit dürfte wohl jeder Art von Intuition vorausgegangen sein. Mit dieser Seelenübung soll die Aufmerksamkeit der Sinne konkret durch eine gezielte Lenkung geschult werden. Vor allem der Gesichtssinn bedarf der Entfaltung einer intensiveren Außenwahrnehmung durch die Entwicklung eines Gedankens im Betrachten.

Die Entwicklung einer Erkenntnis unterliegt trotz der Vielfalt und Unterschiedlichkeit ihrer offenbarenden Ebenen einer genauen Gesetzmäßigkeit. Diese Gesetzmäßigkeit soll in den folgenden Abschnitten in einfachen Zügen skizziert werden und von diesem Rahmen die Übung der rechten Urteilsbildung entfalten.

Im gewöhnlichen Leben gleiten die Eindrücke des Tages und die Erfahrung von den menschlichen Begegnungen viel zu hastig und damit auf oberflächliche

Weise an den Sinnen vorbei. Die Tageserlebnisse sind wie ein schnelles Schauspiel, das sich mit aufregenden Höhen und belastenden Deprimierungen äußert. Für die Entwicklung eines tieferen Wissens über das Wesen des Menschseins, über Erkenntnisse zu dem Gegenüber und zu einem wirklichen Einfühlen in empathischer Form müssen die Sinne in eine Kontrolle geführt werden. Das Schauspiel der Eindrücke und Bilder, das jeden Tag wie auf einer Bühne produziert wird, benötigt eine ruhige Ordnung und erst aus dieser heraus lassen sich die Begegnungen oder Erfahrungen auf eine intensivere Art rekonstruieren und schließlich in der Seele erfahren. Die konkret gewählte Aufmerksamkeit auf die Wirklichkeit des anderen, auf eine einzelne Person oder auch auf eine Gruppe von Personen, auf eine Äußerung, auf eine Handlung oder auf ein Werk einer Person, ermöglicht die Einstimmung des Bewusstseins und schenkt einen tieferen Eindruck über die bestehende Logik und Weisheit, die im Verborgenen geheimnisvoll ruht. Wenn die Augen längere Zeit und mit möglichst konkreten Gedanken auf eine andere Persönlichkeit blicken, so findet als erste seelische Regsamkeit eine Anteilnahme in empathischer Form statt. Gleichzeitig erlebt der Betrachter einen neuen Lernschritt, da er eine neue Wirklichkeit, die verschieden von der eigenen ist, kennenlernt. Vielleicht wird das Gemüt aus einer mehr sich abgrenzenden Antipathie in eine angenehmere, sich erhebende Sympathie geführt. Ein natürliches Aufnehmen und Lernen entwickelt sich immer aus der rechten Anschauung, die das Bewusstsein von außen nach innen oder von dem Gegenüber auf das eigene Ich rückwirkend gewinnt. Aus diesen Gründen ist die Intensität in der Anschauung, die Bewahrung der Sinneseindrücke, die konkrete Erinnerung an diese und die wohlerwogene, gedankliche, mehr gleichnishaft gebildete Vorstellung zur Entwicklung eines rechten Urteils wichtig.

Es dürfte wohl keinen Grund geben, die Taten eines anderen Menschen mit Beleidigung, Spott oder Arroganz zu verurteilen. Die häufigen Tadelungen, Klassifizierungen, Abwertungen und verdammenden Urteile über bestimmte Personen oder Personengruppen sind eigentlich immer der Ausdruck einer eigenen Schwäche und lassen eventuell einen eigenen mangelnden inneren Stand erkennen. Warum urteilt eine Kirche über andere und besitzt wohl in den eigenen Reihen die schlimmste Vergangenheit, die es jemals in der Geschichte gegeben hat? Das Urteil, das jemand in lauten oder stillen Worten über einen anderen fällt, erscheint repräsentativ für das eigene tiefe und doch reale Selbstbewusstsein. Es ist das abfällige Urteil, wie es sich aus den ungezähmten Lippen verkündet, der untrügerische Ausdruck eines Mangels im eigenen Selbst.

Deshalb ist es günstig, sich nicht von den Stimmen der Zeit und von den Wellen der Emotionen überrennen zu lassen, die Worte zu schnellen Bewertungen und Klassifizierungen anderer anzutreiben. Die Seelenübung arbeitet an der eigenen Stärke und an der Entwicklung der Fähigkeit zu einem hohen Mut und einem Bewusstsein, mit dem man schließlich den sogenannten Himmel und die sogenannte Hölle anblicken kann. Wenn die Kräfte im inneren Selbstbewusstsein gedeihen, so erwacht auch mit der Zeit die deutliche Empfindung, dass der Geist, das heißt das reife menschliche Ich, zu jeder Urteilsbildung notwendig ist und diese Urteilsbildung nur in Ruhe und Aufmerksamkeit geschehen kann.

Die Sinne besitzen jene Natur der Mittlertätigkeit, des Vermittelns eines Außeneindruckes, der einmal Inneneindruck werden möchte. Sie sind für die Erkenntnisbildung wichtig, da die Sinne ein Tor zu der physischen, gegenständlichen Welt bilden. Aber diese Sinne, wie beispielsweise der Sehsinn, können eine andere menschliche Person zunächst nur nach dem äußeren Erscheinungsbild erfassen. Der Blick vom Betrachter zu dem anderen ist partiell und nicht universal. Wer über einen anderen Menschen vorschnell richtet, der wird deshalb nur einen winzigen Teilausschnitt bewerten und nie die Person in ganzer Tragweite sehen. Für die Seelenübung soll deshalb das Urteil zunächst einmal auf Details gerichtet sein und diese sollen auch als solche gekennzeichnet werden. Wer die Seelenübung ausführt, bleibt sich bewusst, dass die Urteilsbildung ein Prozess ist, der Schritt für Schritt zu einem größeren Umfassungsvermögen voranschreitet und dennoch nie allumfassend auf allen Ebenen Gültigkeit gewinnen kann. Eine Urteilsbildung ist dennoch aber für die menschliche Reife wichtig und derjenige, der nach Fortschritt in seiner Seele strebt, muss sich der Mühe einer rechten und wachsenden Urteilsbildung unterziehen.

Die vielen Klassifizierungen und vorschnellen Bewertungen über andere fügen in Wirklichkeit dem eigenen Seelenleben einen unspürbaren und doch spürbaren Schmerz zu, der sich bald mit Verhärtungen und unangenehmen Entstellungen bemerkbar macht. Das klassifizierende Denken ist wie eine Zwangsjacke, die das Leben von dem erbauenden Zuströmen der geistigen Welt fernhält, während die richtige Anschauung zu einer objektiven, beschreibenden Wirklichkeit eine Offenheit mit einem verjüngenden Element äußert. Vor demjenigen, der über andere unsolide und zu schnell urteilt, wie es leider sehr häufig auf dem sensitiven Gebiet der Religion der Fall ist, verschließt sich die geistige Welt und zuletzt sind die Urteile, die getroffen werden, unbrauchbar oder sogar falsch.

Eine sehr große Schwierigkeit in der gegenwärtigen Zeit ist aber die Schwäche im eigenen Selbstbewusstsein, die in den Folgen zu einer Schwäche in der Fähigkeit der Anschauung und Beobachtung führt. Sobald der vorschnelle Verstand aus seiner subjektiven Sicht ein Urteil fällt, wird derjenige, der diese schnellen Urteile tätigt, eine Schwäche in sich übertönen und dem anderen im Lichte des Lebens eine Projektion senden. Das eigene Denken projiziert sich auf die außenstehende Wirklichkeit. Wer aber einen anderen Menschen in seinem Leben erkennen möchte, darf diesen Projektionen nicht verfallen und er muss ganz seine eigene Welt des Denkens und Fühlens verlassen und eine größere Aufmerksamkeit, die im Sinnesprozess beginnt und in den Gedanken ihre Konzentration erhält,

Die Urteilsbildung schenkt dem Menschen ein besseres Formgefühl

Je besser sich die Urteile zur Konkretheit entwickeln, desto mehr erscheint der Mensch in seinen Konturen einerseits weich und andererseits gewinnt er eine Akzentuierung seiner Formen. Durch die Urteilsbildung tritt der Mensch in die konkrete Welt ein. Jede gute Urteilsfindung festigt die menschliche Gemütslage.

entwickeln. Durch die Bemühung um intensivere Eindrücke und um eine mehr beschreibende Aufnahme der Wirklichkeit des anderen entsteht mit der Zeit die innere Empfindung, dass man selbst mit jedem Menschen in Verbindung steht. Die Fähigkeit zur Anschauung und intensiven Ansicht anderer ist eine großartige persönliche Stärke, die dem Menschen Würde verleiht.

Zur praktischen Ausführung dieser Übung, die das Selbstbewusstsein stärken soll und eine solide Grundlage im Leben zur Auseinandersetzung schenkt, bedarf es drei großer Schritte.

Der erste Teil des Übens bezieht sich auf die Sinneswahrnehmung und deren Lenkung. Man stelle sich nur, entsprechend der Worte, den Unterschied zwischen wirklicher Sinneswahrnehmung und einer regelrechten aufdringlichen Sinnesattackierung zum anderen vor. In der Umgangssprache könnte man von dem Wort „glotzen" ausgehen und mit diesem den Willensübergriff in der Sinneswahrnehmung beschreiben. Eine gelenkte aufmerksame Sinnestätigkeit zum anderen besitzt einen beschaulichen angenehmen und einen gewaltfreien Charakter. Die Sinnestätigkeit auf diese Weise meidet jede Aufdringlichkeit und nimmt dennoch durch die hervorragende Aufmerksamkeit am anderen Anteil, wie es im Kapitel „Die Entwicklung der inneren Sinne" im zweiten Teil über den Gesichtssinn beschrieben wird.

Die Aufmerksamkeit der Sinne auf einen anderen Menschen sollte jedoch nicht nur einmalig, sondern mehrmals durch Wiederholung geschehen. Die wiederholt getätigte Aufmerksamkeit führt in der Regel zu einem tieferen und wahreren Eindruck. Das Gesehene entwickelt sich aus mehreren unterschiedlichen Blickrichtungen und der Übende erlebt über die Sinne zunehmend eine Empfindung, die ihm schließlich eine erste Sicherheit in der Seele schenkt. Das Ergebnis äußert sich fast immer als Erstes als ein leises Empfinden in der Seele, das sich erst über längere Zeit zu einer konkreten Erkenntnis ausbildet. Man wird beispielsweise eine Eigenschaft als tendenziell mehr dunkel oder tendenziell mehr hell erkennen. Noch aber fehlt die Bewertung und der Übende hält sich zunächst in den Beobachtungen auf.

Nachdem diese Sinneswahrnehmung ausreichend plastisch und konkret nachvollziehbar wird, fragt sich der Übende, welche fachspezifische Art der Beurteilung er finden möchte. Möchte er eine medizinische, eine pädagogische, eine juristische, eine künstlerische, eine anthropologische oder eine soziale Wahrheit ergründen? Würde diese Fragestellung nicht exakt in die Eruierung gelangen, so würde der Übende in eine undifferenzierte Wirklichkeit blicken und die Sinne würden sich nach außen im weglosen Raum verlieren. Der Fehler zur rechten Urteilsbildung besteht häufig darin, dass der Übende unbefangen an die Betrachtungen herangeht und keinerlei Kriterien und Inhalte in die Auseinandersetzung

Man kann nicht alle Dimensionen des Menschen durch die Sinne erfassen.
Deshalb konzentriert man sich in der Übung auf das Mimikspiel
oder auf eine bestimmte Gestikulation von Wort oder Bewegung.

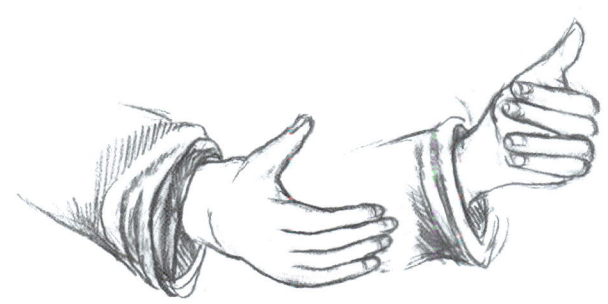

Diese Gestik der Hände zeigt vorwiegend eine Art
„An-Sich-Ziehen", eine „Haben"-Orientierung
oder eine Art kleinen Befehl.
Die Stellung der Hände ist nicht sehr offen.

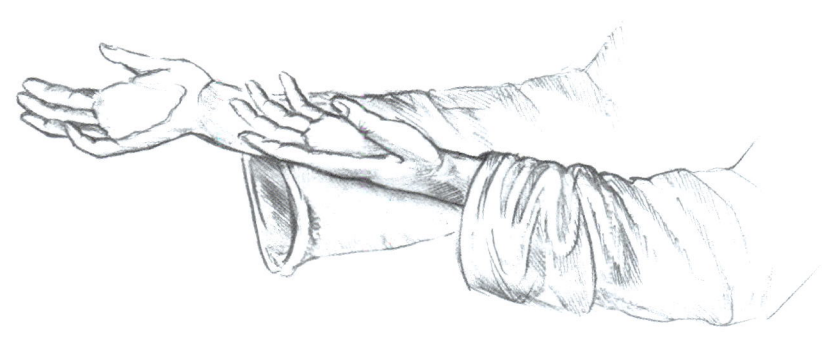

Obwohl diese Gestikulation zu der ersteren
gegensätzlich eine Art Offenheit darstellt,
zeigt sie dennoch ein wollendes Empfangen
oder ein sehnsüchtiges Gewinnen.

führt. Er gleicht dann einem Bergsteiger, der vom Gipfel ausgehend über die vielen umliegenden Bergketten blickt und keinerlei Namen und keine äußeren Bilder über die anderen Berge erworben hat. Er kann einen Gipfel von dem anderen nicht unterscheiden. Die Berge sehen für ihn ähnlich aus und die Unterschiede bestehen maximal in Größenordnungen und Farbkonsistenzen.

Nachdem die spezifische Art und Weise der urteilbildenden Richtung festgelegt ist, erfolgt eine reflektierende Erinnerungstätigkeit. Der Übende lässt die Frage, die er mit dem anderen Menschen zu beantworten sucht, im Zusammenhang mit den Sinneseindrücken auf sich zurückwirken. Eventuell wiederholt er, bei nächstmöglichen Begegnungen, die Beobachtungen zu dem anderen erneut und fragt sich, ob er bereits ausreichende Beobachtungen gesammelt hat oder ob diese noch mangelhaft sind. In dieser dritten Phase der Übung bemerkt der Übende, wie er zunehmend in eine intensivere Anteilnahme zu dem anderen tritt. Er erlebt den anderen in seinen Gestiken und bemerkt bestimmte Charakteristika, die sich in feinen Farb- und Formempfindungen in seiner Seele aussprechen wollen. Dennoch aber bleibt der Übende mit der Urteilsbildung zurückhaltend und stabilisiert noch einmal die Sinneseindrücke, wie auch seine Fragestellungen.

Die ersten Urteile, die man über einen anderen Menschen erwirbt, bestehen niemals in Bewertungen von Gut oder Böse, hervorragend oder tadelig, sondern tendenziell darin, wie der andere in Beziehung zu der Außenwelt und zu seinen Mitmenschen steht. Prägt er diese Beziehung bewusst oder intuitiv, unterliegt der andere mehr den Emotionen oder führt er bereits mit Gedanken die Begegnungen? Langsam tastet sich der Übende in die Urteilsfindung hinein.

Für die wachsende Urteilsbildung entsteht tatsächlich zuerst ein sogenannter Wesenseindruck, das ist ein Eindruck im Astralleib, der sich in bestimmten Formen oder auch Farbnuancierungen verkündet. Die Charaktereigenschaften des anderen Menschen verkünden sich beispielsweise in verschiedenen Farbtönungen. Eine ruhige Naturweisheit äußert sich in einer grünlichen Farbe. Eine bereits tiefer erlangte und in Zusammenhang mit dem sozialen Leben stehende Weisheit kann sich in hellbläulichen oder bis tiefer bläulichen Tönen offenbaren. Gleichzeitig geben Charaktereigenschaften wie tolerantes und pietätvolles Verhalten schöne metrische Formgestaltungen wieder, während Emotionen und oberflächliche Redensformen sich in unruhigen Formen, Wirbeln oder verhüllenden Wolkenbildungen zeigen. Ein klarer, logischer Denkvorgang, den der andere tätigt, zeigt sich in einer Differenziertheit seiner Form- und Farbengestaltungen, während unlogische Gedankenbewegungen, die häufig mit triebhaftem Begehren vermischt sind, sich in regelrechten Abschirmungen mit dichten Ausstrahlungen wiedergeben.

Langsam entwickelt der Übende, als letzten Schritt, eine Urteilsfindung über das Gesehene und Erlebte. Er nähert sich Schritt für Schritt dieser Urteilsbildung an, überprüft sie von Neuem, sucht nach geeigneten Begriffen, um das Erfahrene wiederzugeben, und vergleicht schließlich seine erworbenen Seelenempfindungen mit möglichen und existierenden Aussagen.

Auf medizinischer Ebene kann der Übende sich einen zunehmenden Eindruck über den Allgemeinzustand und die Lebenskräfte des anderen verschaffen. Eine Schwäche erlebt der betrachtende Arzt oder Therapeut in Form von losen, unzusammenhängenden Formausstrahlungen oder er kann diese in einer Art Verdichtungen und regelrechten, abschirmenden Umschnürungen, die die Haut des Patienten von Lichtreflektionen abschirmen, erkennen. Das Üben mit den Sinnen und Gedanken entwickelt sich Tag für Tag und die Urteilsbildung steigt auf konstruktive und befreiende Weise.

Diese Urteilsbildung fördert das siebte Energiezentrum am Scheitel, das sogenannte *sahasrāra-cakra*. Es kräftigt den Menschen in seinem Selbstbewusstsein und führt zu einer angenehmen Aufrichtekraft in der Seele.

Der Weg der Urteilsbildung lässt sich zusammenfassend nach folgendem Vorgehen entwickeln:

1. Habe ich lange genug die Person, über die ich mir ein Urteil bilde, angeschaut, studiert und kennengelernt?

2. Welche Kriterien lege ich meiner Urteilsbildung zugrunde? Sind es wissenschaftliche, moralische, ästhetische oder andere Kriterien?

3. Welche Kriterien legen Dritte, die ebenfalls über die gleiche Person ein Urteil fällen, zugrunde? Ein Richter wird beispielsweise zu einer anderen Beurteilung kommen, als ein Mediziner. Oder ein Bruder wird über seine Schwester andere Kritik äußern, als eine andere Person. Das Studium der Kriterien, die man selbst oder andere zugrunde legen, ist ein wichtiger Schritt zur Urteilsbildung.

4. Gibt es Anhaltspunkte, die das Urteil trüben oder täuschen?

5. Über welchen Zeitraum entwickelt sich meine Urteilsbildung? Ist sie schnell, spontan oder durch ausreichende Auseinandersetzung entstanden?

ZEHN SEELENÜBUNGEN

Auf dem Bild befindet sich eine typische saturnische Physiognomie.
Einerseits sind starke Formbildekräfte und andererseits eine Dynamik
für das Aufrichten des Körpers gegeben.

Die Entwicklung eines praktischen Denkens für die Verwirklichung von Tugendkräften und Seelenfähigkeiten

Siebte Seelenübung

Das menschliche Denken vermag in seiner Bewegungsrichtung ausschweifend, wie getrieben, ähnlich einem sich zerstäubenden Wassertropfen, in phantastische Höhen klettern und sich darin wie ungreifbarer Dampf auflösen, oder es kann sich gegensätzlich zu konkreten Wahrnehmungsprozessen konzentrieren, ähnlich dem Tropfen, der sich zusammenzieht, nahezu kristallisiert und auf diese Weise ein anschauliches irdisches Phänomen offenbart.

Ein lebensnahes praktisches Denken ist nicht nur für den Handwerker, Patententwickler, Wissenschaftler oder Organisator notwendig, sondern auch für den Theologen, Philosophen, Metaphysiker, Lehrer und Erzieher, und stellt natürlich in besonderem Maße für den, der geisteswissenschaftliche Studien betreibt, soviel dar, wie eine gesunde Ernährungsquelle. Je nach der Art und Weise, in der die Bewegungsrichtungen des Denkens mehr ausschweifend, ideologisierend, triebhaft oder mehr konkret, sachbezogen und konzentriert sind, gestaltet sich der menschliche Leib. Die Art und Weise des Denkens in Qualität und Dynamik, in der Richtung und in seinen Inhalten, wirkt auf subtile und doch intensive Weise ernährend.

Für die Entwicklung des praktischen Denkens bedarf der Einzelne einer sorgfältig erworbenen Unterscheidung zwischen den sogenannten Resultaten, die eine Aktivität erbringt, und dem Vorgang oder Prozess, der zum Ergebnis führt. Die Arbeit mit Holz, die Fertigung von Tischen, Stühlen, Einrichtungsmöbeln führt zum Existentsein einer Schreinerei. Die Existenz eines Betriebes gäbe es nicht, wenn es an den elementaren Verrichtungen einer zugrunde liegenden ständigen Tätigkeit fehlen würde. Die Idee, einen Tisch zu planen, steht am Anfang aller Tätigkeit. Es folgen dieser mentalen Planung Säge- und Hobelarbeiten und erst zuletzt entsteht das Ergebnis des Tisches. In Analogie zu diesem Beispiel kann derjenige, der sich in geistiger Schulung übt, das Ergebnis nicht dem elementaren Prozess vorziehen. Es ist wirklich – und das muss man hier sagen – töricht, wenn die heutige esoterische moderne Szene von positivem Denken spricht und vermeintlicherweise daran glaubt, dass die Tugendwerte und die Liebe bereits im Inneren des Menschen vorhanden seien. Die Entfaltung einer jeglichen Tugend bedarf einer seelischen Leistung und intensiven Auseinandersetzung mit dem Leben.

Der sich sammelnde Tropfen am Silbermantel bildet eine Charakteristik der feinsten Zusammenziehung. Das praktische Denken sollte ähnlich wie dieser sich sammelnde Tropfen werden.

Diese Unterscheidungsbildung stellt in aller Konsequenz eine elementare Grundvoraussetzung für jede philosophische Aktivität und des Weiteren für jedes Studium mit Schriften dar. Für eine Meditationstätigkeit gelten die gleichen Voraussetzungen, denn der Übende fällt nicht in eine Meditation, sondern entwickelt über konzentrierte Prozesse langsam einen Zustand, der schließlich als Ergebnis wie eine Meditation erfahren wird. Derjenige der diese Seelenübung praktiziert, lernt ideologische Ausschweifungen zu meiden und schätzt die konkrete Beziehungsaufnahme in gedanklicher und wohlgeordneter Abstimmung zu einem Thema oder einem Phänomen in der Welt.

Das Seelenleben der menschlichen Natur besitzt jenes eigentümliche Gesetz, dass es seine Schönheit und Vielseitigkeit offenbaren kann, wenn es sich mit den Phänomenen der Erde, der Materie oder dem Konkreten berührt.

Toleranz, Liebe, Frieden, Vertrauen, Dankbarkeit und viele weitere Werte, die dem Seelenleben des Menschen angehören, sind Ergebnisse eines disziplinierten und erfahrungsreichen Bemühens des Einzelnen. Die Frage „Welche Qualität oder welche Substanz lebt in der Fähigkeit der Toleranz?" erscheint eventuell sehr ungewöhnlich, denn der gewöhnliche Betrachter wird in der Regel lediglich ein tolerantes Verhalten wertschätzen und ein intolerantes Benehmen antipathisch erleben. Toleranz als Tugendkraft der Seele erscheint unter manchen Voraussetzungen des Lebens gegeben zu sein und bei manchen Personen mag man sie zum Leidwesen der Umgebung vermissen. Indem sich der Interessierte auf dem Geistschulungsweg die sehr tiefgründige Frage stellt, welche Substanz im Verhalten der Toleranz lebt oder welche Offenbarungsdimension sich in dieser Tugend befindet, wird er zu der Einsicht gelangen, dass eine menschliche Tugend keinesfalls ohne eine ordentliche Vorbereitung gelebt werden kann. So wie eine Schrift nur entstehen kann, wenn die Mühe des Schreibens dieser vorausgegangen ist, so müssen im gleichen Maße jeder Tugend menschliche Verrichtungen zugrunde liegen, damit der Reichtum der Seele als Ergebnis zu seiner Entfaltung gelangen kann.

Welche praktischen Prozesse führen beispielsweise zu der erwähnten Tugendfähigkeit der Toleranz? Die Toleranz selbst bemisst ihre geistige Dimension keinesfalls an äußeren Worten, die schnellfertig und leichten Gemütes über die rhetorisch begabten Lippen gleiten: „Wissen Sie, ich bin ja sehr tolerant und akzeptiere alles." Eine Gleichmacherei, wie sie sich in diesem Satz ausdrückt, kann jedoch mit Toleranz niemals gemeint sein. Fühlt sich der Übende auf dem Weg der Geistschulung in die hohe Natur der Toleranz hinein, erlebt er in dieser sehr reife Seelenformen, so reif wie die rot gewordenen Äpfel in einem bezaubernden herbstlichen Garten. Eine erlangte Tugend bildet nicht nur eine Blüte des menschlichen Seelenlebens, sie ist mehr als dies und darf als reife Frucht bezeichnet werden. Würde ein Lehrer, der Meditation unterrichtet, zu seinen Schülern sagen: „Bleibe tolerant zu Deinen Mitmenschen und zu denjenigen, die noch in der Materie schmachten!", so darf man durchaus an der Aussage eine mangelhafte geistig-seelische Substanzialität wahrnehmen. Eine Tugend kann den Menschen von außen keinesfalls wie eine Art Regel oder wie ein Gebot beigebracht werden, sie bedarf vielmehr des Werdegangs verschiedener praktischer Verrichtungen, die schließlich in der Summe die Substanz der Seele erbauen und die Fähigkeit etablieren.

Die Bewegungsrichtung des Denkens ist zu jeglicher Entwicklung einer Tugend oder Seelenfähigkeit von größter Bedeutung. Grundsätzlich erfolgt der Denkpro-

Das mächtige Wasser, das sich zerstäubt und aufbraust, erscheint im Gegensatz zum sich sammelnden Tropfen wie eine große emotionale Gewalt, es wirkt zentrifugal. Das Element Wasser wurde in älteren Zeiten immer mit dem Wesen des Äthers in Verbindung gebracht. Dieser Äther kann sich zentripetal sammelnd zentrieren oder er kann sich zentrifugal zerstäuben und die daraus entstehenden lebensnahen Konditionen offenbaren.

zess mithilfe von klaren Vorstellungen, die sich zu einem Phänomen in Beziehung bringen. Emotionen oder ausschweifende Begehrenskräfte dürfen diesen Denkprozess nicht beunruhigen oder aus seiner sachlichen Beziehung werfen. Das emotionale oder ausschweifende Denken erscheint bei sorgfältiger Betrachtung nicht wie ein wirklicher Denkprozess, sondern wie bereits erwähnt, als Zerstäubungsprozess. Der Gedanke sammelt sich unter dem Einfluss der Emotionen oder des Begehrens nicht zu seiner kristallklaren Form, sondern er verliert sich in utopischen Höhen. Er wird durch diese Kräfteeinflüsse unpraktisch und infolge seiner unangebrachten Bewegungsrichtung ungeeignet.

Das praktische Denken ist immer in einer Bewegungsrichtung zur Erde, zur Materie oder zu einem anschaulichen Thema gerichtet und gewinnt dadurch eine natürliche Wärme, eine erbauende Beziehung und bleibt frei von nervlichen Anstrengungen. Diese Vorstellung eines Denkens, das zur Erde und somit unmittelbar zum Leben und seinen konkreten Motiven ausgerichtet ist, kann leichter verstanden werden, wenn man beispielsweise die erwähnte Tugend der Toleranz in ihrem substanziellen Erkraften zurückverfolgt. Damit sich der Interessierte auf seinem Meditations- oder Geistschulungspfad zur Fähigkeit der Toleranz erzieht, muss er sich im Vorfeld ausreichend in der Fähigkeit der Anerkennung eines Phänomens oder einer Möglichkeit üben. Damit jedoch diese Fähigkeit, einen anderen Menschen oder eine Erscheinung im Leben anzuerkennen, wiederum eintreten kann, bedarf es der Disziplin einer konstruktiven Kritikfähigkeit. Es wäre für die Entwicklung eines reifen Seelenlebens außerordentlich ungünstig, wenn der Aspirant sich in einer pauschalisierenden Gleichmacherei gegenüber den Weltbedingungen, Religionen und Charakteren aussprechen würde. Welche Bequemlichkeit liegt in dem oben zitierten Satz, der sich beispielsweise in weiteren unkonkreten Bewertungen fortsetzen kann: „Alle Religionen sind gleich, da sie aus Liebe und aus Gott geschaffen sind." In Folge dieser Pauschalisierungen entstehen viele scheinbare Toleranzformen, die jedoch die wirkliche Auseinandersetzung in die praktische Wirklichkeit der einzelnen Offenbarungen verhindern. Sehr häufig entsteht auf dieser Grundlage eine nahezu modern gewordene Ideologie, die eine Forderung nach Liebe stellt, diese Liebe mit Emotionen verwechselt und schließlich die religiöse Bemühung in die Veräußerlichung drängt.

Die konstruktive Kritikfähigkeit führt zu Anerkennung und in der Reife der Seele zur gelebten Toleranz. Um diese Kritikfähigkeit zu erlangen, wendet sich der Übende den verschiedensten Phänomenen der Welt hin, vergleicht die Meinungen und entwickelt schließlich eine tiefere Einsicht in das Geschehen. Er prägt durch das Denken eine Beziehung zu der Wirklichkeit aus. Die Gedanken, die er innerhalb dieser Konstruktivität seiner Anschauungsbildung, Auseinandersetzung und Objektbeziehung zur Entfaltung führt, erscheinen differenziert und bewegt. Sie sind jedoch immer zu der Sache, in Sanskrit sagt man dazu *sat*, zu dem Thema oder zu dem Objekt ausgerichtet.

Dieses Thema tritt der Seele empfindungsvoll näher und belebt das gesamte menschliche Gemütsleben mit Wärme und ersten Strömen der Liebe. Jemand, der zu einem Phänomen durch konstruktive Auseinandersetzung vorgedrungen ist, wird das Ungünstige, Törichte, Irrige auf rechte Weise tadeln und das Wertvolle, das der Wahrheit nahestehende Element, anerkennen. Seine Haltung aber wird sich nicht in moralisierenden Verurteilungen ergießen, sondern in konstruktiven Vorstellungen zum Thema orientieren. Die Anerkennung positioniert sich mit einer geeigneten Bewertung, beispielsweise dass der Übende den sogenannten

ZEHN SEELENÜBUNGEN

Das praktische Denken wirkt stabilisierend auf die Persönlichkeitsentwicklung

Indem das Denken in der Seelenübung angesprochen wird, entwickelt sich eine Zentrierung zur Wirbelsäule und zum Haupt. Jene parasitären Unruheeinflüsse, die den einzelnen Menschen, wie man umgangssprachlich sagt, durch den Wind geraten lassen, erhalten von Seiten der Denkleistung eine gute Abwehr. Im Allgemeinen lässt sich sagen, dass das logische Denken der wichtigste Stabilisierungsfaktor im Menschen ist.

Die erbauenden Ätherkräfte, die durch das Denken und ein geordnetes Bewusstsein entstehen, kommen nicht zur Entfaltung und dadurch können Fremdeinflüsse die Gesundheit belasten. Es ist vergleichbar mit einer Unordnung im menschlichen Seelenleben und in der Führung des Denkens.

Gauner als intelligent und mit Phantasie begabt erlebt, während er aber seine Taten des Betruges an anderen zurückweisend tadelt. Die Fähigkeit zur Toleranz bedarf deshalb immer der Einsicht in die grundlegenden Tatsachen. Auf langsame und solide Weise reift mit dem praktischen Seelenleben das Tugendpotenzial des Menschen.

Die Unterscheidungsbildung zwischen den reif gewordenen Seelensubstanzen, die das Ende einer Disziplin darstellen, und den praktischen möglichen Aktivitäten, die der Einzelne beginnend leisten kann, gilt es auf dem spirituellen Weg zu erwerben. Man kann diese Fähigkeit als merkuriale Qualität benennen. Sie unterliegt dem zweiten Energiezentrum, dem sogenannten *svādhiṣṭhāna-cakra*. Man kann, um noch einmal ein Beispiel zu nennen, diese Fähigkeit mit einem zur Erde oder zur fassbaren Materie gerichteten Denken bezeichnen. Der Planet Merkur sammelt die Substanz und bringt sie in Beziehung zur irdischen Welt. Jemand sagt beispielsweise, er möchte so schön wie die Sonne werden und dieses Ziel sei sein spirituelles Bemühen. Indem sich jemand nun nicht nur mit dem äußeren Ergebnis gleichsetzt oder dieses nicht nur imitierend auf phantastischer Ebene emotional erstrebt, muss er sich mit den wirklichen Phänomenen auseinandersetzen: Was bewirkt das Licht der Sonne? Wie wirkt es bis in die Formstrukturen der irdischen Welt? Wie wirkt es weiterhin in den Gedanken des Menschen? Welche Verwandtschaft besitzt die Sonne zum Denkprozess des Menschen? Die praktische Auseinandersetzung mit den Phänomenen führt schließlich zum Ergebnis, und der Übende gelangt auf freie und zwanglose Weise über den Weg der konstruktiven, konkreten Denktätigkeit zum Ideal.

Zur Ausführung der Übung nehme man sich ein Ideal, das man erreichen möchte, vor. Als Beispiel soll ganz allgemein „die Schönheit" dienen. Konkret will der Übende mit diesem Ideal ein schöneres äußeres Aussehen gewinnen, in seinem Verhalten schöne Gesten kultivieren und schließlich in der Sprache eine edle Ausdrucksweise darbieten. Die Schönheit von Ausdruck, Form und Sprache ist wie bereits ausgeführt das Ergebnis von einer Reihe vorausgehender Bemühungen.

Der erste Schritt zur Entwicklung eines Schönheitsideales geschieht durch die Beobachtung anderer Personen, die ein ästhetisches und anziehendes Aussehen besitzen. In der weiteren Übungsabfolge müssen die verschiedenen Gestiken, Verhaltensformen und Sprachgewohnheiten, die entweder diese oder auch andere Personen darbringen, zum Studienobjekt werden. Wann ist die Sprache ästhetisch geformt und unter welchen Bedingungen wirkt sie elegant, anziehend und gehoben?

Der Wert dieses Studiums von schönen Offenbarungen ist nicht zu unterschätzen. Die bewusste Beobachtung des Schönen und seiner Äußerungen in der

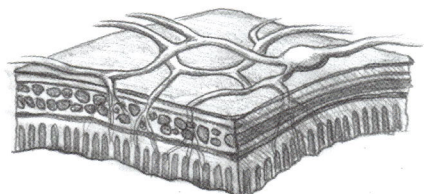

Das kranke Gewebe im Menschen entledigt sich aus den feingegliederten Strukturen und beginnt auf destruierende und unorganisierte Weise zu wachsen.

Das gesunde Darmgewebe, das sich durch Differenziertheit auszeichnet.

Differenziertheiten und Gliederungen äußern *Sympathie*.

Ein differenziertes Gebäude fügt sich besser in die Landschaft und wirkt anziehend, sympathisch.

Ein fester Wohnblock wirkt wie abgeschlossen und dadurch unästhetisch.

Welt regt eine innere Dynamik im Gefühlsleben und im Willen an und führt über relativ kurze Zeit zu einem wahren Bedürfnis der Seele, die ästhetischen Formen selbst hervorzubringen. Gleichzeitig überträgt der Ätherleib die wahrgenommenen Sinneseindrücke von der äußeren Wirklichkeit auf die eigene innere. Der Übende wird erstaunt sein, wie schnell er an dem Schönen in der Welt teilnimmt.

Vielleicht könnte der Leser einwenden, dass man eine Schönheit aus dem eigenen Inneren hervorbringen müsste und nicht in die Versuchung treten sollte, die Außenwelt zu imitieren. Eine reale Beobachtung mit konkretem Bewusstsein zu äußeren ästhetischen Erscheinungen führt nicht zu passiver Imitation, sondern bewirkt eine dynamische Seelenregsamkeit, die die Phantasie beflügelt und schließlich ein Gefühl nach individuellen Maßstäben im Inneren des Betrachters anlegt. Jede Erfahrung und ein jeglicher Lernschritt, der von einem menschlichen Bewusstsein absolviert wird, geschieht über die Begegnung mit der äußeren Wirklichkeit. Diese äußere Wirklichkeit individualisiert sich im Inneren. Der Mensch wird niemals zu einem Baum werden, wenn er diesen nach ästhetischen Kriterien anblickt. Er bleibt ein menschliches Individuum und stärkt sich sogar in seiner individuellen Gefühlsstruktur, wenn er das Schöne denkend, betrachtend und empfindend reflektiert. Müsste jemand aus sich Schönheit durch seinen eigenen Willen hervorbringen, wäre er durch seine Körpergrenzen limitiert.

Die Beobachtung der äußeren Wirklichkeit und ihrer schönen Offenbarungen stellt den ersten Schritt zur Entwicklung eines Schönheitsideales für das eigene persönliche Dasein dar. Ein zweiter Schritt besteht in der Unterscheidungsbildung zwischen den Offenbarungen des Geistes und den notwendigen Tätigkeiten der Praxis. Der Übende benötigt eine Art Askese für die Entwicklung einer geistigen Offenbarung, wie es beispielsweise die Schönheit ist.

Diese Unterscheidung besteht in der Auseinandersetzung zwischen dem Status der Schönheit und der Erkenntnis der Schönheit. In Sanskrit existiert der weisheitsvolle Vers *brahmavid brahmaiva bhavati* und heißt sinngemäß übersetzt: Das, was der Mensch erkennt, zu dem Wesen wird er werden. Im Gegenzuge könnte man ausdrücken, dass der Mensch dasjenige nicht erreichen wird, das er in willentlicher Fixierung für sich gewinnen möchte. Will er den Status der Schönheit gewinnen, wird er sich nur unnötig und hässlich gebärden und allerlei Anstrengungen unternehmen, um in der Welt als schön zu gelten. Die Erkenntnis aber zum Schönen führt jedoch zu großartigen Eindrücken in der Seele, die ihn in ein regelrechtes sinnesfreudiges Licht rücken und in seinem Aussehen wie auch Gebärdenspiel der Kommunikation schön zeichnen.

Lange genug muss der Übende sich in der Gedankenbildung und Forschungsarbeit gegenüber dem Schönen trainieren und sich Fragen stellen, warum im

Einzelfall eine Person schön erscheint und im anderen Fall verzerrt. Auf den Status der Schönheit verzichtet der Übende und tritt mit seiner Erkenntnissuche in Beziehung zu diversen Offenbarungen der Natur und des Daseins. Das sogenannte „Haben" einer Eigenschaft, wie es die der Schönheit ist, tritt dem „Sein" gegenüber, und die Schönheit zu erkennen, sie zu sehen, sie in ihren faszinierenden Offenbarungen zu studieren, gewinnt seine lichte Dynamik. Die Erkenntnis auf diesem Wege führt zur Erkraftung des seelischen Potenzials. Im gedachten Gedanken entwickelt sich eine Lichtdimension und zuletzt ist es der Gedanke, der sich über den Menschen durch seine eigene Seinsnatur in Form der Schönheit ausdrückt.

Für die Übung des praktischen Denkens wendet der Einzelne eine gezielte und intelligente Askeseform an, indem er auf die Statusideale wie Schönheit, Edelmut, Toleranz, Großzügigkeit, Liebe verzichtet, zum Beispiel ein liebenswerter Mensch zu sein oder einen großen Meditationsmeister mit Ruhe und Gleichmut darzustellen, und übt sich in den Erkenntnissen zu den Idealen und deren praktischen Voraussetzungen. Sobald jemand einen Wahrheitsanspruch oder Schönheitsanspruch für sich lebt, verliert er das lebendige Sein dieser Dimensionen. Er verschleiert förmlich mit allen Ansprüchen, die er an den Status der Sache richtet, die wahren Möglichkeiten der Entwicklung. Schönheit ist deshalb das Ergebnis eines gedanklich getragenen und offenen In-Beziehung-Stehens zu anderen.

Der Verzicht gehört auf richtige Weise zum Leben. Es wäre falsch, wenn der Übende essentiellen Bedürfnissen wie beispielsweise dem Bedürfnis nach Nahrung und einem schönen Beziehungsverhältnis zu anderen entsagen würde. Vielmehr sind es die Ansprüche und nicht die Bedürfnisse, die man verdrängen müsste. Infolge mangelnder Erkenntnis kehren sich die Lebensverhältnisse um und derjenige, der nach Spiritualität und Entwicklung strebt, entsagt vermeintlicherweise den natürlichen Bedürfnissen des Lebens und entwickelt aus dem Mangel in der Seele eine tatsächliche verborgene Anspruchshaltung an Wahrheit. Vielfache Zwänge lasten schließlich mit dieser Umkehrung des Willens auf dem Einzelnen und verhindern eine gesunde seelische Empfindung, die eine zufriedene und erbauende Lebenskraft spenden könnte.

Das praktische Denken wirkt deshalb lebensstärkend und stabilisierend auf die Psyche, da es die geistigen Möglichkeiten erhält, die Perspektiven für den Menschen offen lässt, und gleichzeitig eine nahe und tiefe Verbindung zum Leben mit all seinen irdischen Argumenten bringt.

Die Entwicklung innerer Sinne als Grundlage eines integren Gefühlslebens

Achte Seelenübung

Es existieren äußere und innere Sinne. Zu den äußeren Sinnen gehören beispielsweise der Tast-, Gehör- oder Sehsinn, während zu den inneren Sinnen der Gleichgewichtssinn oder der Sinn für Formen, Strukturen, für Harmonie oder beispielsweise der Sinn für Wahrheit oder Lüge gehören. Die inneren Sinne bedürfen einer Entwicklung, denn sie sind nicht, wie die äußeren Sinne, naturgegeben angelegt.

Die italienische Sprache unterscheidet zwischen Gefühlen „sentimenti" und Empfindungen, die sie „sensazioni" nennt. Das Wort „sensazioni" entspringt aus dem Substantiv „senso", welches übersetzt Sinn heißt. Aus der regsamen äußeren Sinnestätigkeit, die beispielsweise über die Augen, über das Gehör oder allgemein über die Wahrnehmung nach außen geschieht, entwickelt sich ein innerer Sinn. Der Autofahrer benötigt die wachen Sinne nach außen, zur Straße und den Verkehrsbedingungen, und nach einiger Zeit der Routine kennt er seine Strecken, sein Fahrzeug und er kann die Kurvenlage nach ausgeprägten Empfindungen einschätzen. Die Empfindung gibt dem Menschen im Leben eine Sicherheit und natürliche Integrität.

Die Entfaltung der inneren Sinne geschieht in den ersten Zügen durch Gedanken und Vorstellungen, die sich langsam zu einer inneren Empfindungssensibilität entwickeln. Am Anfang stellt sich der Übende in abstrakter und bildhafter Weise die zu entwickelnde Fähigkeit vor, beispielsweise die Art und Weise, wie er eine Rhetorik als Redner gegenüber dem Publikum entwickelt. Durch Übung, Wiederholung und vergleichende Erfahrungen entwickelt der sich auf diese Weise schulende Redner eine innere Empfindung für das gewählte und gesprochene Wort und kann ohne zu überlegen intuitiv die Rede proportionieren und führen.

Eine Empfindung schenkt eine stabilisierende Seelenkraft, bereichert die Gefühle und führt zu einer unkomplizierten Beziehungsfähigkeit nach außen. Je reichhaltiger der Empfindungsorganismus des Einzelnen ausgeprägt wird, desto stabiler entfaltet sich seine Psyche und desto unkomplizierter erlebt er seine Stellung zu den Mitmenschen und zur Außenwelt.

Die Empfindungen jedoch fließen dem Einzelnen nicht automatisch zu, sondern er muss sie über das Denken und über eine wiederholte Disziplinierung im Lernverhalten zur Außenwelt entwickeln.

ZEHN SEELENÜBUNGEN

Das Erleben der Peripherie und der daran wirkenden gestaltbildenden Kräfte

Die erste Bewegung leitet den kurzen Zyklus zum Erleben der Schulterpartie und der Wahrnehmungsfähigkeit an der Körperoberfläche ein. Ein Aufrichten mit beiden Armen nach oben zeigt eine lange geschlossene Form.

Diese lange geschlossene Form öffnet sich schließlich zu einer offenen, lichten Ausdehnung zur Seite. Der Übende erlebt sich im Raum und empfindet die horizontal gestreckten Gliedmaßen.

In der Endphase der Übung berühren die Fingerspitzen die Schultern. Eine leichte Anhebung besteht im Oberkörper. Das Erleben äußert sich, wie wenn der Übende sich von seiner Innenwelt an die Peripherie hinausstülpt.

Erste Übung: Die gestaltbildenden Kräfte des Gedankens

Diese Übung führt zur Entwicklung einer Empfindung über die gestaltbildenden Kräfte der Weltenschöpfung im Verhältnis zu den zersetzenden Auflösungsprozessen. Diese Übung erscheint für die heutige Zeit, in der sehr viele esoterische Praktiken und unsolide Meditationen unternommen und schnellfertige Erleuchtungserlebnisse auf emotionaler Basis erzwungen werden, sehr wichtig.

Die gestaltbildenden Kräfte arbeiten an der Peripherie des Menschen, während die zersetzenden Einflüsse tatsächlich aus dem organisch Inneren wirken. Die Unterscheidung, die der Übende vornimmt, betrifft deshalb die Umkreisbewegungen der Gedanken, die sich, wenn sie gedacht werden, formbildend an der Haut, am Gesicht und Kopf äußern. Diese Gedanken sind Lichtkräfte und organisieren an der Peripherie die Formstrukturen. Sie begrenzen die im Gegensatz hierzu stehenden Wachstumskräfte des Stoffwechsels.

Würden diese Gedankenkräfte an der Peripherie des Menschen keine Arbeit vollbringen, so würde tatsächlich der einzelne menschliche Körper zu formlosem Wachstum und unschönen Wucherungen neigen. Die Schönheit des Gesichtes, der Haare, der Finger- und Handformen, die Strahlkraft der Haut entsteht durch die Lichtwirkung von außen, die über die gedachten und somit gegenwärtigen Gedanken an der menschlichen Peripherie arbeitet.

Stellen Sie sich in eine aufgerichtete Position mit geschlossenen Beinen. Führen Sie die Arme über den Kopf gestreckt nach oben und dehnen Sie sich ungezwungen mit dem ganzen Körper, vor allem mit der Wirbelsäule, nach oben. Lassen Sie den Nacken und die Schultern entspannt und atmen Sie leicht und ungezwungen. Die Augen bleiben stets geöffnet, damit Sie mit dem Gesichtssinn in einer wachen Umsicht bleiben und das Bewusstsein nicht träumend nach innen hinweggleitet.

Nehmen Sie die Haut und die Luft, die an der Peripherie der Haut wirkt, wahr. Führen Sie sodann die Arme seitlich nach unten, bis sie sich horizontal mit den Schultern angleichen. Der Körper ist von den Schultern und von den Flanken seitlich ausgedehnt. Die Hände zeigen nach oben. Vergessen Sie jedoch die Spannungen im Körper und halten Sie die Aufmerksamkeit bewusst an der Peripherie und im nahen Umkreis.

Führen Sie dann die Fingerspitzen zu den Schultern und verweilen Sie in dieser Position bei freiem ungezwungenem Atem etwa eine halbe Minute. Die Wirbelsäule bleibt sanft angehoben, Sie werden bemerken, dass Sie mit dieser Spannung, die in den Armen besteht, mit der Aufmerksamkeit an der Peripherie des Körpers bleiben müssen. Führen Sie sodann die Bewegung wieder zurück in die horizontale Ausdehnung, schließlich nach oben und wieder ganz zurück.

Die Augen wirken gegenüber der Außenwelt gestaltbildend. Ihr Ausdruck zeigt zu einem gewissen Grade die Gedanken und Gefühle, die der Mensch nach außen hin entwickelt.

Gestaltbildender Blick bei gleichzeitiger Mitteneinkehr in das Herz

Ein dominierendes Haupt bei gleichzeitiger starker Innenorientierung

Irreale, nicht wahrheitsgetreue Vorstellungsbildung im Ausdruck der Augen

Kontemplative ruhige Innenwahrnehmung

Das Offenhalten der Augen ist ein wichtiger Teil bei dieser wie auch bei anderen, ähnlichen Körperübungen. Schließt der Übende die Augen, dann gleitet seine Aufmerksamkeit regelrecht in das organische Innere zurück und er verliert an der nötigen gedanklichen Übersicht und Wachheit.

Die gestaltbildenden Kräfte arbeiten infolge der Wachheit und der gedanklichen Konkretheit, die der Übende aktiv bewahrt. All jene Formen eines Übens, die zu sehr in das Spüren der organischen Innenwelt tendieren, schwächen die formbildenden Kräfte und der Übende verliert seine gesunde Empfindung nach außen. Er schwächt sich in seiner Beziehungsfähigkeit und verfällt der Gefahr der körperlichen Selbstanhaftung und der daraus resultierenden isolierenden Gefühle.

Für Meditationen und für alle Arten der Körperübungen, die beispielsweise im Yoga oder auf Wegen wie Tai Chi, Qigong und anderen Wegen praktiziert werden, bildet diese Unterscheidung zwischen formbildenden Kräften, die an der Peripherie wirken, und dem organischen vegetativen Innenleben eine entscheidende und wichtige Voraussetzung. Der Körper und seine organischen, vegetativen inneren Gefühle müssen bei allen Übungen in Ruhe gelassen werden, während Gedanken und Vorstellungen, die sich an der Peripherie im konkreten Denken entwickeln lassen, zur Entfaltung kommen sollen.

Zweite Übung: Der Sinnesvorgang der Augen

Die Augen als wohl die wichtigsten Sinnesorgane übermitteln die Übertragung der Außenwelt auf die Innenwelt mithilfe des Mediums des Lichtes. Innerhalb einer vollständigen Abdunkelung können die Augen diese Übertragung nicht leisten. Das Licht als äußere Erscheinung ist aus diesem Grunde unabdingbar nötig, damit die Übertragungen von außen nach innen stattfinden können.

Wie in bisherigen Kapiteln beschrieben, besteht die menschliche Seele aus den drei Seelenkräften des Denkens, Fühlens und Wollens. Damit die Augen die Außenwelt unbefangen und realitätstreu wahrnehmen, bedarf es der Zurückhaltung aller willentlichen Übergriffe und emotionaler Forderungen. Die Gefahr des Projizierens und Introjizierens der persönlichen Wirklichkeit auf die Außenwelt entsteht dann, wenn die Sinne zu intensiv vom Willen und Gefühlsleben gelenkt sind. Die Augen als Sinnesorgane können die Außenwirklichkeit nach klaren Gedanken wahrnehmen oder sie können innerhalb gegebener Projektionen diese äußere Wirklichkeit mit eigenen Impulsen gefangen nehmen. Grundsätzlich wäre jedoch der Sinnesprozess ein freier Vorgang.

Man setze sich für die Übung an einen gewählten Platz und beobachte beispielsweise einen Gegenstand in der äußeren Welt. Der erste Bewusstseinsprozess führt dazu, dass sich der Beobachter seiner Aktivität bewusst wird und im weiteren Verlauf sich des zu beobachtenden Objektes ebenfalls gewahr wird. Der Beobachter und das zu beobachtende Objekt belegen zwei verschiedene Wirklichkeiten.

Als Beispiel für ein zu beobachtendes Objekt kann ein Baum mit frischen hellgrünen Blättern im Frühjahr dienen. Die hellgrüne Farbe erscheint außen, während das Erleben des Hellgrünen im Sinne von einer Lebendigkeit oder Frische als Folgereaktion im Gefühlsleben der beobachtenden Person erwacht. Der Beobachter erlebt die Farbe zunächst im Außen und schließlich erlebt er in der Folge eine Erfrischung in sich. Der Beobachter und das Objekt der Beobachtung fließen im Gefühlsleben der Seele zusammen, aber dennoch sind es zwei verschiedene Wirklichkeiten: das Objekt im Außen und der Beobachter mit seinen sensiblen Reaktionen im Inneren.

Warum erlebt der Beobachtende die hellgrüne Farbe wie ein frisches Erwachen in seiner Seele und nicht wie ein scharfes Rot, das ihn im Gemüte nahezu attackieren könnte? Er erlebt sie deshalb als frisches Grün, da er eine Vorstellung vom Hellgrün besitzt und diese Farbe begrifflich von einem akuten entgegenstrahlenden Rot in Sekundenschnelle unterscheiden kann. Aber es könnte dieser Vorgang nicht bis zur Empfindung gelangen, wenn der Übende den Sinnesprozess durch eine Projektion und Bewertung verhindern würde. Ein Sinnesprozess muss deshalb lange genug auf das Innenleben des Gemütes wirken, damit über die Vorstellung des Grüns und schließlich über die Farbenwirksamkeit eine Empfindung erwacht. Von außen nach innen entstehen die gefühlsmäßigen Folgereaktionen des Sinnesprozesses.

Interessant für diese Übung ist die Beobachtung des Vorganges, wie er stattfindet und wie er von einem Gedanken ausgehend unbewusst auf die Empfindung weiterwirkt. Das helle Grün wird als erfrischend erlebt, da es im Bewusstsein als frühjahrsintensives, lebendiges und doch ausgleichendes Farbenstrahlen erlebt wird. Das Erleben geschieht, weil es durch einen Gedanken begleitet und getragen ist. Ohne Gedanken wären die Augen wie leer und der Übende könnte höchstens in schwärmerischen Gefühlen verweilen, er würde sich aber der Außenwelt und der sich bildenden empfindsamen Innenwelt nicht bewusst werden. Jeder Sinnesprozess transportiert nicht nur eine äußere Erscheinung an den Menschen heran, sondern verinnerlicht einen gedachten Gedanken. Die Empfindung ist deshalb das Ergebnis eines unbewusst vorausgegangenen Gedankens über die Farbe des Hellgrüns.

Bewertet der Übende vorschnell den Sinneseindruck über die Farbe mit Sympathie oder Antipathie, erlebt er die Wirklichkeit nicht mehr in einer freien Erscheinung. Seine Bewertung erfolgt über ein gefühlsmäßiges Wollen oder über eine willentliche Emotion und nimmt mit diesen das Objekt der Betrachtung gefangen. Projektionen sind deshalb für die Empfindungsentwicklung der Seele nicht nur hinderlich, sondern genau genommen sogar zerstörend.

Für die Übung nehme man sich deshalb für jede Beobachtung einen ruhigen Gedanken zu Hilfe und lasse das Beobachtungsobjekt mit dem Gedanken auf sich zurückwirken. Ein bewusst gewählter Gedanke bleibt im Außen und begleitet auf freie Weise die Übung. Eine Ruhe im Gemüte wird durch diese unbefangene Beobachtung spürbar. Der Sinnesprozess fließt mithilfe des gewählten Gedankens und des Objektes von außen nach innen. Man kann den Sinnesprozess wie eine Lichtbewegung bezeichnen, die in den Menschen mithilfe der Sinnesorgane der Augen und der Netzhaut einstrahlt. Ruhe und Frieden entwickeln sich aus diesen unbefangenen Sinnesprozessen, die die Emotionen und willentlichen Übergriffe zurückhalten.

Die Übung führt zu einer Erkenntnis der Sinnesvorgänge, die in Wirklichkeit Lichtprozesse sind. Gleichzeitig erfährt der Übende, welche verschattende und verschleiernde Dimension die Projektionen besitzen. Im Gegensatz zu dem Licht-Sinnesprozess bilden die Projektionen stille, aber doch wirksame Übergriffe, die die Außenwelt mit dem eigenen emotionalen Wollen gefangen nehmen.

Der Übende gewinnt durch die Beobachtung der Sinnesprozesse, wie sie von außen nach innen in ihrer Bewegungsdynamik verlaufen, einen Sinn für die rechte Zurückhaltung und sogar für die gelungene Askese im Leben. Die willentlichen und emotionalen Übergriffe muss der Übende auf seinem Lebens- und Schulungsweg unterlassen, während er jedoch die Sinne mit konkreten und klaren Gedanken zur Außenwelt orientieren lernt. Nicht die Sinne und ihre Beziehungsfreude nach außen werden verschlossen, sondern lediglich die emotionalen Reaktionen des eigenen Innenlebens filtern sich aus den Sinnesprozessen heraus.

Dritte Übung: Die ätherische Wirkung einer Vorstellung

Gedanken und Vorstellungen können die menschliche physische Gesundheit fördern und neue Lebenskräfte, sogenannte Ätherkräfte, erschließen. Eine Vorstellung, die in logischer Konsequenz gedacht wird, sollte jedoch nicht mit dem sogenannten positiven Denken verwechselt werden. Würde jemand beispielsweise bei sich selbst sagen, „Ich denke über die Weltlage positiv und möchte damit den Frieden fördern.", so würde man nach analytischer Betrachtung der drei Seelenkräfte nicht von einer konstruktiven Denkleistung, die wirkliche Lebenskräfte in der Folge erzeugt, sprechen, sondern lediglich von einem gefühlsmäßigen Wollen. Noch fehlen die Denkinhalte und die Vorstellungen, wie die Weltlage wirklich ist und wie sie sich in eine bessere Konditionierung geben könnte.

Das sogenannte positive Denken, das heute sehr häufig konstatiert wird, trägt seinen Ursprung in einem mehr oder weniger undifferenzierten willentlichen Intellektualisieren.

Man stelle sich zur Übung wieder in eine aufgerichtete Position und achte darauf, dass man nicht in ein Hohlkreuz kippt. Als Zielvorstellung nehme man sich ein Langwerden und Aufrichten der Wirbelsäule vor. Je mehr sich die Wirbelsäule entspannt aufrichtet und ausdehnt, desto mehr entlastet sie sich in den Lendenpartien. Der Übende wendet jedoch keinerlei gymnastische Vorkehrungen an, um zu diesem Längerwerden im Sinne einer Aufrichtung zu gelangen. Er nützt lediglich seine Vorstellungskraft und arbeitet mit dieser.

Das Aufrichten der Wirbelsäule geschieht nach physiologischen Gesichtspunkten meistens aus der Mitte und es gelingt am vorzüglichsten, wenn der aktive Stoffwechsel auf der Höhe des Magens und der Pankreasdrüse gut intakt ist. Nun nimmt der Übende die Gestik zu Hilfe, indem er wechselweise in einer ganz leichten Bewegung mit den Armen seitlich nach oben gleitet und gestikulierend das Langwerden beschreibt. Aus der Mitte des Körpers zeichnet er eine vertikale Linie nach oben. Diese erlebt er hochsteigend und dynamisch. Am höchsten Punkt angekommen, führt er in einer weiten Bewegung den jeweiligen Arm wieder zurück nach unten.

Führen Sie mindestens fünfmal auf jeder Seite diese Bewegung der vertikalen Linie, die himmelwärts steigt, aus. Bleiben Sie sich dieser vertikal aufsteigenden Dynamik, die Sie selbst in die Geburt rufen, bewusst. Denken Sie sogar im Stillen, wie aus der Körpermitte eine Linie nach oben erwacht.

Die Erfahrung, die mit dieser Übung gewonnen wird, ist beeindruckend. Die Wirbelsäule richtet sich zunehmend, gemäß der gezeichneten vertikalen Linie auf. Der Erfolg der Übung entsteht deshalb, da die Vorstellung über die vertikale, aufsteigende Linie sich mithilfe des Ätherleibes auf das menschliche Innere überträgt. Der Übende organisiert durch seine Vorstellungen, die er konstruktiv und konkret entwickelt, tatsächlich diejenigen Lebenskräfte, die er zu seiner Aufrichtedynamik benötigt.

Da der Ätherleib immer die gedachten Vorstellungen auf das Innere übermittelt, kann der einzelne Übende die gewünschten Bewegungsformen oder ideale ästhetische Bedingungen für sein Leben und auch für das Leben anderer kreieren. Indem auf wiederholte Weise Ideale und ästhetische Formen gedacht werden, gewinnen sie durch die Übermittelung des Ätherleibes eine baldige Realität.

Die Ausdehnung in die Länge findet am besten mit einer Geste, wie sie im Bild zu sehen ist, statt.

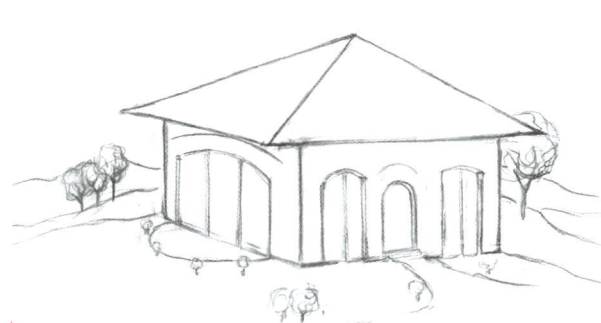

Jenes in der Phantasie erdachte Haus mit einem Vierfaltdach erscheint nun in einer weiteren Formausarbeitung und gegliederten Strukturierung.

Das Dach wurde den vier Wänden metrisch angegliedert und die gesamte Erscheinung dieses nun ganz neuen Stiles individualisiert gewissermaßen das Gesamtgebäude.

Das Haus mit dem gewöhnlichen, funktionalen Satteldach wirkt relativ einfach.

Wie erlangt man Ideale im Leben?
Neunte Seelenübung

Goethe, der Urvater des deutschen Geisteslebens sprach einen bemerkenswerten und sehr einfach verständlichen Satz über die Art und Weise der menschlich getätigten Betrachtungen: „Sieht man den Menschen nach den Eigenschaften und Verhaltensweisen wie er ist, so wird man seiner (Menschenwürde) nicht gerecht, sieht man ihn aber nach den Möglichkeiten seiner Entfaltung, nach dem was er werden kann, so wird man seiner Würde gerecht."

Das Denken in Form von bildhaften Vorstellungen besitzt eine zukunftsweisende und wirksame Kraft. Mit größtmöglicher Überzeugung sollte man sich zu der Erfahrung durchringen, dass jeder einzelne Gedanke, jede Vorstellung, die bis zu einem Bild entwickelt wurde und jede in die Harmonie geführte Empfindung dem Leben und den Mitmenschen etwas hingeben kann. Der wohlerwogene Gedanke, der zu einer bestmöglichen idealeren Form ausgearbeitet wird, schenkt dem Leben eine zukunftsweisende neue Dimension.

So wie eine Kultur mit ihren sozialen Fähigkeiten, künstlerischen Errungenschaften und technischem Niveau niemals auf einer definitiven Stufe stehen bleiben kann, so kann sich in gleichem Maße der Mensch nicht der Passivität preisgeben und die Entwicklung seiner selbst, der anderen und der Umstände in der Welt verleugnen. Durch die Anlage des geistigen Potenzials im Menschen, will sich jedes einzelne Individuum auf verschiedenen Ebenen weiterentwickeln. Mit der besten Überzeugungskraft sollte der Mensch den von Goethe geprägten Satz aufgreifen und an die Wirksamkeit seines eigenen schöpferischen Potenzials, das heißt an sein konkret entwickeltes Denken glauben. Das Wort „glauben" ist für diese schöpferische Tätigkeit im wörtlichen Sinne noch zu wenig, denn man sollte sogar wissen, dass der erdachte und wohlabgestimmte Gedanke eine Kraftquelle in der Welt darstellt.

Die Seelenübung entwickelt immer konstruktive, belebende und zukunftsorientierte Denkprozesse. Das bekannte Beispiel eines Hauses in rechteckiger Form, das mit einem funktionalen sogenannten Satteldach versehen ist, wirkt relativ einfach und man würde sagen, es ist die gewöhnliche Form von Dächern. Das Auge eines Betrachters streift über diese Satteldächer hinweg und das Bewusstsein nimmt auf natürliche Weise, ohne an eine weitere ideale Form zu denken, diese funktionalen Dachformen wie gegeben wahr.

Nun kann jedoch derjenige, der sich in Seelenübungen zu einem konstruktiveren und schöpferisch aktiven Denken ausrichten möchte, ein Beispiel eines Hauses wählen und dieses mit einem sogenannten Vierfaltdach bildhaft ersinnen. Seine Phantasie beflügelt sich durch ein konstruktiv hinzukommendes Bild. Er stellt sich die vier Seiten des Hauses vor und entwickelt die angemessene Dachformationen von vier zueinander stehenden Dachflächen, die dem sogenannten Vierfaltdach gerecht werden. In der Mitte verkürzt sich der Firstbalken und an den gegenüberliegenden Seiten der schmäleren Hausform gestalten sich Dreiecke. Die Längsseiten bilden hingegen zwei harmonische Trapezformen.

Die Seelenübung gibt sich in ihrem allgemeinen und fortschrittlichem Charakter nicht nur mit einer soliden Betrachtung der gegebenen Wirklichkeit zufrieden, es wird mit jedem Ansatz des Übens zu dem bisherigen Erscheinungsbild eine mögliche Idee über eine konkrete Vorstellung hinzugedacht.

In diesem Sinne können Gebäude, Gartenanlagen, Landschaftsformen, Wege an Bergen und in der Natur und viele weitere Objekte im Sinne einer konkreten Entwicklungserweiterung gedacht und im Sinne einer idealen Phantasie weiterkreiert werden. Die Ideen, die der Einzelne entwickelt, führen mit der Zeit zu größeren Idealen und regen im Seelenleben erstaunliche und wertvolle Empfindungen an. Die Überzeugung, dass der Gedanke, obwohl in der Theorie begonnen, eine praktische und wirksame Substanz abgeben wird, sollte dem Menschen mit der Zeit so zu eigen werden, wie dem Maurermeister klar ist, dass sein angerührter Zement einmal fest werden wird. Nach einiger Zeit des Übens entdeckt der Aspirant tatsächlich, wie er in seinen Empfindungen immer mehr nach idealen Formen und Erscheinungen trachtet. Er möchte die Welt mit ihren Formen und Farben nach einer wachsenden Harmonie erleben und auf diese Weise Ideen zu Idealen kreieren.

In ganz besonderer Weise können sich Seelenübungen auf die Gestaltungsprozesse der Sprache und der menschlichen Kommunikation entfalten. Eine Kommunikation kann verbal oder auch nonverbal sein, das heißt sie kann ohne Worte in stillen Vorstellungen stattfinden. Der Mensch möchte, im Gegensatz zu dem, wie er es meist etwas forsch betont, in Wirklichkeit gar nicht derjenige bleiben, der er bislang ist, er möchte sich entwickeln. Die Ausdrücke „Ich bleibe wie ich bin" oder „Bleibe so, wie Du bist" sind in der Regel aus konservierenden Fixierungen mit Unwissenheit über die Entwicklung gesprochen. Indem man gerade den Menschen nach den Möglichkeiten der Entfaltung denken lernt, werden stille Kräfte in die unbekannte Atmosphäre der seelischen Wirklichkeit hineingebracht und bar dieser stillen Umstände, beginnen schließlich verschiedenste Personen wagemutig nächste Schritte der zukünftigen Entwicklung zu beschreiben.

Man denke zum Beispiel seinen Lebenspartner nach dem edelsten vorstellbaren Charakterverhalten und des Weiteren denke man ihn nach bestens gewählten Kriterien von Schönheit. Dieses nach Idealen strebende Denken ist nicht missionarisch und man darf keinesfalls glauben, es wäre unbescheiden oder, wie es manchmal sogar nach althergebrachter Erziehung der Fall ist, es wäre verboten. Was könnte im Denken eines werdenden schöneren Bildes verboten sein? Dieses Denken gegenüber den nächsten und auch ferner stehenden Mitmenschen könnte ein wichtiger Anteil für ein gelungenes und förderliches Beziehungsleben werden.

Würde man allgemein eine bisherige gegebene Struktur oder eine bekannte Eigenschaft nicht in eine höhere Form oder bessere Qualität ersinnen, würde man des Weiteren das personale gegebene Menschsein nicht in eine weitere klingende Dimension denken, so würde man, wie Goethe sagt, dem Menschen nicht gerecht werden und man könnte zuletzt keine positive künstlerische Dimension im gesamten sozialen und kulturellen menschlichen Zusammenwirken anregen. Das Denken von schöneren, idealeren und harmonischen Formen führt auf praktische Weise zu der Erkraftung der Ideale im Menschen.

Das Kosmische Gebet

Das Kosmische Gebet

Zehnte Seelenübung

Wie steht der Mensch mit seinem Bewusstsein und seinem Körper im Verhältnis zum Kosmos? In früheren Zeiten erlebte der einfache Bürger dieses Verhältnis mehr als heute, da die Naturbedingungen seine Rhythmen prägten und er sich in diese harmonisch einfügte. Indem nun in dieser Übung sich der Übende seines Umfeldes und seiner selbst bewusst wird, ahnt er wieder mehr die Lebendigkeit des Kosmos. Der Gegenstand der Seelenübung ist deshalb der Mensch im Verhältnis zum Kosmos.

Dieser Zyklus aus sieben einfachen Teilbewegungen kann in jeder Altersstufe ausgeführt werden. Eine große Beliebtheit erfuhren diese Bewegungsabläufe, die sich rhythmisch mit den Armen ineinander fügen, bei älteren Personen. Eine sanfte Belebung der Schulterregion und des Brustkorbes entsteht durch die Ausdehnung der Arme nach den Seiten.

Der tiefere Sinn dieses Bewegungszyklus liegt darin, dass Begriffe zu diesen Bewegungen aktiv gedacht und vorgestellt werden. Diese Begriffe sind sogenannte *mantra* und beleben den einzelnen Bewegungsmoment mit einem soliden Ausdruck. Ein *mantra* besteht entweder aus einer Silbe, aus einem Wort oder aus einem kurzen Wortzyklus und beschreibt auf definitive Weise eine intensive und tiefe Wahrheit. Im Allgemeinen verwendet man *mantra* zu Meditationen. Der Zyklus, der hier mit dem Kosmischen Gebet dargestellt ist, besitzt sieben *mantra*, jene charakteristischen Wortformeln, die in rhythmischer Folge auf eine zusammenhängende Wahrheit oder verborgene Wirklichkeit hindeuten. Diese *mantra* wurden in das Sanskrit übersetzt, da die Sanskritsprache seit alters her eine sehr gegenständliche spirituelle Sprache ist, die viele *mantra* zu Meditationszwecken nützt.

Der Zyklus benötigt zur Ausführung etwa 20 bis 25 Sekunden. Während dieser Ausführung vergegenwärtigt sich der Übende jedes einzelne *mantra*. Er stellt sich das Wort wie eine lebendige Idee vor, so als ob sie eine greifbare Wirklichkeit wäre. Die Bewegung beschreibt den Begriff und folgt der vorstellenden Aktivität. Nicht die Bewegung bringt den Gedanken hervor, sondern der Gedanke wirkt formend und gestaltend auf die Bewegung.

Dieser Zyklus kann mehrere Male, beispielsweise fünf- bis zehnmal, wiederholt werden. Die Atmung bleibt während der Ausführung sehr frei, leicht und ungezwungen und die Arme bewegen sich ebenfalls wie schwerelos im luftigen Element des Raumes. Auf sanfte Weise richtet sich die Wirbelsäule nach oben hin auf. Die Schultern und der Nacken bleiben vollkommen gelöst. Die Bewegung gewinnt einen freien, leichten und dennoch sehr anschaulich künstlerischen Ausdruck, indem die gedankliche Vorstellung diese belebt und veredelt.

Allgemein wirkt eine solide gewählte Vorstellungstätigkeit, die sich schließlich auf den Körper überträgt, auf das Nervensystem beruhigend und zentriert das Herzorgan. Diese Zentrierung im Herzen verspürt der Ausführende meist mit einer sanften Wärme und einer sich sammelnden Innerlichkeit. Er fühlt den äußeren Raum um sich herum frei und bemerkt bei sich selbst eine feine Steigerung der inneren Ruhe. Die Vorstellungstätigkeit mit solide gewählten Begriffen ordnet das innerleibliche Befinden.

Erste Geste: Legen Sie die Hände ineinander und richten Sie die Wirbelsäule sanft nach oben auf. Diese feine Aufrichtung kann auch mit dem Brustbein erfolgen. Der Schultergürtel und die Schultergelenke bleiben entspannt. Werden Sie sich der Atmung bewusst und lassen Sie diese möglichst im ungezwungenen Fluss leicht und frei fließen. Dieser freie Atemfluss bleibt ungezwungen und lässt die Sinnesbewegungen wie auch das Denken auf natürliche und entspannte Weise zu.

Werden Sie sich bei dieser ersten Bewegung dem umliegenden Raume bewusst. Der Körper bildet eine für sich stehende Einheit, die man als Mikrokosmos bezeichnen kann. Der Mikrokosmos steht mit dem Makrokosmos in einer ständigen fluktuierenden und wirkenden Verbindung. Der äußere Kosmos wirkt auf den Körper.

Das zugehörige *mantra* lautet: „Der Beginn".

In Sanskrit lautet dieses *mantra* „OM ārambhaḥ" und heißt genau genommen so viel wie Initiation.

Jeder Bewusstwerdeprozess erfolgt im Sinne einer Initiation oder eines Erkennens einer Wirklichkeit, die gegeben ist und dennoch in der Regel aufgrund von Unbedachtheit und Unbewusstheit nicht wahrgenommen wird.

„Der Beginn" bedeutet so viel wie, dass sich der Einzelne seines Körpers, der aus kosmischen Kräften ernährt wird, bewusst wird. Der Körper ernährt sich nicht durch sich selbst, sondern die Atmung und schließlich die Gedanken, die der Einzelne denkt, gestalten und ernähren den physischen Leib. Sie schenken ihm den individuellen Ausdruck.

Die erste Bewegung des Kosmischen Gebetes:
Der Beginn – OM ārambhaḥ

Zweite Geste: Heben Sie in einer gut geführten Bewegung die Hände nach oben und winkeln Sie die Ellbogen am Brustkorb an. Entspannen Sie das Gesicht, bleiben Sie sich jedoch des äußeren Raumes und Ihrer eigenen Bewegung, die sich in den Raum hineinfügt, bewusst. Die Geste wirkt empfangend gegenüber dem äußeren Kosmos oder gegenüber dem Umfeld.

Vermeiden Sie bei dieser zweiten Bewegung eine devotionale Haltung, nehmen Sie hingegen die Beziehung von einem äußeren Raum zu Ihrer eigenen, persönlichen Wirklichkeit wahr. Eine Bewegung ist sehr schön, wenn sie ohne jegliche Devotion auf klare und konkrete Weise mit einem Gedankeninhalt ausgeformt wird. Der Übende erlebt sich keinesfalls in einer Art Rückzug nach innen, sondern in einem Beziehungsfeld nach außen.

Das *mantra* für diese Bewegung setzt sich gemäß dem ersten Wort fort und heißt „(Der Beginn) liegt in der Bereitschaft".

Diese Bezeichnung „Bereitschaft" ist nicht sehr einfach zu verstehen, denn sie beschreibt eine konkrete gedankliche Aktivität und meidet jede passive Devotion oder Selbstaufgabe. Zu welcher Aktivität ist der Übende bereit? Er ist bereit, den Gedanken, dass es einen äußeren Kosmos gibt, der am Körper gestaltbildend arbeitet, real zu denken und diese Vorstellung als reale Wahrheit anzunehmen. Der Körper ist nicht aus dem Physischen geschaffen, sondern aus den gestaltbildenden Kräften des Universums.

Der Lernschritt bei dieser wie auch bei den anderen Bewegungen kann derjenige sein, dass jegliche Form der Bereitschaft eine klare Beziehungsaktivität erfordert. Das Gegenteil von dieser aktiven Haltung, die in Beziehung zu einer Sache, einem Raum, einem Thema oder einem Inhalt tritt, bildet die sogenannte Selbstaufgabe. Sie ist leider infolge der Konzentrationsschwächen, die heute vorliegen, und des Weiteren durch Missverständnisse, die im Allgemeinen in Meditationsrichtungen bestehen, sehr häufig.

OM siddhatāyām bezeichnet die Bereitschaft und führt das *mantra* in der wohlklingenden Sanskritsprache fort. *Siddhatāyām* beinhaltet das Wort *siddhi* und dieses bedeutet so viel wie ein Charisma. Die Bereitschaft ist nach dem Sinn des Kosmischen Gebetes eine Willensbekundung zur Erlangung nächster neuer Möglichkeiten.

Die Bereitschaft offenbart immer einen wachen Bewusstseinsmoment, bei dem ein Gedanke regelrecht geboren wird und Emotionen oder intellektuelle Unruhen für Momente zurückweichen.

Die zweite Bewegung des Kosmischen Gebetes:
Die Bereitschaft – OM siddhatāyām

Dritte Geste: Führen Sie die Hände an den Handballen zusammen und strecken Sie die Arme in einer geschmeidigen und großen Bewegung nach oben. Sanft gleitet die Wirbelsäule in die Länge. Die Schultern und der Nacken bleiben jedoch vollkommen gelöst. Die Arme bewegen sich nahezu wie schwerelos in die Höhe.

In einer zwanglosen, aber doch großen Ausdehnung befindet sich der ganze Körper in einer vertikalen Streckung. Das Gesicht blickt nach oben und die Finger öffnen sich sanft, wie eine sensible Blüte. Atmen Sie weiterhin ungezwungen und bleiben Sie sich der Tatsache bewusst, dass jeglicher Atem der Luft zugehörig ist und deshalb schwerelos bleibt. Niemals sollte die Atmung keuchend oder seufzend sein. Die Vorstellung über den Luftraum als lebendige Umkreissphäre lässt diesen Atem in einer Leichtigkeit und freien Bewegung zu.

Das zugehörige *mantra*, zu dieser dritten Bewegung, lautet: „(die Bereitschaft) zu einer Blume zu wachsen".

In Sanskrit heißt dieses *mantra* übersetzt *OM puṣpa bhāvana pravṛddhaye*. Das OM wird gemäß der klassischen Tradition angeglichen und einleitend für jeden kurzen Wortzyklus neu hinzugenommen.

Die Blume ist ein Zeichen für ätherische Lebenskräfte, die sich im Spiel zwischen dem Licht des Kosmos und dem Erdendasein bilden. Obwohl die einzelne Person nicht zu einer Blume werden und deshalb keinesfalls in der Evolution vom Menschsein zum Pflanzendasein zurückkehren soll, so schenkt dennoch dieses Bild der Blume eine Offenbarung des ätherischen Wirkens.

Alle Gedanken und Vorstellungen, die sich der Einzelne bildet, können Ätherkräfte erzeugen. Gedanken sind in diesem Sinne Lichtkräfte, die den Körper an der Peripherie berühren und ihn schließlich formend gestalten.

Verweilen Sie in der Endbewegung für wenige Sekunden. Jede dieser einzelnen sieben Phasen sollte einen Moment der Stille mit einer bewusst getätigten Wahrnehmung eröffnen.

Die dritte Bewegung des Kosmischen Gebetes:
Die Blume – OM puṣpa bhāvana pravṛddhaye

Vierte Geste: Öffnen Sie den Blütenkelch der Hände über eine weite Armbewegung seitwärts und bleiben Sie sich dem weiten umliegenden Raum bewusst. Die Wirbelsäule behält ihre feine Aufrichtedynamik und Schultern und Nacken bleiben weiterhin entspannt. Diese Bewegung wirkt elegant, den Raum im Bewusstsein einbeziehend, und gleichzeitig stellt sie eine Form der Offenheit und Empfangsbereitschaft dar. Sie sollte jedoch nicht überspannt, sondern spielend leicht, wie das Luftelement des Atems bleiben.

Die Außenwelt ist räumlich weit und nun erlebt der Übende seinen Körper wie ausgedehnt und als integrierten Teil des Raumes. Man könnte sagen, in dieser Geste erlebt sich der Übende als Teil des Kosmos. Die Weite des Äußeren wird zur Weiteempfindung der Seele.

Die Empfindung der Weite besitzt das Gegenteil im Erleben der Enge, die sich schließlich bis in die Pathologie der Angst steigern kann. Indem der Übende diese Gestik der Weite durch die Armbewegung und Auseinandersetzung seiner Beziehung zum Räumlichen erlebt, gewinnt er eine erste bewusste Erfahrung, die man als einfachste kosmische Erfahrung bezeichnen kann.

Das *mantra* in der deutschen Sprache lautet: „(die Blume) die weit dem Lichte geöffnet ist".

In Sanskrit heißt diese Wortformel *OM puṣpaṃ prakāśāsphuṭam* und benennt in der Übersetzung eine Blume, die licht und strahlend ist.

Das Blütenelement offenbart eine Art Widerspiegelung zum kosmischen Wirken des Lichtes.

Das Erleben der Weite korrespondiert immer mit einem beginnenden offenen Umfeldgefühl, mit einem integrativen Empfinden, in Beziehung zu sein, und schließlich mit einem ersten Wahrnehmen, dass die Seele nicht nur innerhalb der physischen Grenzen des Leibes lebt, sondern einen Teil des gesamten Kosmos darstellt.

Bewahren Sie bei jeder Bewegung die Augen offen, aber lassen Sie den Blick nicht beliebig und ohne Inhalt schweifen.

Die vierte Bewegung beschreibt die Weite und
Offenheit gleich einem Blütenkelch:
OM puṣpaṃ prakāśāsphuṭam

Fünfte Geste: Aus dieser Weite fließen die Hände zur Mitte auf Herzenshöhe zusammen. Diese Geste wird im klassischen Yoga mit *ātmāñjali mudrā* bezeichnet. Sie symbolisiert die Vereinigung der Polaritäten von links und rechts, von Weiblichem und Männlichem in der Mitte des Herzens.

Nehmen Sie bitte diese Geste keinesfalls im Sinne einer Devotion wahr. Sie sollte auch keine Art Verehrung oder Anbetung, wie man diese in vielen konfessionellen Gebräuchen kennt, darstellen. Aus der Weite der Links- und Rechtspolarität und sogar aus der Tiefe des Raumes formt sich die Wahrnehmung zu einer Mitte im eigenen Brustbereich. Konkret und wach bleibt diese Geste und beschreibt nicht mehr als eine Art Sammlung.

Der Ausdruck dieser Bewegung ist deshalb aktiv und die Sinne bleiben gegenüber der umliegenden Atmosphäre wahrnehmend. Wenn man von Gebet spricht, so ist es für diese Übungsweise unabdingbar und uneingeschränkt erforderlich, sich selbst in eine aktive Beziehung zu begeben. Alle Vorbelastungen, die in konfessionellen Kreisen mit dem Wort Gebet verbunden sind, sollten unbedingt abgebaut werden. Der Ausdruck der Bewegungen zählt und nicht die Art und Weise einer Unterwürfigkeit, die sich vermeintlicherweise jemand auferlegen müsste.

Das *mantra* lautet: „(die weit dem Lichte offen ist) zur Mitte sich wendend".
Das Wort Mitte bildet tatsächlich das Herzzentrum; diese Mitte aber bleibt metaphysisch.

In das Sanskrit übersetzt heißt es *OM madhyāsthitam*.

Das Herz ist das Organ, das die denkenden Vorstellungen, die der Einzelne pflegt, verarbeiten muss. Eine Zentrierung im Herzen entsteht beispielsweise dann, wenn eine logische Abfolge von Vorstellungen bis zur praktischen Umsetzung gedacht und schließlich sogar bis hinein in die Bewegungen verwirklicht wird. Der Ausdruck der einzelnen Gesten, die sich zu einem Zyklus vereinen, erscheint für diese Seelenübung von Bedeutung.

Bei der Bewegung bleibt die Wirbelsäule aufgerichtet und die Raumeswahrnehmung wird weiterhin nach außen empfunden. Obwohl die Geste in der Sammlung des Herzens Innerlichkeit beschreibt, so schließt sich der Übende gegenüber der Außenwelt niemals ab.

Verweilen Sie auch in dieser Bewegung nur für wenige Sekunden. Ein zu langes verweilen in einer Einzelbewegung ist nicht ratsam.

Die fünfte Bewegung des Kosmischen Gebetes:
die Mitte – OM madhyāsthitam

Sechste Geste: Aus der sich sammelnden Geste erfolgt nun erneut die Bewegung der Offenheit mit den nach oben gerichteten Händen. Ebenso wie in der zweiten Bewegung, der Bereitschaft, gebärdet sich der Übende empfangend gegenüber der Außenwelt. Der Unterschied ist jedoch erwähnenswert, da diese Wiederholung der Bewegung nicht auf der Stufe der Bereitschaft stehen geblieben ist, sondern im Laufe des Zyklus zu einer größeren Wachheit und Gedankenintensität erkraften konnte. Das Haupt bleibt aufgerichtet und die Sinne nehmen die Außenwelt mit ruhiger, aber aktiver Wachheit wahr.

Das *mantra* in dieser Bewegung lautet „*OM ādare*".

Im Deutschen lauten die Worte dieser Geste „(zur Mitte sich wendend) in Anerkennung".

Über diese einzelnen *mantra* sollte der Übende Vorstellungen bilden und sich ihrer Bedeutung eingehend bewusst werden.

Während bei der zweiten Geste die Aufmerksamkeit und Gedankenbildung im Sinne einer Bereitschaft erfolgte, steigert sich nun die Bewegung und deren Ausdruck zu dem Wert der Anerkennung. Was bedeutet Anerkennung? Sie bedeutet eine gedankliche und hohe Seelenregsamkeit, denn das Bewusstsein kann, wenn es eine Tatsache, eine Idee, oder eine außenstehende Wirklichkeit anerkennt, niemals in passiver Form verweilen. Die Stufe der Anerkennung ist bereits eine hohe Stufe, die eine prüfende und ausreichende Auseinandersetzung mit der Wirklichkeit erfordert.

Stufenweise entwickelt sich das Kosmische Gebet von einem Beginn zu einer Wahrnehmung des Kosmos und des persönlichen Verhältnisses, das der einzelne Übende zu einer übergeordneten Wirklichkeit besitzt. Die Anerkennung in der sechsten Bewegungsform ist das Ergebnis der gedanklichen und getätigten Regsamkeit.

Man könnte sich hier an dieser Stelle die Frage stellen, ob jemand in der Lage ist, eine Sache oder einen Inhalt anzuerkennen, wenn er sich noch nicht ausreichend mit diesen erkenntnismäßig auseinandergesetzt hat. Die Anerkennung ist jedenfalls ein Ergebnis eines Kennenlernens und einer schließlich ausreichend erworbenen Kenntnis. Die Kenntnis steigert sich schließlich zur Erkenntnis. Jede Erkenntnis, die in der Seele erworben ist, benötigt die Seelenkraft der Anerkennung.

Die sechste Bewegung des Kosmischen Gebets:
Die Anerkennung – OM ādare

In der siebten Geste, die das Kosmische Gebet beschließt, öffnen sich die Hände und die Arme zu einer weiten Art Darbringung. Der Atem bleibt weiterhin leicht und frei. Die Sinne verweilen in der räumlichen Offenheit.

Was bringt der Übende nun an der siebten Stufe des Bewegungszyklus dar? Welche Geste beschreibt er? Es ist der Körper, der gewissermaßen gegenüber dem größeren Seelenraum und der Gestikulation dieser Darbringung zurückweicht. Nach der Anerkennung schenkt der Übende diese Erkenntnis, die aus dem Kosmischen Gebet gewonnen wird, der Welt.

Das *mantra* heißt „(mit Anerkennung) und Hingabe", übersetzt wird es mit *OM bhaktyāṃ ca*.

Das Wort *bhakti* bedeutet Hingabe und wird leider sehr häufig als Passivität und Unterwerfung verstanden. In der siebten Stufe des Kosmischen Gebets sollte sich der Übende in ersten Zügen der inneren Aktivität, die jede Hingabe erfordert, bewusst werden. Hingabe ohne vorhergehende Erkenntnis ist sicherlich nicht erstrebenswert.

Die Hingabe ist deshalb das Ergebnis einer Auseinandersetzung, die mit Gedanken und Vorstellungen beginnt und die eine Einkehr in die Mitte des Herzens gewährt. Aus der Entwicklung der Seele entsteht die Hingabe. Sie ist tatsächlich das konkrete Seelenergebnis aus einer Reihe von Auseinandersetzungen und Disziplinierungen.

Würde die Hingabe am Anfang des Kosmischen Gebetes stehen, hätte sie noch keine Form und Gestalt und beschriebe eine formlose, nichtssagende Bewegungsgestikulation. Der Zyklus jedoch sollte zur Selbstformung durch Erkenntnisse über das persönliche und über das kosmische Erleben und zu einer wachsenden inhaltlichen Bewusstwerdung führen und auf diese Weise die Fähigkeit der Hingabe im Allgemeinen fördern.

Zuletzt lässt der Übende die Arme nach unten gleiten und entspannt noch einmal die Schultern.

Der Bewegungszyklus kann erneut von vorne begonnen werden. Vermeiden Sie jedoch in der Praxis ein forciertes Umgehen im Denken. Üben Sie im Gesamten die Umsetzung von Vorstellungen zu schönen Bewegungen. Das Gebet wird zur reifen Ausdrucksgebung eines inhaltlichen Bewusstseinslebens.

Die siebte Bewegung des Kosmischen Gebets:
Die Hingabe – OM bhaktyāṃ ca

Eine Seelenübung wirkt zur Synthese des Geistlebens mit der irdischen Welt

Bevor man zur methodisch-technischen Formulierung der Seelenübungen kommt, muss eine kurze Einführung über die Art und Weise dieses Übens, wie es speziell auf dem Pfade den mentalen und konstruktiven Denkvorstellungen geschieht, mit einer bildhaften Betrachtung erfolgen. Die Entwicklung, die im Sinne dieses individuellen Pfades erlebt wird, gewinnt ihre wesentliche Bedeutung in einer vollständigen, integralen Bewusstseinsarbeit, die schließlich aus der Übung alle Teilbereiche des Lebens erfasst. Das Erleben in der Seelenübung ist in die Welt hinein ausgerichtet, es sucht eine Beziehung zu der Erde und den Erscheinungsformen und sucht gleichzeitig den verborgenen Geist hinter der sinnlichen Wahrnehmung. In allen Erscheinungsformen der Weltenschöpfung atmet der Geist eines Mysteriums und dieser wird durch die Seelenübung gesucht.

Der Einzelne, der diesen Pfad beschreitet, schließt sich weniger bekannten gesellschaftlichen Meinungen an und orientiert sich nicht unbedingt an traditionellen Überlieferungen. Er nimmt weniger die Übungsweise auf, von der er ein einseitiges, himmelwärtsstrebendes Heil der Seele erhofft, er betet auch nicht zu einem fremden Gott im Sinne eines passiven Bittgebetes und einer passiven Heilshoffnung, sondern er erlebt sich selbst in seiner inneren Stellung als ein übendes Individuum, das mit einer ganzen und tragfähigen Entscheidungs- wie auch Verantwortungskraft ausgestattet ist. Die Weltflucht im Sinne eines Übens sollte gemieden werden. Der Weg ist ein konkreter, obwohl er esoterisch geprägt ist. Er entwickelt sich durch geordnete Gedanken, Inhalte oder mögliche Hypothesen und drückt sich nach außen exoterisch, das heißt auf sozialfähige Weise aus. Ein esoterischer Inhalt war früher dem Menschen nur in Klöstern oder spezifischen geistig arbeitenden oder geistlichen Einrichtungen verfügbar. Heute sind geistige Inhalte nicht nur für auserwählte, vom Leben fernab stehende Menschen von Interesse; sie wollen heute mehr als früher vom Bürger erfasst, erlebt und schließlich umgesetzt werden. Esoterisches Gedankengut will exoterisch werden. Die Seelenübung beschreibt den esoterischen Anteil, während die Wirkungen, die sich mit der Zeit auf das Sozialleben ergeben, den exoterischen Teil bilden.

Eine Synthese zwischen Geist und Welt geschieht durch den Menschen und seine tatsächliche Aktivität. Das Wort Synthese bedeutet nicht ein Nebeneinanderstellen von philosophischen Betrachtungen und irdisch materiellen Grundsätzen. Die Aktivität, einen esoterischen Inhalt so lange zu denken, bis er exoterisch und sozialfähig wird, führt schließlich zu der ersehnten Syntheseleistung.

Was heißt esoterischer Inhalt im Gegensatz zu exoterischem Inhalt?
Ab welchem Moment wird ein esoterischer Inhalt sozialfähig?

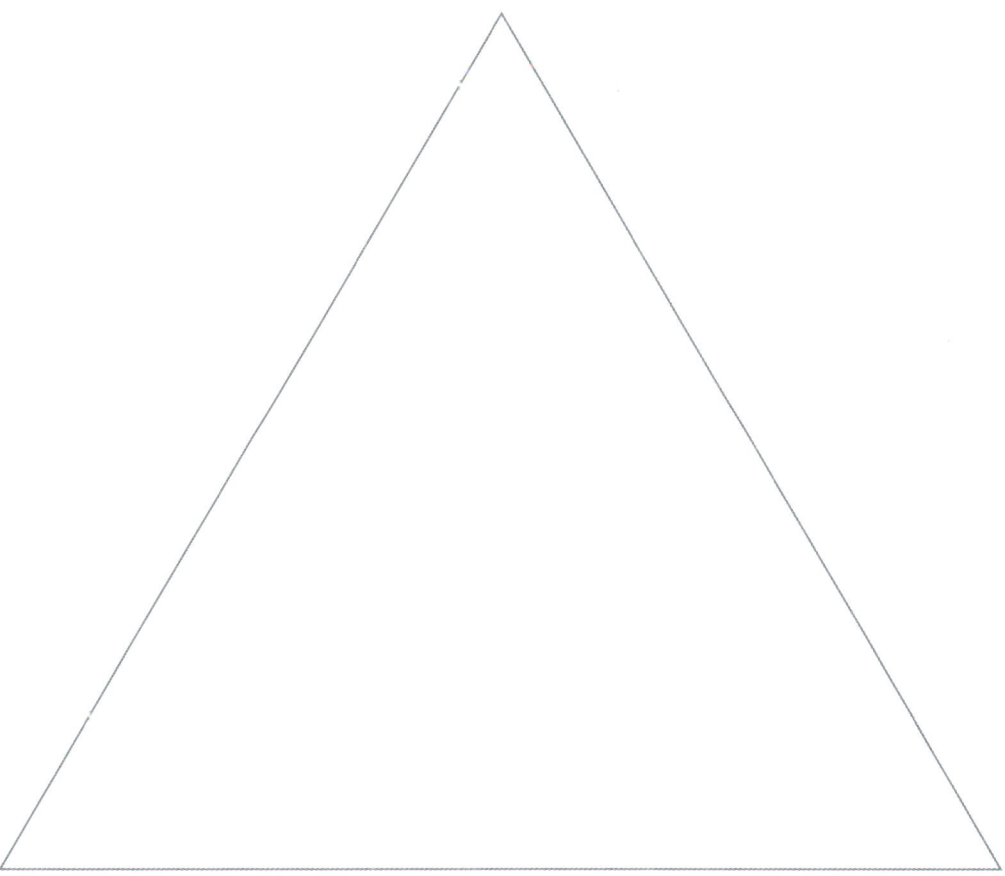

Die Mathematik besitzt heute einen exoterischen Charakter und befindet sich als Lehrfach in jeder Schule. Ein Dreieck beispielsweise lässt verschiedene Rechenarten zu, wie den pythagoreischen Lehrsatz. Die Schule von Pythagoras war eine esoterische und erlebte das Dreieck auf geistige Weise wie eine verbindende Mitte in den höheren Welten. Während man damals die Zweiheit als Linie in Form einer Polarität erfasste, konnte man die Dreiheit als eine erste geometrische Gestalt der Einheit und Verbindung erleben. Wer sich heute durch die Seelenübung an das Dreieck herantastet und die tieferen Empfindungen für dieses erfahren lernt, gewinnt einen Zugang zum ursprünglich esoterischen Inhalt. Das Leben wird durch die Seelenübung geistig regsamer und irdisch sozialfreundlicher.

Das Erleben der individuellen Selbstaktivität

Das Erleben des Einzigartigen, dessen, was der unnachahmbare Ausdruck einer Sache ist, und das Erleben des Individuellen innerhalb des seelischen Empfindungsstromes sind die wichtigen Ausgangsimpressionen für die Wirksamkeit und erfolgreiche Absolvierung der einzelnen Übungen und Studien. Auf welchem Wege und mit welcher Methode der Einzelne auch arbeitet, er arbeitet in einem Gefühl des bewussten, eigenen Selbstseins in der Schöpfung. So arbeitet er mit Übersicht, mit eigenständiger Orientierung und einer bewussten, gelenkten Dynamik seiner Seele. Nicht einer Gottesvorstellung und einer Weltanschauung oder einem Credo überantwortet der Einzelne sein Ich, sondern er lenkt seine Gedanken und Gefühle durch die Wirrnisse des gesamten Dickichtes von philosophischen Begrifflichkeiten, moralischen Dogmen und vielversprechenden Ideologien und integriert mit Freude und Tatendrang soziale Schritte in die Welt. Diese umfassende und kraftvolle Beziehungsfähigkeit, die aus dem innersten Bewusstsein der Seele hinein in die Welt erfolgt, ist der wichtigste Lebensatem, der aus den Seelenübungen resultiert, und dieser gibt ihm in gewissem Sinne wieder neue Möglichkeiten der Erfahrung und der Freiheit in integraler Selbstwerdung.

Die Seelenübungen, wie sie hier verstanden werden, bilden nicht nur einen klassischen Pfad der Selbstwerdung, sondern sie sind ein neuer Pfad, mit einem neuen Willen, mit einer größeren Gedankenbildekraft und einer eigenständigeren, bewussteren Führungsinitiative der Seele und des Ich aus dem Innersten. Man nehme einen Vergleich zur Anschauung der inneren Bedeutung dieses Übungsweges. Der Mensch pflückt eine Blume, nimmt sie mit nach Hause und stellt sie in die Vase. Er erfreut sich an ihr. Sie schmückt seinen Schreibtisch und die leuchtende Blüte strahlt ihm entgegen. Als sie schließlich verwelkt, nimmt er sie aus der Vase und wirft sie nach draußen. Nun erlebt aber jener, der den Pfad dieser Seelenübungen aktiv und mit Geduld beschreitet, dass es sich hier nicht nur um ein Nehmen handelt, ein Nehmen durch den Menschen, denn er nimmt die Blume von der Natur und erfreut sich an ihr, solange sie seinen Schreibtisch ziert. Er sieht vielmehr mit den Sinnen ein Leben, er erlebt sich selbst als Betrachter und bemerkt jene Beziehung, die er im Stillen seiner Seele zu diesem Wesen der Natur geschaffen hat. Er kreiert einen Gedanken, den er zu der Natur im Bilde der Blume ausbildet, und emaniert in der werdenden Liebe der Schöpfung, die eine transzendierende, freischaffende Liebe ist. Diese Beziehungsfähigkeit und diese Gedankenbildekraft, die er in seiner Seele freisetzt, öffnen ihm einen neuen Raum mit einem neuen Seelenanteil, den er als eine geistige Wirklichkeit erlebt. Das Wegwerfen der Blume, nachdem diese verwelkt ist, ist eine natürliche materielle Tat, die für das vorausgegangene Erleben keine Bedeutung besitzt.

Die Seelenübungen führen in eine wachsende Beziehungsfähigkeit zur Schöpfung, zur Natur, zu den Erscheinungen der sinnlichen Welt, zu den Mitmenschen,

Die häufigsten und bekanntesten Bemühungen religiöser Art sind diejenigen um Reinheit und Überwindung von Begierden zur Welt. Der *sannyāsin* in Indien mied deshalb alle materiellen Bedingungen und sah in den weltlichen Aktionen nahezu eine sogenannte „Sünde" oder eine Art Abhängigkeit.

Die Seelenübung jedoch geht sehr wenig auf diese oben genannten Umstände ein. Derjenige, der sie praktiziert, muss keinesfalls Mönch oder *sannyāsin* werden, er kann die Übungen innerhalb seines Berufes und des Familienlebens praktizieren. Eine besondere Entsagung wäre nur sinnvoll für alle Umstände des Lebens, die im Allgemeinen schädigend oder von Nachteil sind.

Der Sich-Übende sollte sich dennoch mit den Grundfragen der Religion, mit weltanschaulicher Unterschieden und mit ethischen Wertbegriffen produktiv auseinandersetzen. Es ist jedoch ein großer Unterschied, ob jemand sich selbst mit religiösen und ethischen Fragen auseinandersetzt, oder ob er diese lediglich als Dogma und äußere Regeln übernimmt.

zu den verschiedenen Tätigkeiten, zu den sozialen Bemühungen und den esoterischen, wie auch allgemeinen ethisch-moralischen Grundsätzen von jeder Religion. Das Verstehen und richtige Beurteilen aus dem Inneren gewinnt einen wichtigen Stellenwert für die Selbstwerdung. Nicht die äußere Religion soll dem Einzelnen zum Wegweiser und Maßstab für seine Handlungen und Bemühungen werden. Nicht moralisierende Regeln und Zwänge sollen das Individuum von oben herab leiten, nicht theoretische Formulierungen und Weltbilder dienen als Maßstab der Entwicklung, sondern das einzelne Individuum ringt um die Fähigkeit des Sehens, die Fähigkeit des Wahrnehmens, die Fähigkeit des Verstehens und die Fähigkeit des Liebens innerhalb der einzelnen Systeme.

In diesem eigenen Bemühen lösen sich die vielen Gegensätze des Daseins schließlich leichter auf, und das finstere, unreine Reich sinnlicher Begierden oder der sogenannten Versuchung relativiert sich und der, der übt, wird tatsächlich lichter. Die Antinomien gewinnen durch das eigene Ich ihre freie und mögliche Ausgestaltung. Das Bewusstsein, das man profanerweise Gottbewusstsein nennt, beginnt sich ganz aus den entwickelten Seelenkräften in seiner möglichen, expandierenden Weite hinein in die Welt zu entfalten. Aus diesem Grunde versteht es sich leichter, wie man genau jene bestmöglichen und sorgfältig gewählten methodischen Übungen praktizieren muss, damit der Übende dem Bewusstsein eine geeignete Bahnung hinein in das Leben ermöglicht und es dort fest und sicher mit Erkenntnissen und Eindrücken von empfindungsdynamischer Hellsichtigkeit verankert.

Aber auf diesem integralen Pfad in der Schulung des Denkens, Fühlens und Wollens von einem innersten Selbst ausgehend, darf derjenige, der dies ernsthaft praktiziert, nicht ein Unwissender gegenüber den gesetzlichen Ordnungen bleiben, er muss sich um das ganze und vollständige Wissen, zum Beispiel gegenüber dem Seelenleben und dem nachtodlichen Leben, bemühen. Selbst dann, wenn man nur in partieller Form kleine und weise Schritte bewältigen kann, so ist dennoch diese Bemühung in ihrem gesamten Sinne ein Ausdruck jenes individuellen Erkraftens und eines Geist-Werdens vom eigenen Ich, das sich innerhalb der inkarnierenden Bemühungen des schöpferischen Lebens entfaltet.

Die Übungen dürfen nicht nur einer eigennützigen, nur dem sogenannten Ego dienenden Absicht unterliegen, sondern sie müssen Übungen mit tragfähiger Bedeutung für jene universale Hellsichtigkeit werden, die sich zunächst in Gedanken und Stimmungen auf subtile Weise in der Seele entfaltet und die schließlich in ihrer weiteren Vervollkommnung zu einem Teppichfaden des ganzen Weltenteppichs wird.

Die Stärkung des individuellen Denkens führt zu Gemeinschaftsgefühlen

So sind, auf praktische Weise gedacht, diese Übungen, die in den vorausgegangenen Kapiteln in ihrer Methodik und Dynamik wie auch in ihrer technischen Ausarbeitung angeleitet wurden, ein sehr wichtiger Teil, der das eigene Bewusstsein auf bestmögliche Weise in die Welt tragen soll. Der Interessent will mit der Übung nicht eine Gotterleuchtung oder eine himmlische Entzückung für sich selbst gewinnen, er will das allgemeine irdische Leben nicht aus sich selbst herausheben und es auf andere Ebenen der außerirdischen Ekstase rücken, denn dies wären Versuche der Weltenflucht, die das Individuum nicht wirklich in die Sozialfähigkeit der Welt hineinbringen. Die Sinne, Gedanken und Gefühle wollen vielmehr mit der Übung unmittelbar die Materie berühren und seelischen Inhalt in den Zusammenhang eines sowohl irdischen wie auch geistigen Lebens hineinbewegen. Der Weg des Übens dieser nicht asketischen, sondern schöpferischen und individuellen Tätigkeit, wie er hier beschrieben ist, kann mehr von oben nach unten, oder von dem überpersonalen Geist ausgehend hinein in die Materie gekennzeichnet werden. Der Geist bildet den Anfang und der einzelne Mensch trägt seine Seele in die Erde hinein. Es ist ein Weg, der die Seelenkräfte organisierend in den Weltenzusammenhang gliedert. Das individuelle Bewusstsein gibt hierfür die Motivation und die Entscheidung, den Mut, die Dynamik, das Maß und die Weite.

In diesem Sinne ist es erwähnenswert, dass für den individuellen Weg ein Gruppenbewusstsein nicht eine vordergründige Antriebskraft für die Seele sein darf. Viele Personen flüchten in religiöse Gruppen, da sie den Mut und die Kraft zur Lebensbewältigung aus eigenem Antrieb nicht finden. Mehr als in allen anderen Wegen, wo dies der Fall ist, müssen nun die eigenen Kräfte zur Ausgestaltung der Beziehungsfähigkeit dienen. Der Einzelne kann zu den von ihm gewählten Studieninhalten in einer ihm gemäßen und eigenständigen Weise in Beziehung treten und in dieser Beziehung wachsen. Hierbei kann er sich auch in sich selbst in einer gewissen eigenständigen Erfahrung erleben lernen. Diese Eigenständigkeit in der Erfahrung und die Freiheit wie auch Unabhängigkeit, die aus diesen Ich-Gefühlen resultieren, sind schließlich die wegschaffenden Kräfte für die Seelenübungen. Die Frage der Gemeinschaftsbildung entsteht nicht mehr aus den psychischen Bedürfnissen nach Geborgenheit und Anerkennung, sondern aus der Wahrnehmung einer sozialen Notwendigkeit und der Bereitschaft zur Zusammenarbeit. Der Unterschied, ob man in eine Gruppe flüchtet oder ob man Menschen zum Dialog, Austausch und Zusammenwirken in der Arbeit aufsucht, ist für die seelische und geistige Entwicklung fundamental.

Man könnte den Einwand vorbringen, dass der Übende, der sich sehr stark in seinem Denken, Fühlen, Wollen schult, über die Zeit hinweg vereinsame und ein Außenseiter der Gesellschaft werde. Bei richtigem Verständnis des Übens entwickelt der Interessent ein zunehmend intensiveres Gemeinschaftsgefühl und gründet sich gleichzeitig in einer eigenständigen Urteilsbildung. Individuelles Denken, Fühlen und Handeln erstrahlen in letzter Konsequenz in brüderlichen Gefühlen der Gegenseitigkeit und der Übende erlebt sein Selbst als eigenes Zentrum und gleichzeitig ausgedehnt mit verbindenden Gefühlen zu seinen Mitmenschen.

Die große, in der materiellen Welt erlebbare Dichotomie zwischen individuell sein und gemeinschaftsfähig sein, löst sich bei richtiger Übungsabsolvierung auf. In Wirklichkeit bildet die Einzigartigkeit des Individuums und seine Förderung zu einer immer größer werdenden weisen Erkenntnis den Grundstein zu jeder Brüderlichkeit, Herzensliebe, Solidarität und zur grundsätzlichen Nächstenliebe.

Im Allgemeinen darf man sagen, dass eine wirkliche Gemeinschaftsbildung nur durch die Entfaltung des individuellen Potenzials des Menschen möglich ist. Fehlt diese Entfaltung des individuellen schöpferischen Anteils des einzelnen Menschen, wird er zunehmend beziehungsärmer und flüchtet sich in Gruppenbildungen, die jedoch für seine Entwicklung unproduktiv und für eine geistige Entfaltung gefährlich sind.

Die Beziehung zu Gemeinschaften und der lebendige Austausch mit verschiedensten Menschen ist jedoch ganz anders als eine kompensatorische Flucht in Gruppen oder zu traditionellen Gesellschaftssystemen.

Die heutigen Gemeinschaftsbildungen zeigen sich meistens in geschlossenen Gruppenschemen. Derjenige, der Seelenübungen ausführt, enthebt sich aus diesem geschlossenen Gemeinschaftssystem und gewinnt eine freiere Stellung innerhalb der gesamten Gesellschaft. Wie die Geschichte zeigt, erleben sich diejenigen, die sich aus den Gruppenschemen individualisieren, häufig wie Außenseiter und die Gruppe selbst grenzt sie gerne mit einer Vielzahl von Projektionen aus.

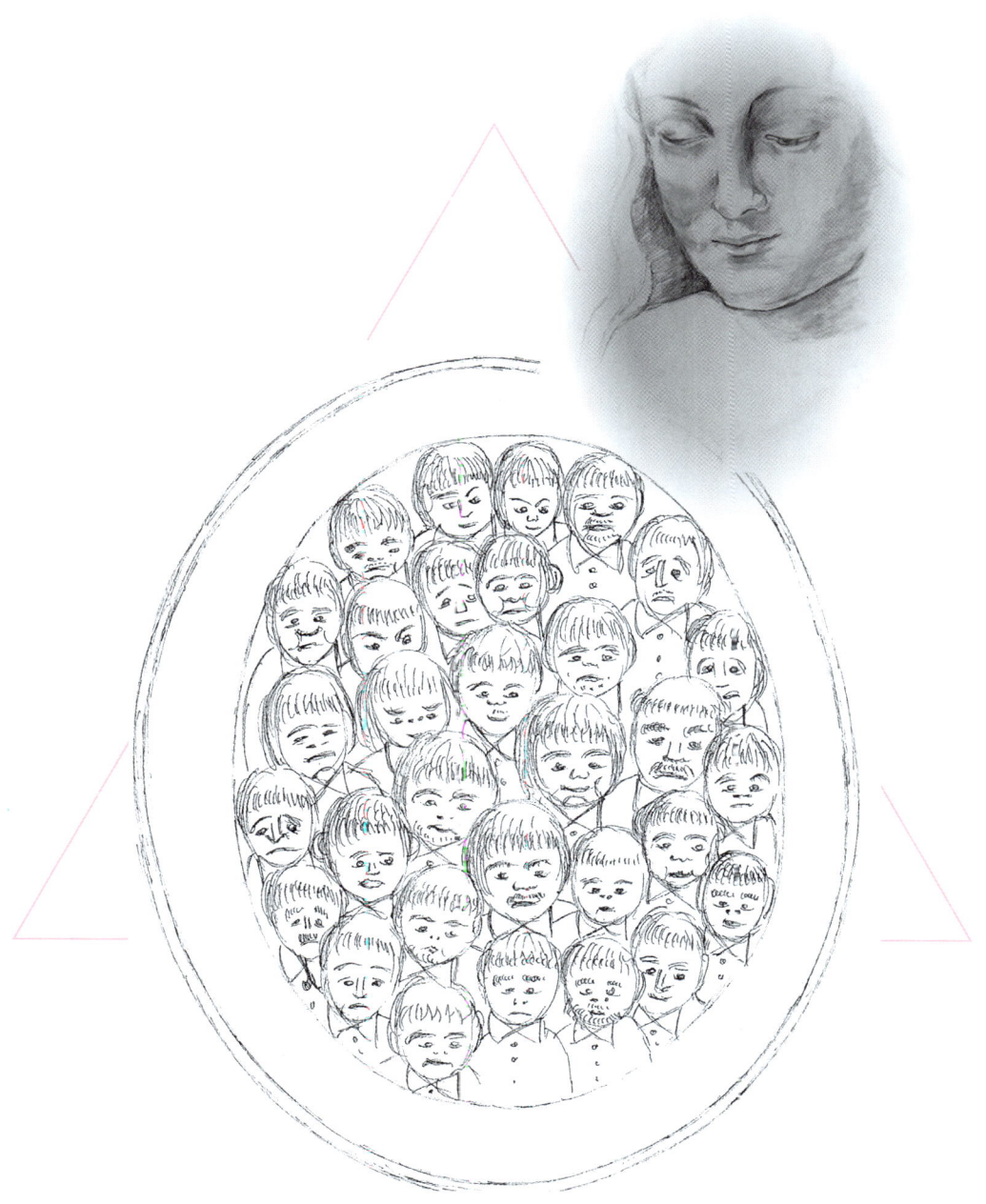

Die typische Gruppenbildung schließt das Individuelle weitgehend aus.

Die Dreigliederung in der Seelenübung

Für die nun folgende, zusammenfassende Darstellung des Grundrisses einer Übung kann die Dreigliederung im einfachen, elementaren Sinne von Körper, Seele und Geist dienen. Diese Dreigliederung in eine materielle Ebene, eine empfindungslebendige seelische Ebene und eine transzendente Wirklichkeit, die man mit Geist bezeichnet, ist hilfsweise eine Einteilung für die Unterscheidung der verschiedenen Qualitäten innerhalb der Anschauung. Für die Übung darf der Leser nicht dem Fehler verfallen, nur die geistige und die seelische Ebene in die Betrachtung mit einzubeziehen und die körperliche Ebene außer Acht zu lassen, denn er würde auf diese Weise nur einseitige und sehr unsolide Ergebnisse erzielen. Alle Ebenen sollten innerhalb der Übung zu einer möglichst weiten und lebendigen Ausgestaltung kommen. Die Unterscheidung hilft der Bewusstseinsorientierung innerhalb dieser Dreiheit weiterhin zur soliden Konzentrationsbildung und zur rechten, wahrheitsgetreuen Identifizierung des Ergebnisses in kommenden Gedanken, Impressionen und Bildern. Die Dreigliederung wurde von mir in diesem Sinne für die Übungsweise entwickelt, damit der Einzelne einige Anhaltspunkte konkretisieren kann, die ihm in seiner Gedankenbildung leichter in die Materie und in das Thema hineinhelfen. Die sorgfältige Aufgliederung der Ebenen kann innerhalb aller Übungsweisen eine Anwendung finden. Sie verhilft dem Bewusstsein zu einem geordneten und in sich konkretisierten, konstruktiven und übereinstimmenden Denken.

Die Gliederung in eine körperliche Ebene mit körperlichen Wirkungen, eine seelische Ebene mit seelischen Wirkungen und eine geistige Ebene mit geistigen Auswirkungen führt das Denken ebenfalls nicht in eine Vermischung mit den Gefühlen und den Wünschen des Willens, sondern sie führt das Denken leichter zum Gedanken und das Empfinden leichter zum seelischen Eindruck, und sie führt weiterhin den Wunsch oder die Willenskraft in geordneter Weise zum Themenbezug. Die Gliederung der Ebenen ist deshalb nicht eine Form der Entzweiung und Zerstückelung einer Ganzheit, sondern sie ist vielmehr eine Möglichkeit zur Auflösung vorhandener Vermischungen und Wirrnisse im Bewusstsein. Und so führt sie durch ihre Möglichkeit der Ordnung zu einer Erfahrung der größeren Einheit und Übereinstimmung der einzelnen Ebenen. Die Ebenen von Körper,

Die Materie ist durch die Sinne erfahrbar. Sie besteht aus sichtbaren Formen, Erscheinungen, Farben und analysierbaren Stoffen. Die Seele entzieht sich der Sichtbarkeit, dennoch ist sie in ihrem Ausdruck durch Empfindungen erfahrbar. Wie das Bild zeigt, offenbart die fotografierte Morgenstimmung eine andere Empfindung als die Abendstimmung. Der Geist jedoch ist nicht durch Empfindungen erlebbar, sondern er bildet das Mysterium hinter allen seelischen Empfindungen und sichtbaren Phänomenen.

Seele und Geist bilden für sich, wenn man sie in einer universalen Weise betrachtet, eine einzige geschlossene Harmonie und dennoch bilden sie, in sich selbst herausgearbeitet, eine jeweilige Erscheinungsform der Einzigartigkeit und geben somit in ihrer Zugehörigkeit zum Weltenganzen eine spezifische, signifizierende Bedeutung.

Die Phase der Konsolidierung

Die Sammlung von Eindrücken

Die Übung sollte hier in der Zusammenfassung nicht in einer spezifischen, thematischen Beziehung zur Darstellung erhoben werden, sondern sie sollte nur einmal im allgemeinen Umriss in ihrer exakten Gliederung in die drei Ebenen eine möglichst bildhafte Skizze erhalten. Die erste Ebene, die immer in der Reihenfolge auch als erste Aktivität zu der Erkenntnisbildung hergestellt werden muss, ist die Phase der Übung, die man als „Konsolidierung" bezeichnen kann. Die Konsolidierung setzt, wie das Wort aussagt, ein erstes Basisfundament, und zwar ein im genau genannten Maße materielles Basisfundament. Die Konsolidierung ist wie das feste Material, das der Handwerker für den Bau eines Hauses sammelt und verwendet. Dieses feste Material oder diese so zu benennende „Materie" von Gedanken, Vorstellungen und rechten sinnreichen Beobachtungen benötigt der Übende, damit er im Allgemeinen mit der Materie oder mit dem Thema vertraut wird. Die Konsolidierungsphase der Übung ist in der Regel nicht etwas besonders Kompliziertes und auch nicht an bestimmte Fertigkeiten der Geistgewandtheit und Konzentration gebunden. Jeder kann diese Phase bewältigen, sofern er eine Gedankenkraft und lebendige Vorstellungen entwickelt. Wenn der Interessent ein Objekt in der Erfahrung ergründen will, wenn er eine Sache oder ein Thema bis hinein in seine philosophische Tiefe erleben möchte, wenn er einen Menschen beispielsweise in der Aura erkennen oder ein Schriftstück bis hinein in seinen originalen Geistzusammenhang erschauen will, dann muss er die Betrachtungsobjekte jeweils in ihrer physischen Äußerung, in ihrer irdischen Expression auf sorgfältigste Weise zur Kenntnis nehmen. Aus diesem Grunde ist die Beobachtung der Tatbestände innerhalb der sinnlichen Welt, der Ereignisse oder der Erscheinungsformen, ein erster wichtiger Schritt, der die Konsolidierungsphase herbeileitet. Die Augen streifen über das Objekt der gewählten Sache oder Erscheinung und das Gedächtnis erinnert sich der verschiedenartigsten Eindrücke, die über das bevorzugte Thema bekannt sind. Impressionen und Expressionen kommen zur Sammlung, damit das Thema erste Eindrücke in der Seele geben kann.

Die Abendstimmung zeigt sich mehr im wohligen, sanften Lichte. Assuan, Ägypten

SEELENÜBUNGEN ALS GEISTIGER ENTWICKLUNGSWEG

Der englische Arzt und Geistforscher Edward Bach (1886-1936) leistete die umfassende Arbeit einer Art Seelentherapie mit Pflanzen. In jeder Blüte oder Pflanze lebt auf elementarer Stufe eine Art Charaktereigenschaft. Der Mensch bildet diese Eigenschaft in seinem Seelenleib aus, während die Pflanze sie als stille Geste in sich apersonal trägt.

Die Pulsatilla will beispielsweise den Menschen auf die Reinheit der Engelswelten, der höheren Hierarchien hinweisen. Indem der Übende sich mit dieser Erkenntnis auseinandersetzt, entwickelt er eine Beziehung zu der Pflanze und gleichzeitig fördert er sein eigenes Seelenleben. Edward Bach schlug als Therapieform verschiedenste Präparate aus Pflanzen und Blüten vor, die der Einzelne zu sich nimmt und für seine Seele dadurch eine heilsame Anregung erfährt.

Die Zuordnung von Begriffen

Auf diese Sammlung der Sinneseindrücke, der Erinnerungen und der Eindrücke, die der Praktizierende auch eventuell mit dem Objekt assoziiert, kann ein zweiter, von diesem durchaus getrennt gesehener Schritt stattfinden. Auf die Sinneseindrücke folgt eine sorgfältige Zuordnung von Begriffen. Das Objekt, das die Augen in der Anschauung betrachten, erfasst das Bewusstsein nun mit geeigneten Gedanken. Das Objekt wird umschrieben und auf weiteren Ebenen mit neuen Begriffen begleitet und es wird dadurch in einen denkerischen oder philosophischen Gesamtzusammenhang gesetzt. Die Begrifflichkeit, die man dem Sinnesobjekt beilegt, gibt dem gesamten weiteren Ablauf der Übung einen rechten Halt und eine verstärkte, richtungsweisende Ausdrucksform. Schließlich kann aus dem Zusammenwirken der aufmerksamen Beobachtung und der gewählten Begrifflichkeit eine klare Vorstellung, ein erstes Bild, eine konkrete zusammenhängende, gedankliche Darstellung erfolgen. Die rechte bildhafte Vorstellung, die aus der Sammlung von Gedanken und Eindrücken entsteht, enthebt sich aus den starren, intellektuellen Begriffen und wird ein Ausdruck für das empfindungsfreudige Gemüt. Eine bildhafte Vorstellung ist wie eine Vorstufe zur ersten Geisterkenntnis. Sie ist noch nicht die Geisterkenntnis, sondern sie ist nur einmal ein Ergebnis einer geeigneten Vorbereitungsarbeit, die im Bewusstsein dann im weiteren Verlauf die Erkenntnis, die man mit einer Art geistigen Erfahrung bezeichnen kann, ermöglicht.

Es folgt nun ein praktisches Beispiel, damit die Konsolidierungsphase in ihrer natürlichen Formung und Ausgestaltung besser verstanden werden kann. Gesetzt den Fall, man wolle über das sogenannte Ich, über das Selbst im Menschen, eine tiefere Erkenntnis erhalten. Will der sich Übende dieses Ich untersuchen, so braucht er als Erstes eine philosophische Grundlage wie auch eine Möglichkeit, diese philosophische Grundlage in einer natürlichen Vorstellung zu erdenken. Das Ich, das Thema der Übung, das Objekt, zu dem eine innere Erkenntnis erstrebt wird, muss zuerst einmal in einem rechten Rahmen erfasst werden. Würde man nur über das Ich theoretisch nachdenken, ohne weitere Vorstellungen und Eindrücke, ohne klare Bilder in der Welt für dieses zu suchen, so würde man wohl auf einen Begriff meditieren, den das Bewusstsein nicht ausreichend genug mit weiteren Bedeutungsinhalten erfüllen kann. Aus diesem Grunde muss sich der Übende beispielsweise einmal die Frage stellen, wie ein Ich im Menschen wirkt, wie es beispielsweise in der Aufrichtekraft des Rückens wirkt und wie es im Vergleich dazu im Tiere, das mehr horizontal zur Erde orientiert ist, nicht wirken kann. Weiterhin muss man sich Impressionen und auch Expressionen verschaffen, wie sich ein Ich oder Selbstbewusstsein aus dem Inneren in das Leben hinein auswirkt und wie das Ich von großen Philosophen diskutiert und verstanden wurde. Und schließlich erscheint es günstig, wenn der sich so Übende das Ich mit einem zeitgemäßen Bild in einer möglichst wirklichkeitsgetreuen Vorstellung als eine geistige Grundlage des Menschseins erdenkt. Man muss aber das Objekt – in diesem Falle das Ich –, das zur Erkenntnis aufgesucht wird, in einen geeigneten Rahmen fügen und eine sorgfältige, nicht zu knappe, aber auch nicht zu zersplitterte oder mit intellektuellen Ideen angehäufte Vorstellung erbauen, damit man es schließlich im weiteren Verlauf der Übung tiefer denken und tiefer fühlen lernt. Beobachtungen, Begriffe und daraus resultierende Vorstellungen sind für diese erste Phase der Konsolidierung wichtig.

Die eigene Forschungsfrage und die Hinzunahme einer geistigen Erkenntnis

Schließlich gehört ebenfalls zu der ersten Phase der Übung die Frage hinzu: Was oder welches Geheimnis wird mit der sinnlichen Beobachtung ergründet? Will der Student beispielsweise das Wesen einer Blume erschauen, so muss er sich mit einer geeigneten Frage bewusst werden, dass hinter jedem äußeren Erscheinungsbild, das die Natur schenkt, ein inneres, geistiges Wesen lebt und webt. Früher nannte man dieses innere Wesen die Signatur der Pflanze. Man darf in diesem Übungsschema eine Imagination zu der Übung hinzugliedern und sie im Bilde der Gesamtansicht des Objektes denken. Eine geistige Erkenntnis entnimmt man aus den geisteswissenschaftlichen Betrachtungen Rudolf Steiners oder aus Betrachtungen, die aus einer anderen wertvollen Schrift stammen, in der ein weisheitsvoller Charakter lebt. Die geistige Erkenntnis vervollständigt das Bild und gibt der Fragestellung, die im Interesse der Forschungsarbeit liegt, eine neue und geeignete Richtung.

Diese geistigen Ansichten, die man in die Übung und in die Vorstellungsansicht, in die bildhafte Vorstellungsentwicklung hineinnimmt, sind auf allen Gebieten der Geistforschung sehr verschieden. Wenn der Heilpraktiker beispielsweise die Natur erforschen will und gewisse Pflanzen in ihrem inneren Zusammenhang und ihrer Heilsbedeutung ergründet, so ist es günstig, wenn er sich bewusst wird, dass jede Pflanze ein geistiges Abbild, eine wesenhafte Zugehörigkeit zum ganzen Menschsein besitzt und aus dem Menschsein oder Geistsein als eigenständiges Wesen herausgeboren ist. Die Natur in ihrer pflanzlichen Vielfalt gibt einen wesenhaften Abdruck für das innere Charakterleben des Menschseins und schenkt einen Ausdruck für das Lebensgefüge des menschlichen Daseins. Der große Forscher Edward Bach hatte beispielsweise diese Arbeit auf wundersame Weise geleistet und publiziert.

Die Konsolidierungsphase der Übung ist eine lebendige Phase der Weitung des Bewusstseins, der Ausdehnung des Denkens und Empfindens und die Befeuerung des Sinnesdaseins. Sensitive Weite und subtile Freude, klingende Begeisterung und eine introvertierte Faszination können nun auftreten.

Die Freisetzung des Lichtäthers

Bei der Betrachtung der Art und Weise, wie die ersten Schritte in der Übung erfolgen, wird es deutlich, dass der Einzelne bei seiner Übung eine freie und eindeutige Objektbeziehung erarbeiten muss. Die Aufmerksamkeit seiner Arbeit dient der Welt oder dient einer speziellen Aussage und Form, die einmal in der Welt entstanden ist. Der Übende wendet sich von sich selbst hinweg und richtet seine Seele mit ganzer Kraft auf die Bedeutung eines Themas oder einer Sache, die ihn für die Erkenntnisentwicklung interessiert. In der Regel entsteht aus dieser Bewegung, die vom eigenen Ich hinübergeführt zu einer Sache, immer eine Freude, und diese Freude gibt wieder eine Anregung und eine Empfindung von Ruhe und gleichzeitiger Offenheit. Die richtige Offenheit ist mit Freude verbunden und gleichzeitig mit der Weitung des inneren Erlebens. Betrachtet man diese Offenheit und Weitung von einem geistigen Gesichtspunkt, so wird es deutlich, dass sich die innersten Kräfte im Menschsein zu regen beginnen. Die Aktivität in der Seele und die Ausdehnung der Seelenkräfte hinüber auf Objekte bewirken eine Zunahme des sogenannten Lichtäthers. Der Lichtäther ist die Ursache für das Erwachen der Freude. Eine Übung sollte in dieser Gliederung, die bereits in der Konsolidierungsphase entsteht, Freude und Weitung bewirken. Wenn der Lichtäther angeregt wird, ist ein gehobenes und angenehmes Empfinden erstmals spürbar.

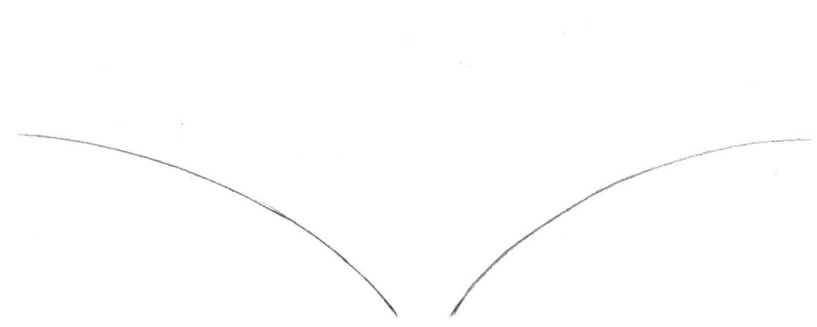

Der Lichtäther wirkt ausdehnend, bringt lange Formen hervor und gleichzeitig fördert er die Beziehung der Sinne nach außen. Er kann durchaus schalenförmig und ausgleitend dargestellt werden.

Ein Feuer brennt vom Gegenstand ausgehend nach oben und außen. Die Flamme verliert sich im Luftraum. Der Weg des materiellen Feuers arbeitet von der Erde ausgehend zum Kosmos.

Die Entstehung des Feueräthers

Indem der Übende in der Folge eine ganz konkrete Frage hinzunimmt und sich selbst der geistigen Bedeutung der Fragestellung bewusst wird, oder er eine Geisterkenntnis zu dem vorgeformten Bilde hinzugliedert, so erwacht ein inneres, sensitives Fühlen, das eventuell mit einer gewissen Ehrfurcht oder auch mit einer Form der Geistoffenheit und innerer Berührtheit gegenüber den unsichtbaren Geistwelten empfunden werden kann. Die Empfindungen, die aus einer geeigneten Frage oder aus einer hinzugefügten, in Schriften vorzufindenden Erkenntnis entstehen, sind etwa so, als ob ein sensitives Aufflackern eines Geistfeuers in der Sphäre verspürt würde. In geisteswissenschaftlicher Hinsicht kann von einem Wachsen des sogenannten Feueräthers gesprochen werden. Dieser Feueräther entsteht aufgrund der Fragestellung und des Bewusstwerdens, dass es sich mit jeder Erkenntnisübung um eine wahrhaftige Ertastung und Erfahrung der Geistwirklichkeiten handelt. Die Ehrfurcht und Hingabe, die sensitive Entzündung des Bewusstseins in der Geistsphäre führt zum Erwachen des Feueräthers. Der Feueräther bildet einen Teil des menschlichen inneren Seelenlebens.

Obwohl der Feueräther und der Lichtäther durch sich selbst wirken und freie Bestandteile oder Entitäten der gesamten Schöpfung sind, so werden sie dennoch durch die genau gewählte Gedanken- und Bewusstseinsformung herangebildet. Sie werden durch den Menschen entwickelt und zu einer rechten Formation, zu einer besseren Zuordnung oder zu einem intensiveren Eingreifen in die irdische Sphäre des Menschseins gebracht. Feuer- und Lichtäther sind Entitäten, die im Lichte und im Weltenraume leben und sich über die Gedankenformen einen Ausdruck verschaffen können. Die innere Haltung und die sorgfältig gewählte Vorstellungsarbeit bewirken ein erstes Eingreifen dieser feinen Entitäten, und so bewirken sie Freude und Ehrfurcht oder lichthafte Offenheit und hingebungsvolle Erwartung innerhalb der Übung. Der Praktizierende gewinnt gleichzeitig ein Empfinden von innerer Ruhe und Wachheit, wie auch von natürlicher Ordnung und innerer Entspannung. Er fühlt sich, als ob ein Licht der Beschauung und eine Wärme der Gestaltkraft in der Schöpfung weben und leben und gewissermaßen auf ihn selbst herniederschauen. Er fühlt die Offenheit als eine Form der Auflösung von Schweregefühlen; die Gliederung in der Bewusstheit und der Reinigung tritt aus dem Räumlichen herein. Er fühlt eine sonnenhafte Licht- und Wärmekraft innerhalb seiner eigenen Gedanken, die wie ausgegossen im Umfeld erscheinen und ihn wie sphärisch umkleiden.

Der Feuer- oder Wärmeäther hingegen zentriert das Auge und das Formerleben nach innen zu einer Mitte. Er entwickelt die plastischen Formen. Die Säulenhalle des Karnaktempels in Luxor, Ägypten, zeigt, wie der Kosmos zur irdischen Zentrierung geführt wird. Gleichzeitig fällt das Licht genau in die Säulenhalle, sodass die Plastizität der Materie zum Ausdruck kommt. Der perspektivische Gang, gewählt aus der rhythmisch regelmäßigen Anordnung der Säulen, gibt weiterhin eine Tiefenwirksamkeit. Der Feuer- oder Wärmeäther zeigt durch seine Tiefenwirksamkeit deshalb einen Gegensatz zum normalen Verbrennungsvorgang.

Die soziale Bedeutung der Übung

Zum Verständnis dieser ersten Phase der Übung ist es günstig, wenn man sich noch einmal wiederholend im Bilde des Menschseins das Bewusstsein aneignet, dass alles Leben, so wie es in Konventionen und in herkömmlichen Abläufen besteht, eine gewisse Unordnung und beständige Verwicklung beschreibt. Die erste Phase der Konsolidierung ist wie eine Ordnungsphase und eine Bildephase, in der das Denken und auch das Gefühlsleben einen ersten, man möchte sagen, geistigen Kultivierungsprozess herbeileiten. Das Bewusstsein wird sich eingehend der inneren Fragen selbst bewusster und die Übung stellt den Willen in ein klares Gegenüber zur Welt. Die Objekte der Welt erscheinen erfahrbar und erfassbar, thematisierbar und erlebbar. Die rechte vorbereitende Arbeit ist deshalb eine rein sammelnde, beobachtende und denkende Arbeit, die sich auch auf das psychische Leben gewissermaßen kultivierend auswirkt. Nicht nur das Nervensystem erhält durch diese vorbereitenden Übungsaktivitäten eine angenehme, regenerierende Entspannung; auch die inneren Organe und das gesamte vitale, körperliche Wesen können neue Kräfte des Lebens gewinnen.

Die Vorbereitungsphase trägt schließlich auch zu einer gesamtkulturellen Erweiterung des Bewusstseins und des Geistlebens bei. Der Übende tritt in Beziehung zur Welt und er tritt in ein Gegenüber. Wenn ein Aspirant auf dem Geistpfad mit Seelenübungen diese ersten Vorbereitungen sinnvoll treffen kann und noch keine weiteren Ergebnisse in der Erkenntnisentwicklung gewinnt, so trägt er dennoch mit seinen Bemühungen zu der Gesamtentwicklung der Kultur in der Welt bei.

Seine Arbeit zur Übungskonsolidierung ist eine Art Opferbeitrag an die Welt. Er gibt Zeit, Geduld, Aufmerksamkeit und Anteilnahme an ein Phänomen der Welt hin. Das Üben ist eine Gabe an die Gesamtheit der Schöpfung. Mit dieser Arbeit, und das ist wichtig zur Bewusstwerdung, ist das Verlassen des eigennützigen und egoistischen Standpunktes zu einem gewissen Grad notwendig. Die Übung nimmt aus diesem Grund eine erste kultivierende, soziale Bedeutung ein.

Die Phase der Konzentration oder Intensivierung

Auf die Vorbereitungsarbeit, die im Allgemeinen mit Konsolidierung benannt werden kann und die unter ganz natürlichen Voraussetzungen entsteht, folgt nun die nächste Phase in der Übung, die man mit „Intensivierung" bezeichnen kann. Während die erste Phase der Konsolidierung mehr eine Art Sammlung und die Erstellung eines ersten, klaren Vorstellungsbildes umschließt, so ist nun diese Intensivierungsphase noch von einer zusätzlichen seelischen Kraft begleitet. Sie ist auch diejenige Übungsphase, die am trefflichsten mit dem Begriff *dhāraṇa* oder mit Konzentration charakterisiert werden kann. Nun soll alles Unwesentliche vom Wesentlichen abfallen und nur noch das Bild, das in der ersten Phase erstellt wurde, bleiben. Das gedankliche Bild mit den verschiedenen Vorstellungen und Begriffen sollte eine regsame Wirkung durch anhaltende Konzentration ausstrahlen. Es sollte aus den Gedanken selbst Leben gewinnen, oder in anderen Worten ausgedrückt, es sollte das Recht zur freien und bewussten Äußerung erhalten. Die Konzentration ist die Sammlung der gesamten Gedankenkraft innerhalb des Themas oder innerhalb der herangebildeten Vorstellung und das denkende Bewahren dieser. Die Kraft wohnt nun nicht mehr im Leiblichen, oder wenn man es in einfacheren Worten sagt, im Körperlichen des Menschen selbst, in dem dazu gehörenden Mein-und-Dein-Denken, in körperbezogenen Gefühlen, sondern sie ruht ganz und ausschließlich in der vorgenommenen Vorstellung, in dem Bild der Betrachtung. Die Seele mit der Aufmerksamkeit und Gedankenkraft, bei gleichzeitiger Wachheit und Ruhe, lebt nun ganz im aufgestellten und zur Konzentration erhobenen Bild.

Die Übung benötigt in dieser Phase eine ganz besondere Regsamkeit und Dynamik und sie erfordert von dem Übenden ein hohes Maß an innerer Unterscheidungsfähigkeit und an Kraft zur Sammlung. Sie sollte aber mit einem erhebenden Gefühl stattfinden und möglichst so, als würde das Bewusstsein in ein fremdes Land mit neuen Bedingungen und Voraussetzungen reisen. Es dürfen die lebendigen Gefühle, die aus den Eindrücken des Bildes entstehen, das in der Konzentration behalten wird, bewusst zugelassen werden. Hier in dieser Phase entsteht eine wahre, lebendige Bildeströmung aus den Gedanken. Nicht aus dem Leibe entsteht die weite Erkenntnis, sondern aus den konzentrierten Gedanken selbst, die sich wie Wesen aus sich selbst heraus offenbaren. Die Seele erfährt sich daher nicht mehr im Leibe, sondern sie erfährt sich in dem Gedankengebäude, das in der Sphäre gleichsam wie über dem Haupte webt und strömt. Vielleicht mögen viele Störfaktoren einströmen, und vielleicht benötigt die Übung manche innere Verzeihung und Nachsichtigkeit gegenüber den aufwallenden Unruhezuständen des Gemütes, aber dann, wenn durch Wiederholung und Rhythmus die Konzentrationskräfte eintreten, sollte sich der Einzelne der Empfindungen, die entflammen, ganz bewusst werden.

Im gewöhnlichen Alltag bezeichnet man die Gefühle, die vom Leib aufsteigen, als Emotionen und in der Psychologie benennt man die Ängste, die ebenfalls vom Leibe aufsteigen, als Intrusionen. In der Konzentration muss der Übende die Gefühle des Leibes zurückweisen und er muss sich von Sympathie- und Antipathiegefühlen zu einem gewissen Grade lossagen. Ein Ergebnis der Übung entsteht niemals aus dem Körper.

Jedes wahre Ergebnis der Übung tritt aus einem seelisch-geistigen, freien Raum an den Körper heran, aber es kommt nicht vom Körper. Diese Unterscheidung muss der Übende in der Seelenübung in zunehmendem Maße leisten.

Das Durchhaltevermögen in der Übung

Anfangs mögen die sensitiven Phasen der Konzentration fast wie schmerzlich und wie eine wunde Offenheit erlebt werden. Wenn aber die Gedanken immer wieder klar zum Bilde zurückkehren und dieses Bild erdacht wird, so entsteht in relativ kurzer Zeit eine gewisse Festigkeit im Gemüte, und der Einzelne bemerkt seinen realen Zusammenhang mit der geistigen Welt. Das Gedankengebäude der Vorstellung erfährt sich immer wieder in neuen lichten Möglichkeiten und strömt rückwirkend auf die eigene leibliche Organisation aus. Die Konzentration ist in diesem Sinne kein starrer Vorgang, aber auch kein leiblich-emotionaler Vorgang. Sie ist vielmehr ein lebendiges Weben, ein Zulassen und Horchen in der gebildeten Geistgedankenwelt. Die Konzentration ist auch nicht ein Schweigen aller Gedanken, sondern ein Bewahren und intensiveres Denken innerhalb der Vorstellung.

In dem gewählten Gedankenbilde oder in der Vorstellung wird das Ich aktiv. Die Erfahrung des Aktivwerdens des Ichs ist ein großartiger schöpferischer, stärkender Vorgang innerhalb der Übung. Aber es ist ein Ich-Werden im Geiste und dadurch ein lebendiger, transzendenter Seinsvorgang, der gewissermaßen mit dem Leibe keine Verbindung mehr aufweist. Das Sanskritwort für Glauben, das namentlich *śraddhā* heißt, ist bezeichnend für den lebendigen Vorgang der Konzentration. *Śraddhā* leitet sich von der Wurzel *dhā* ab und bedeutet etwa soviel wie Platzieren. Nachdem die erste Phase der Konsolidierung abgeschlossen wurde und ein klares Vorstellungsbild mit einer Frage oder Imagination entstanden ist, kann die ganze Kraft der Seele und vor allen Dingen die Kraft des Denkens in das Bild hineinplatziert werden. Indem das Bild eigenständig gedacht wird, und es muss das eigenständige oder das lebendige, unmittelbare Denken des Bildes betont werden, platziert sich die gesamte Aufmerksamkeit und mit ihr die gesamte seelische Kraft in diesem einen Bild. Die Seele ist dann nicht mehr im Leibe oder versucht dann nicht mehr aus dem Leibe zu einem Objekt hinüberzukommen, sondern sie platziert sich regelrecht in den bestimmten, ausgewählten Gedanken.

Das Wort Imagination bedeutet nicht Einbildung und hat auch nicht sehr viel mit Phantasie zu tun. Rudolf Steiner prägte den Begriff für eine Form des Denkens, das bildhaft ist und in lebendigem seelischen Zusammenhang steht. Dieses bildhafte Denken ist nicht nur typischerweise intellektuell, sondern beziehungsfreudig und schließt seelische und geistige Wahrheiten in die Betrachtung mit ein. Imaginationen stellen deshalb seelisch reale, inhaltliche Darstellungen zur Verfügung.

Die beginnende Transzendierung – von der Konzentration zur Meditation

So wie sich eine Pflanze im Spätsommer in die Fruchtbildung und die Kraft ihres Stoffwechsels ganz in die Zuckerbildung in der Frucht konzentriert, so ist es auch innerhalb der Konzentrationsbildung, dass die gesamte Aufmerksamkeit, das ganze Denken und das gesamte Empfinden hinein in den vorgebildeten Gedanken platziert wird. Alle anderen Umstände können nur am Rande zur Kenntnis genommen werden, aber sie sollen die Übung selbst nicht beeinflussen. Hinzukommende Ideen oder Zufallsintuitionen sollten nicht die Konzentrationsphase des intensivierten Denkens beeinflussen. Es sei aber zum praktischen Ablauf der Übung hinzugesagt, dass jene Zufallsintuitionen oder hinzukommenden Einflüsse am Rande bemerkt werden dürfen. Sie sollen jedoch den Ablauf der intensiven gedanklichen Konzentration nicht stören. Erst wenn die Übung abgeschlossen ist, können jene hinzukommenden, einflüsternden Eindrücke und Zufallsintuitionen im Gesamtbild zur weiteren Bearbeitung genommen werden und auch eine vergleichende Auswertung erhalten.

Diese Form der Konzentrationsübung ist eine ganz besondere innere Anforderung für das Nervensystem und für die Beziehungsaufnahme in ausschließlicher und auserlesener Wahl zu einem Objekt, zu einem Gedanken oder einem Thema. Sie setzt eine mentale Formbildekraft voraus und erfordert ein hohes Maß an Disziplin und Wachheit. Durch ihre sehr klare und intensive Gedankenorientierung trägt sie zur Erweiterung der Beziehungsfähigkeit in der Seele bei. Diese Beziehungsfähigkeit, die mit der Übung auf besondere Weise aufgenommen und gefördert wird, kann in der Regel die Seele auf universale Weise in ihrer Kraft verstärken. Seelische Kräfte entstehen, lebendige Ätherkräfte gewinnen eine höhere Tragfähigkeit im Leib, und der Astralleib wird rege, geordneter und nimmt neue Beziehungen an. Die Beziehungsfähigkeit wird geradewegs durch die Art der gehobenen Gedankenaktivität gewährleistet. Indem eine tiefe, objektive Beziehung zur Außenwelt geknüpft wird oder in Form von bestimmten Fragen an die Natur der Schöpfung, an das Du der Welt gerichtet wird, entsteht bald eine Kraft, die wie eine durchlichtende Durchströmung des irdischen, festen, materiellen Daseins wirkt. Sie kann ganz besonders im gereinigten und fortgeschrittenen Stadium der Übung wie eine fein wirkende Dynamik in die Weltenschöpfung hineindringen. Sie kann sogar, nach genauem Befinden bemessen, eine souveräne Bewegung des Lichtes selbst werden und die festen Umstände des materiellen Daseins durchgeistigen. Nicht wie Wellenbewegungen an der Wasseroberfläche erscheinen die Gedanken, die mit dieser Übung in Erscheinung treten, sondern als tiefe geistige Ströme beginnen sie den Raum in seiner gesamten Sphäre zu durchfluten. Der Übende wirkt in dieser Phase bereits schaffend und verändernd, gebärend und transzendierend, auflösend und neu bildend, reinigend und heilend.

SEELENÜBUNGEN ALS GEISTIGER ENTWICKLUNGSWEG

Wenn jemand eine Übung tätigt und sich beispielsweise mit der Aufmerksamkeit und einer gezielten gedanklichen Beobachtung auf einen Raum ausrichtet, gewinnt er eine Beziehung zu diesem. Lässt er nun eine Pause geschehen und geht erneut in den Raum zurück und betrachtet diesen von Neuem, bemerkt er eine sympathische Veränderung. Der Raum, das Objekt der Betrachtung, gewinnt eine sensible Struktur, strahlt mit der Farbe und den Formen den Sinnen entgegen und im Allgemeinen fühlt er sich schöner an.

Das Licht um die Objekte der Betrachtung ändert sich positiv und sympathisch mit der Seelenübung.

176

Die Konzentration wird in dieser Phase des Übens zur sogenannten Meditation. Meditation ist aber ein schwieriges Wort, da es mit sehr vielen Erlebensformen belegt ist. Ganz besonders in dieser Art der Übungsweise des Denkens, Fühlens und Wollens, welche in die Welt hineinwirkt, von einem Geistigen ausgehend organisierend und transzendierend in die Welt eindringt, wird es noch einmal wichtig, die hier beschriebene Konzentration von asketischen und mehr nach innen zurückgezogenen Konzentrationsformen zu unterscheiden. Bei dieser Seelenkonstituierung, bei der Gedanken intensiviert werden, ist die Beziehungsaufnahme nach außen gewissermaßen der wichtigste Schritt der Opferleistung. Wenn die Konzentrationsübung in den genau genannten Schritten und im sorgfältigen Maße entwickelt wird, so führt sie im Nachhinein und über die Zeit hinweg zu einem erfüllteren Erleben, das hinein in die Welt gerichtet ist. Die Konzentration führt in diesem Sinne auch zu einer inneren Charakterausbildung und zur Entfaltung von Tugendwerten, die ganz besonders in die Gefühlsregion des empathischen Mitfühlens führt.

Es ist aber zur Unterscheidung gut zu erwähnen, dass es viele andere Übungs- und Meditationsformen gibt, die in diesem Sinne nicht so sorgfältig abgestimmt sind, und bei denen das Ziel in einer gewissen Sammlung und Zurückgezogenheit im sogenannten mystischen Erleben liegt. Viele Formen der buddhistischen Zen-Meditationen führen zu einer großen Sammlung im Sinne eines großen Willensgewinnes, aber sie führen nicht wirklich hinüber zu den Objekten und nicht wirklich hinüber zu einer größeren Beziehungsaufnahme in Gedanken, Empfindungen und Eindrücken in der Welt. Eine große Stärke wird jedoch durch die buddhistischen Meditationsformen dennoch erzielt. Die Stärke bezieht sich aber mehr auf die innere Kraft und auf den manchmal mehr asketischen Willen, während sich jene Kraft, die durch die gegenständliche, gedankliche und von regen Empfindungen begleitete Meditation erwächst, die der Übende durch die Schulung des Denkens, Fühlens und Wollens praktiziert, mehr in ein Miteinander und in ein feines gegenseitiges Fühlen führt. Der Einzelne wird mehr und mehr das gesellschaftliche, menschliche, soziale und weltliche Miteinander schätzen lernen und wird seinen Charakter in der Gegenseitigkeit von Interessensgebieten und im Dialog erleben.

Diese gegenständliche Meditation, in Gedanken gehalten und von Vorstellungsbildern getragen, wirkt auch den Verhärtungsprozessen der Zeit entgegen. Für jene Verhärtungen und öden Leeregefühle in der Seele, die heute so häufig sind, kann das bewusste Entwickeln von Gedanken und Empfindungen in jeder Weise heilsam sein.

Die Phase der weiteren Vergeistigung

Der letzte Teil der Übung ist nun der schwierigste, und er darf mit dem Begriff „Verwandlung" oder „Vergeistigung" bezeichnet werden. Dieser dritte Teil ist über der körperlichen Dimension der Konsolidierung und über der seelischen Phase der Intensivierung der eigentliche geistige Gehalt der Übung. Hier muss das Ich eine große Kraft entfachen und zu dem Denken innerhalb des Inhaltes selbst werden. Eigenständiges Denken oder ein reines Denken, ein Denken, das in dem Licht der Sonne, im Licht selbst gegründet ist, wird hier auf dieser Ebene des Geistes zur eigentlichen Quelle der Kraft. Das Denken im freien oder selbstwirkenden Gedanken ist an die sogenannte Gnade der geistigen Welten gebunden. Während der Übende die ersten beiden Phasen durch eine lebendige, themenbezogene und konzentrierte Aktivität heranbildet, so kann er nun diese Phase der Verwandlung nicht mehr aus einem eigenständigen Wollen, aus einem eigenständigen Wünschen herbeiführen. Dennoch ist es aber das Ich, das hier auf dieser Ebene zu einem totalen und souveränen Eingreifen kommen muss. Aber dieses Ich ist Geist und es ist nicht ein begrenztes, kleinliches Wollen des Leibes. Es ist nicht nur ein Wünschen um des Ergebnisses willen, sondern es ist die Gottheit selbst, es ist der universale Meister, der in den Gedanken und in der Schöpfung lebt. Dieses Ich ist die Liebe, die sich selbstöffnend innerhalb der Konzentration darbietet. Die Ausdauer und Weisheit im Üben sind nun bedeutsam.

Bereits bei der Konzentration zeigen sich die Schwierigkeiten im bestehenden Leib-Seele-Verhältnis, denn der Aspirant kann in der Regel noch nicht den Willens-Wunsch-Strom, der vom organischen Leben aufsteigt, und den freien Gedanken oder den Gedanken einer freien Bewustheit auseinanderhalten. Noch ist dem Aspiranten die Unterscheidung der Energiequalitäten der oberen wie auch der unteren Welten nicht eigen. Weiterhin zeigt sich als zweite Schwierigkeit, dass die Bildung von den Gedanken in freier Verfügung noch zu wenig möglich ist und somit die Erfahrung des freien Denkens noch gänzlich fehlt. Noch ist der Gedanke nicht frei beweglich, nicht frei zur Modulation, er ist meist mehr wie eine unruhige und doch unbewegliche Masse an undifferenzierten Wesenhaftigkeiten. Er ist auch vielfach starr gebunden durch das leibliche Angespanntsein und zeigt sich angestrengt, fixiert innerhalb des Nervenlebens gehalten. Zuerst besitzt er kein Licht in sich, dann fühlt er sich vielleicht mehr wie eine unangenehme, intellektuelle Schwere an oder er ist in einer unerreichbaren Dimension, die sich allem wirklichen Leben und Geist entzieht. Diese Schwierigkeiten, die im Denken und in der existenziellen Situation des Bewusstseins des Einzelnen bestehen, müssen durch langanhaltende Übung eine Auflösung erhalten, denn erst durch die Zeit und durch rhythmische Disziplinierung des gesamten Lebens entsteht ein Eindruck von dem, was der Gedanke in sich an freier Geisteskraft und Liebe verfügt.

Der Hüter der Schwelle

Schließlich erwacht nach einigen Monaten oder Jahren des Übens als eine dritte Schwierigkeit der sogenannte „Hüter der Schwelle" oder das *karma* im Astralleib. Dieser Hüter der Schwelle wacht über die Freiheit des Einzelnen und hält das weitere Ergebnis in der Erkenntnisbildung und befreienden Offenbarung zurück. Das Ergebnis, das sich ja der Übende um seiner Befreiung und seiner eigenen Liebesintegration in der Welt willen wünscht, darf dem Aspiranten noch nicht frühzeitig zuteil werden. Der Einzelne muss noch in den Welten des Suchens und der Unwissenheit der *avidyā* bleiben, er muss noch innerhalb der Versuchung gebunden sein und darf noch nicht das reine Licht der Erkenntnis und die befreiende Welt des schöpferischen Gedankens erblicken. Diese Schwierigkeiten, die in der Summe schwerwiegend sind und eine wahrhaftige Verlorenheit des Menschseins in der Materie widerspiegeln, sind aber geradewegs von den geistigen Welten gewollt, denn sie geben dem Menschen die Möglichkeit zur wirklichen Opferleistung und der daraus wachsenden Integration seines Ich in der Welt. Das Ich muss im Innersten der Seele erst bewässert werden und durch die Übung zum Eingreifen kommen. Noch darf der Aspirant das Tor der Entwicklung nicht durchschreiten und so darf der Einzelne den paradiesischen Boden eines freien *brahman*, eines freien Bewusstseins, noch nicht erleben. Mit dieser Existenz aber spiegelt sich die wirkliche Möglichkeit zur Opferleistung in zunächst unbewusster Teilhabe an den höheren Welten und die Möglichkeit zu größerer Verantwortung. Obwohl die Erkenntnis noch nicht gewährt wird, reifen das Ich und die Seele.

Wenn man diesen dritten Punkt, der der Verwandlung entspricht, betrachtet, wird es ersichtlich, dass die Schwierigkeiten, wie sie bestehen, jene Konsequenz erfordern, die den Einzelnen zu einer großen und ausdauernden Aufgabe auffordert. Geistige Verwirklichung ist an unendliche Mühe, Geduld und Arbeit gebunden: *Saṁsthiti*, das ist die Mühe und Ausdauer, *kṣamā*, das ist die Geduld und das Ertragenkönnen, und *vyavasthā*, das ist die weise Übersicht, die in der Übung und Übungsausrichtung durch das Ich erforderlich wird. Dies sind notwendige Grundlagen, die der Einzelne auf seinem Weg benötigt und auch in eine größere Spannweite ausdehnen lernt. Der Mensch kann noch nicht wirklich die Freiheit der Erkenntnis entfalten, wenn er nicht seine innere Ich-Kraft zu einer weisen Übersicht über die Ordnungsprinzipien der Schöpfung entfaltet hat. Das Üben sollte erst einmal die Ordnung und die rechten Sinne heranbilden. Ein sorgfältiges Umgehen mit Übungen bildet und erschafft eine gewisse Ordnung in der Außenwelt, die zum Aufbau der Lebensäthersphäre führt. Der Reichtum des Übens muss erst anderen, beispielsweise sogar der Atmosphäre der Natur, dem Dorf, der Gemeinschaft, den Freunden zufließen, bevor er den eigenen Erkenntnisgewinn im Sinne einer Erleuchtung gewährt. Die Umgebung sollte aus der Disziplin des Übens Heilkräfte empfangen, die ihr bereichernd, belebend und stärkend entgegenkommen. Jeder muss aus diesem Grunde das Opfer der Arbeit leisten und eine Freiheit ertragen, die noch fern von jeglichem Genießen ist. Das Üben ist in jeder Phase ein Weg, der den Menschen zur Erde und zu dem Tod des versuchenden und leibeigenen Wollens führt. Das Üben ist ein Yoga der Hingabe und Opferbereitschaft. Dennoch atmet ein Liebesfunke im Üben. Sowie der Bergsteiger sich den Berg im Schweiße seines Angesichts hinaufschleppt und doch eine Freude dabei spürt, so erlebt der Übende mit jeder bewältigten Beziehungsaufnahme und Auseinandersetzung im Üben ebenfalls eine zufriedene Gefühlsstimmung.

Die erste Phase der Übung, das ist in den genannten Begriffen die Konsolidierungsphase, ist für jeden Menschen möglich, und sie ist auch möglich ohne eine spezielle Hinwendung an weitere Studienziele und geistige Ideale. Für die glückliche Absolvierung der zweiten Übungsphase, der Intensivierung oder Konzentrierung, ist es bereits notwendig, eine gewisse innere Hinwendung zu hohen Idealen und weisheitsvollen Schriften zu pflegen. Die Hinwendung an eine sogenannte göttliche personale Quelle oder an ein persönlich gewähltes Vorbild und Ideal, an die iṣṭa devatā, wie sie in Sanskrit bezeichnet wird, ist hier notwendig. Die Konzentration führt zu einer zunehmenden Gliederung des Denkens, des Fühlens und Willens in ihre einzigartigen, für sich bestehenden Einheits- und Wirklichkeitsformen. Die Konzentration entwickelt sich auch mit einer zunehmenden Ordnung des Bewusstseins und des Leibes, bei der sich die oberen Glieder, diejenigen des Bewusstseins, zu den unteren Gliedern, diejenigen des Leibes, harmonisch in Beziehung bringen. Die dritte Dimension der Verwandlung, die die eigentliche geistige Sphäre der Übung beschreibt, ist für den Menschen meist nur langsam in Erfahrung zu bringen. Es gibt in der Regel Zeiten, bei denen sich diese Ebene etwas weiter zu öffnen vermag, und es gibt Zeiten, in denen diese Ebene scheinbar wie versiegelt unter Verschlossenheit ruht.

Die Ausprägung von Seelenreichtum und Moralität

Im Allgemeinen müssten zwei verschiedene Grundlagen zur Ausprägung gelangen, damit die Einsichten in höhere Welten besser und sicherer erfolgen. Die erste Grundlage, die hierfür notwendig ist, kann als ein technischer Sinn benannt werden. Im Inneren der Ätherkonfiguration des Leibes bilden sich innere Sinnesorgane heran, die den Empfindungsreichtum gewähren, der für höheres Schauen, höheres Fühlen, höheres Wahrnehmen notwendig ist. Mit dem Weg hinein in die Welt und mit der bewussten Erkenntnissuche verschiedener geistiger Geheimnisse entsteht ein tieferes inneres Erleben, das die Grundlage für die Möglichkeit geistiger Wahrnehmung eröffnet. Geistiges Schauen bedeutet inneres Erleben, gesteigertes Erleben, verfeinertes Erleben, differenziertes Erleben und vor allen Dingen bewusst gebildetes Erleben. Nicht durch Zufall treten die Erkenntnisse in die Seele herein, sondern durch ganz bewusste Willens-, Gedanken- und Empfindungsschritte werden sie im Maße und im Stil des seelischen Erlebens herangebildet. So wie ein Masseur einen Empfindungssinn für ein gesundes und ein übersäuertes Gewebe ausbilden kann und so wie ein Arzt einen Sinn für eine gute organische Disposition im Vergleich zu einer schlecht veranlagten Konstitution beurteilen lernt, so kann der nach Erkenntnis Suchende einen Sinn für die geistigen Welten, für geistige Wesen und für die rechten Empfindungen innerhalb der geistigen Welt ausprägen. Dieser innere Empfindungssinn, der im Äther eine Anlage der Kräftigung und der natürlichen Festigkeit darstellt, kann als technischer Sinn bezeichnet werden.

Die andere Grundlage, die auf möglichst weite und gute Weise das Leben begleiten und erweitern sollte, ist ein moralischer Sinn. Die Lauterkeit der eigenen Bewusstheit und des eigenen Verhaltens gibt ein Recht zur Heilung anderer und sie ermöglicht die Fortschrittlichkeit in der gesamten Entwicklung der Seele. Würde dieser moralische Sinn mit einem hohen Ethos in der Menschheit nicht richtig zum Tragen kommen, so würde die geistige Entwicklung von einem Übungsaufbau und einem inneren Erleben zu Machtgefühlen verleiten und würde eventuell aus den Resultaten und Erfolgen eine magische Umkehrung und Verfehlung zulassen. Dieser moralische Sinn schenkt die Verbundenheit, das Fühlen einer Einheit, das In-Beziehung-Sein zu anderen und das Erleben der Verantwortung gegenüber allen Seinsformen der Weltenschöpfung.

Diese beiden Grundanlagen eines technischen Sinnes, eines inneren, reichhaltigen Empfindungssinnes und eines moralischen, verantwortlichen Weltensinnes und Weltenethos sind auf diesem Weg der geistigen Schulung im Wesentlichen auszuprägen. Für den Beginn des Übens bedarf es nicht einer ganz bestimmten Charakterhaltung und einer ganz speziellen moralischen Einstellung zum Leben, es bedarf noch nicht der Absolvierung jener Stufen, die im Yoga beispielsweise mit *brahmacarya*, mit der klassischen Keuschheit und Begierdelosigkeit benannt werden, aber es bedarf zumindest eines ehrlichen Gemütes und einer nach Wahrheit strebenden Grundverfassung des Temperamentes. Im Laufe der Entwicklung des spirituellen Strebens, des *sādhana*, mit verschiedenartigen Übungen können schließlich jene Hindernisse, die aus Verfehlungen im eigenen Charakterleben resultieren, annulliert werden, und es können an die Stelle der bisherigen Verhaltensmuster neue, tiefere Wahrnehmungen und Empfindungen gelangen.

Allgemein stellen die Vorbereitungsphasen, die einen inneren technischen Erlebenssinn vorbereiten und ein geeignetes Äthergebilde im Inneren erbauen, ein mehrjähriges Arbeitspensum zur Aufgabe, und ebenso erfordert die Entwicklung eines moralischen, weiten und gehobenen Sinnes, der das Recht zum Heilen eröffnet und ein Gefühl der Verbundenheit und Einheit mit dem Geiste gewährt, eine langjährige, ja man möchte sagen, eine bis ans Lebensende reichende Disziplin und Bemühung dar. Werden aber jene Grundlagen beständig erweitert, verfeinert und ausgebildet, so schenken sie auf der einen Seite eine Bewahrung der Lebenskräfte und geben andererseits eine Festigkeit im Charakter. Sie schenken ein inneres Erfülltsein und ein erfolgreiches geeintes Dasein.

Die drei Phasen der Übung sind gemäß dem Gliederungsschema von Körper, Seele und Geist angeordnet. Der erste Schritt in der Übung bildet die Konsolidierungsphase, der zweite Schritt entwickelt die Intensivierung oder die Konzentration, und der dritte Schritt ist die Wandlung, die jedoch nicht aus eigenem Wünschen und Wollen und auch nicht aus unmittelbaren Anstrengungen des Leibes vollzogen werden kann. Die dritte Phase der Übung tritt nach und nach mit zunehmender Liebe, Ausdauer und Geduld durch die Gnade und selbstwirkende Kraft des Geistes ein. Im Allgemeinen bedingt diese Reihenfolge innerhalb der Übungsentwicklung eine sehr sichere Möglichkeit, wie das Seelenleben im Denken, Fühlen und Willen zum Erkraften gelangen kann. Das Seelenleben wird tiefer in den Weltenzusammenhang und tiefer in das Erleben des geistigen Urgrundes geführt.

Glossar

von Dr. Stefan Kurth

Anthroposophie / Geisteswissenschaft Rudolf Steiners

Die Anthroposophie Rudolf Steiners (1861 – 1925) soll an dieser Stelle vorgestellt werden, da das Werk und auch die Person Rudolf Steiners wohl zu den nahestehendsten Inspirationen für die eigenständige spirituelle Forschungsarbeit von Heinz Grill zu zählen sind. Zudem kann die Anthroposophie als einer der bedeutendsten westlichen spirituellen Impulse des 20. Jahrhunderts angesehen werden, der heute eine weltweite Ausstrahlung besitzt.

Das Wort Anthroposophie stammt von griech. *ánthropos* (Mensch) und *sophia* (Weisheit) ab. Im 16. Jh. erstmals bekundet, wird der Begriff im 19. Jh. von verschiedenen philosophischen Autoren im Sinne einer Selbst- und Welterkenntnis des Menschen verwendet. Im frühen 20. Jh. greift Rudolf Steiner ihn auf und gibt ihm seine seither charakteristische Prägung. Die Anthroposophie Rudolf Steiners umfasst im engeren Sinne

1. einen methodischen, *spirituellen Schulungs- und Entwicklungsweg*, der zur eigenständigen Erkenntnis des Menschen und des Kosmos im Zusammenwirken ihrer geistigen, seelischen und physischen Dimension führen möchte,

2. die *Erkenntnisfrüchte* dieses Schulungsweges in Gestalt eines seelisch-geistig erweiterten Menschen- und Weltbildes, die mittels philosophischer und esoterischer Schriften sowie durch unterschiedliche künstlerische Ausdrucksformen (z.B. Mysteriendramen) mitgeteilt werden können, und

3. die *Handlungs- und Gestaltungsfrüchte* dieses Schulungsweges, indem die selbst errungenen oder eigenständig durchdrungenen Erkenntnisse als Impulse für eine menschengemäße und entwicklungsförderliche Gestaltung des kulturellen und sozialen Miteinanders aufgegriffen und in eine schöpferische Umsetzung gebracht werden. Die von Rudolf Steiner selbst exemplarisch entfalteten Kulturimpulse umfassen die Pädagogik und Heilpädagogik, Medizin und Pharmakologie, Ökonomie, Landwirtschaft und Architektur und viele andere Gebiete.

Im weiteren Sinne umfasst die Anthroposophie heute eine *weltweite Bewegung* aus vielfältigen Institutionen und Initiativen, die sich auf unterschiedlichste Weise auf das Werk Rudolf Steiners beziehen.

Exemplarisch können als anthroposophisch inspirierte Einrichtungen genannt werden: die Waldorf- oder Rudolf-Steiner-Schulen und -Kindergärten, die Filderklinik bei Stuttgart und die Friedrich-Husemann-Klinik bei Freiburg, die Universität Witten/Herdecke und die Alanus Hochschule, die heilpädagogischen Camphill-Einrichtungen, die biodynamische Demeter-Landwirtschaft, die deutsche GLS- und die niederländische Triodos-Bank, die Heilmittel- und Kosmetikprodukte der Marken Weleda und Wala sowie die ägyptische Entwicklungsinitiative Sekem. Auch Alnatura und die dm-Drogeriemärkte sind in vielen Aspekten ihrer Unternehmensgestaltung anthroposophisch inspiriert.

Rudolf Steiner bezeichnet die von ihm begründete Anthroposophie auch als Geisteswissenschaft. Da dieser Begriff in der universitären Wissenschaft üblicherweise in einem anderen als dem von Rudolf Steiner geprägten Sinne gebraucht und verstanden wird, soll sein Verständnis einer *anthroposophischen Geisteswissenschaft* abschließend kurz erläutert werden.

In einem einfachen Sinn verweist Rudolf Steiner mit dieser Bezeichnung auf die von ihm gesehene Kulturnotwendigkeit, den Zugang der empirischen Naturwissenschaften zur Wirklichkeit um eine übersinnliche, seelisch-geistige Dimension zu erweitern. In einem spezifischeren Sinn betont er damit, dass die Anthroposophie eine Methodik zur Erlangung übersinnlicher Erkenntnisse bereitstelle, die auf ihre Weise ebenso exakt sei, wie die Forschungsmethoden der Naturwissenschaften.

Wenn *Heinz Grill* im vorliegenden Band an mehreren Stellen von geisteswissenschaftlichen Studien oder Forschungen spricht, so kann in Nähe zum hier Dargestellten davon ausgegangen werden, dass er damit in einem ähnlichen Sinne wie Rudolf Steiner eine methodisch exakte, Hypothesen bildende und überprüfende Erforschung seelisch-geistiger Zusammenhänge und ihre Erprobung in der Praxis des jeweiligen Lebensgebietes bezeichnen will.

Äther, Ätherkräfte

Die Rede vom Ätherischen, sei es in Gestalt des Ätherleibes oder spezifisch benannter Ätherkräfte, mutet heute esoterisch an, und in der Tat wurde diese Begrifflichkeit in den modernen esoterischen Bewegungen an der Wende vom 19. zum 20. Jahrhundert, insbesondere in der Theosophie und Anthroposophie, häufig verwendet und einem breiten Publikum bekannt gemacht. Umso interessanter ist es, zur Kenntnis zu nehmen, dass die Vorstellung eines feinstofflichen kosmischen Äthers, der mit dem Seelischen und Lebendigen zusammenhängt, bereits in der antiken Philosophie entstand, und dass der Ätherbegriff auch eng mit der Geschichte des physikalischen Denkens, etwa der Formulierung der ersten Wellentheorie des Lichtes im 17. Jahrhundert, verbunden ist.

Das Wort Äther (griech. *aithér*) bezeichnete in der griechischen Mythologie die Göttlichkeit des oberen Himmelsraums. Auch von den frühen griechischen Philosophen wird diese Sphäre als göttlich aufgefasst und als eine höchste und reinste Feuer- oder Luftschicht vorgestellt. *Aristoteles* bezeichnet den Äther als fünftes Element (lat. *quinta essentia*) neben Erde, Wasser, Luft und Feuer. Er charakterisiert ihn als ein göttliches, geistiges Feuer und als Quelle alles Seelischen und Lebendigen.

Die spätantiken *Neuplatoniker* verknüpfen die aristotelische Vorstellung vom Äther als subtiler Stofflichkeit des Himmels mit dem platonischen Bild des Seelenwagens, der den Abstieg der immateriellen Seele in einen irdischen Körper ermöglicht (→ Feinstoffliche Leiber). Auch im mittelalterlichen und frühneuzeitlichen Denken wird der Äther als himmlische Substanz vorgestellt, die einerseits das Weltall erfüllt und alle Körper durchdringt (z.B. Giordano Bruno), und die andererseits einen feinstofflichen Körper des Menschen bildet (z.B. Paracelsus).

Ab dem 17. Jahrhundert bildet der Ätherbegriff die Grundlage für physikalische Theorien zur Erklärung der Ausbreitung von Licht, Wärme, Magnetismus und Elektrizität, die erst im frühen 20. Jahrhundert durch die Relativitäts- und die Quantentheorie abgelöst wird. Am Übergang vom 18. zum 19. Jahrhundert formuliert der Arzt Franz Anton Mesmer seine Theorie des animalischen Magnetismus. Er postuliert die Existenz eines kosmischen, ätherischen Fluidums, das den Einfluss der Planeten und der Schwerkraft auf lebendige Organismen erklären soll, und begründet darauf seine magnetische Therapie. (Auf seiner Lehre begründen sich allerdings in der Folge sogenannte mesmeristische Formen einer methodisch herbeigeführten somnambulen Hellsichtigkeit unter Ausschaltung des gedankenklaren Tagesbewusstseins, die gemessen an den von Heinz Grill in der vorliegenden Schrift dargelegten Kriterien für die Entwicklung eines geistigen Schauens als äußerst bedenklich erscheinen.)

Noch in der spekulativen Naturphilosophie des 19. Jahrhunderts sehen Philosophen wie Johann Gottfried Herder und Friedrich Schelling sowie Naturforscher wie Lorenz Oken im Äther die Grundlage für alle organischen und anorganischen Prozesse, für die belebte und die unbelebte Natur. Und selbst der Arzt und Evolutionstheoretiker Ernst Haeckel (1834 – 1919), der den Gedanken einer eigenständigen Existenz der Seele und des Geistes vehement bekämpfte, legte seinem monistischen Weltbild noch selbstverständlich einen raumerfüllenden Weltäther zugrunde.

In den esoterischen Bewegungen an der Wende vom 19. zum 20. Jahrhundert wird der Ätherbegriff schließlich neu aufgegriffen. Es wird der Versuch unternommen, entgegen den materialistisch-reduktiven Tendenzen der modernen Philosophie und der Naturwissenschaften ein neues, integratives Menschen- und Weltverständnis zu beschreiben, das das Lebendige und das Seelisch-Geistige als eigene Dimensionen neben der materiellen bzw. physikalisch beschreibbaren Wirklichkeit fassbar macht.

So benannte Rudolf Steiner den Ätherleib als eines von vier Wesensgliedern des Menschen (vgl. Kap. „Das Ich, der Astralleib, der Ätherleib und der physische Leib des Menschen") und beschrieb das Wirken kosmischer, gestaltbildender Ätherkräfte. Demnach besitzen Menschen, Tiere und Pflanzen einen solchen Ätherleib, durch den sie wachsen, sich entwickeln und fortpflanzen können, während die unbelebte Natur nur einen physischen Leib besitzt. Eine fundierte Auseinandersetzung mit Rudolf Steiners Verständnis des Ätherischen findet sich in Ernst Martis Buch *Das Ätherische. Über die Wirkkräfte des Lebendigen*.

Heinz Grill befasst sich in seinem Werk in Anknüpfung an die Begrifflichkeit Rudolf Steiners intensiv mit dem Ätherleib des Menschen im Zusammenhang von Gesundheit und Krankheit sowie mit den Lebensbildekräften in der Natur. Ätherkräfte sind aus seiner Sicht nicht nur dumpf waltende Energien, sondern geistige Intelligenzen, die weisheitsvoll und einheitlich zusammenwirken. Deshalb verwendet er auch den Begriff Weisheitskräfte, um diese Ätherkräfte zu charakterisieren. Zentral ist für ihn die Möglichkeit, durch die Berücksichtigung der Ätherkräfte und ihrer Gesetzmäßigkeiten ein freies, ästhetisches Bewegungsleben, sowie freilassende Umgangsformen im menschlichen Miteinander zu entfalten. Ätherkräfte entziehen sich nach seiner Beschreibung jedem willentlichen Zugriff, sie entfalten sich hingegen durch gezielte Betrachtungen bei gleichzeitigem Zurückhalten des willentlichen Zugriffs. Heinz Grill betont deshalb die Möglichkeit des Menschen, durch Gedankenaufbau und Empfindungsbildung im Sinne der Seelenübungen, durch schöpferisches Gestalten sowie allgemein durch das Prinzip der Wiederholung einen förderlichen, heilsamen Aufbau bzw. eine Freisetzung von Ätherkräften für seine gesamte Umgebung zu leisten. Neben seinen Grundlagenschriften (s. Buchempfehlungen) können hierzu beispielhaft sein Buch *Ernährung und die gebende Kraft des Menschen* sowie seine Broschüren *Licht- und Wärmekräfte in Mensch und Natur* und *Die vier Äther im Brot* genannt werden.

Begriff

In der *Philosophie* bezeichnet das Wort Begriff seit Christian Wolff (1679 – 1754) das geistige Erfassen einer Sache in Gedanken; Immanuel Kant fasst darunter spezifischer das Erfassen eines Allgemeinen, dem er die Anschauung eines Konkreten oder Besonderen gegenüberstellt. G.W.F. Hegel verweist darüber hinaus darauf, dass der Geist sich im Prozess des reflektierenden Begreifens seiner selbst gewahr werden kann.

In der *Alltagssprache* wird mit Begriff oftmals sowohl das Wort als Zeichen (Laut, Buchstabenfolge oder Symbol) als auch dessen Bedeutung gemeint. Die *Sprachwissenschaft* führte daher die hilfreiche Differenzierung zwischen der äußeren Form (der Signifikant bzw. das Bezeichnende) und dem Inhalt oder der

Bedeutung (das Signifikat als das Bezeichnete) ein. Das Wort „Kreis" ist z.B. als Buchstabenfolge nur eine äußere Form, ein Bezeichnendes. Die mit dem Wort bezeichnete Bedeutung beinhaltet, was ich als Kreis begreife, z.B. „eine gleichmäßige, geschlossene runde Form" oder „die Menge aller Punkte einer Ebene, die von einem gedachten Mittelpunkt gleich weit entfernt sind".

Rudolf Steiner setzt sich im ersten Teil seiner *Philosophie der Freiheit* philosophisch mit der Frage auseinander, wie dem Menschen ein Erkennen der Welt möglich ist. Er unterscheidet den Begriff im Sinne des geistigen Erfassens einer Sache sowohl von der bloßen Wahrnehmung der Sache als auch vom Wort als ihrer äußeren Bezeichnung. Einen Begriff von etwas zu besitzen, bedeutet für ihn in Nähe zu den oben genannten philosophischen Positionen, dieses Etwas zu begreifen und in Gedanken fassen zu können:

„Durch das Denken entstehen *Begriffe* und *Ideen*. Was ein Begriff ist, kann nicht mit Worten gesagt werden. Worte können nur den Menschen darauf aufmerksam machen, daß er Begriffe habe. Wenn jemand einen Baum sieht, so reagiert sein Denken auf seine Beobachtung; zu dem Gegenstande tritt ein ideelles Gegenstück hinzu, und er betrachtet den Gegenstand und das ideelle Gegenstück als zusammengehörig. Wenn der Gegenstand aus seinem Beobachtungsfelde verschwindet, so bleibt nur das ideelle Gegenstück davon zurück. Das letztere ist der Begriff des Gegenstandes." (Rudolf Steiner, *Die Philosophie der Freiheit*, Kap. IV „Die Welt als Wahrnehmung")

Heinz Grill zeigt in der Seelenübung „Die Annäherung an die energetische seelische und geistige Substanz von Begriffen" auf, wie Begriffe aus der Erstarrung eines gewohnheitsmäßigen, abstrakt und gleichsam materiell gewordenen Denkens befreit werden können. Dies erfolgt dadurch, dass der Einzelne den oder die inneliegenden Gedanken ergründet, sie selbst im tätigen Denken als geistige Formgestalt hervorbringt und zur Anschauung erhebt, sowie sie in ihrer seelischen Bewegung und inneren Weltbeziehung auf immer neue Weise mit lebendigen Vorstellungen und Empfindungen zu erweitern lernt.

Cakra

In den Beschreibungen der Seelenübungen gibt Heinz Grill mehrfach Hinweise darauf, welches *cakra* oder Energiezentrum durch eine Übung entwickelt werden kann. Da dieser Begriff einerseits vielen Lesern vielleicht nicht bekannt ist, und andererseits im populären Yoga und im esoterischen Schrifttum viele unterschiedliche Vorstellungen über energetische Zentren existieren, soll hier eine kurze differenzierende Begriffsklärung als Annäherung an den vom Autor gemeinten Sinngehalt erfolgen.

Das Wort *cakra* bedeutet in der indischen Sanskrit-Sprache ursprünglich so viel wie Rad oder Kreis. In den frühen Schriften des *haṭha-* und *kuṇḍalinī*-Yoga, die etwa im 13. – 15. Jahrhundert n. Chr. entstanden, erhält das Wort eine spezifischere Bedeutung. Hier dient es als Bezeichnung von Energiezentren innerhalb des feinstofflichen Leibes des Menschen (→ Feinstoffliche Leiber). Dieser feinstoffliche Leib besteht gemäß den Beschreibungen aus einer Vielzahl von Kanälen (*nāḍī*), in denen das *prāṇa* (Lebensatem, Lebenskraft) in seinen verschiedenen Qualitäten fließt. Wenngleich verschiedene Texte unterschiedliche Anzahlen von Haupt- und Neben-*cakra* nennen, so ist am bekanntesten die Unterscheidung von sieben Hauptzentren entlang der Achse der Wirbelsäule.

Dies sind von unten nach oben das *mūlādhāra-* und das *svādhiṣṭhāna-cakra* im Steiß- und Kreuzbeinbereich, das *maṇipūra-cakra* auf der Höhe der Lendenwirbelsäule, das *anāhata-cakra* auf der Höhe des Herzens, das *viśuddha-cakra* auf der Höhe des Kehlkopfes, das *ājñā-cakra* auf der Höhe der Augenbrauen und schließlich das *sahasrāra-cakra* am Scheitel bzw. oberhalb des Schädeldaches. Traditionell werden die *cakra* mit verschiedenblättrigen Lotusblüten, *bīja-mantra* (Keimsilben), *yantra* (geometrischen Figuren), Göttern u.a identifiziert.

Im traditionellen *haṭha-* und *kuṇḍalinī*-Yoga besteht die Vorstellung, dass im untersten *cakra* die göttliche dynamische Schöpferkraft, *śakti*, gleich einer aufgerollten Schlange (*kuṇḍalinī*) ruhe, während der reine göttliche, unbewegte Geist, mit dem Namen des Gottes *Śiva* bezeichnet, im obersten *cakra* gegenwärtig sei. Das Ziel dieser Yogarichtungen besteht darin, diese beiden Aspekte des Göttlichen zu vereinen, indem die im untersten *cakra* schlummernde *kuṇḍalinī* erweckt wird und durch die einzelnen *cakra* bis zum Scheitel aufsteigt. Die Methoden, die dies ermöglichen sollen, umfassen körperliche Reinigungspraktiken, Körperhaltungen (*āsana*) und Gesten (*mudrā*), Atemführung (*prāṇāyāma*), Kraftsilben (*mantra*), spezifische Meditationsformen und anderes mehr.

Im Westen wurde die Lehre von den *cakra* zunächst vor allem durch zwei britische Autoren popularisiert: Der Jurist John Woodroffe veröffentlichte im Jahr 1918 unter dem Pseudonym *Arthur Avalon* seine Übersetzung von zwei klassischen Schriften des Śaktismus unter dem Titel *The Serpent Power* (dt.: *Die Schlangenkraft*). Zur gleichen Zeit entwickelte der Theosoph Charles W. Leadbeater auf der Grundlage weiterer vorliegender Übersetzungen indischer Schriften sowie der Arbeiten H. P. Blavatskys und eigener hellsichtiger Erfahrungen eine theosophische Variante der Chakrenlehre, die er 1927 unter dem Titel *The Chakras* veröffentlichte. Leadbeaters Chakrenverständnis ist dabei deutlich von Franz Anton Mesmers (1734 – 1815) Vorstellungen eines animalischen Magnetismus geprägt. Daneben ist Leadbeater von den Aussagen des Mystikers Johann Georg Gichtel (1638 – 1710) zur Entsprechung zwischen den Planeten und den menschlichen Organen beeinflusst. Gleichzeitig stellte Leadbeater Bezüge zur westlichen

Anatomie der modernen Schulmedizin, v.a. den Geflechten (Plexus) des vegetativen Nervensystems her. Neu ist auch sein Versuch, in farbigen Illustrationen darzustellen, wie sich die *cakra* aus seiner Erfahrung der hellsichtigen Schau darstellen können.

Rudolf Steiner setzte sich mit den indischen *cakra*-Konzeptionen und ihrer theosophischen Interpretation auseinander und arbeitet hieran sein Verständnis einer zeitgemäßen geistigen Schulung heraus. In seiner Schrift *Wie erlangt man Erkenntnisse der höheren Welten?* behandelt er die *cakra* ausführlich im Kapitel „Über einige Wirkungen der Einweihung". Darin begreift er sie als im „Seelenorganismus" befindliche „Sinnesorgane der Seele", die im Fortschritt einer geistigen Schulung entwickelt werden können und eine Hellsichtigkeit eröffnen. So ermögliche das Kehlkopf-*cakra*, „hellseherisch die *Gedankenart* eines anderen Seelenwesens zu durchschauen", das Herz-*cakra* hingegen eröffne „eine hellseherische Erkenntnis der *Gesinnungsart* anderer Seelen".

Charakteristisch für Rudolf Steiners Zugang zu den *cakra* ist, dass die von ihm aufgezeigte Möglichkeit ihrer Entwicklung in keiner Weise auf Methoden einer unmittelbaren willentlichen, leibgebundenen Energetisierung zurückgreift, wie sie ihm aus dem *haṭha*- und *kuṇḍalinī*-Yoga bekannt waren. Vielmehr beschreibt er konkrete Seeleneigenschaften, die auszuprägen seien und mit denen die feinstoffliche Entfaltung der *cakra* oder Lotusblüten gleichsam von selbst einhergehe.

Beispielsweise beschreibt er, dass zur Entwicklung des Kehlkopf-*cakra* diejenigen Eigenschaften entwickelt werden müssen, die ähnlich auch aus der buddhistischen Überlieferung als die Glieder des sogenannten edlen achtfachen Pfades bekannt sind: rechte Vorstellungen über die Außenwelt, rechte (wohlüberlegte) Entschlüsse, rechtes Reden mit Sinn und Bedeutung, rechtes (auf die Umgebung abgestimmtes) äußeres Handeln, rechte (natur- und geistgemäße) Einrichtung des Lebens, rechtes (an Möglichkeiten, Idealen und Zielen orientiertes) Streben, rechtes Lernen aus allen Erfahrungen, sowie ein rechtes Sinnen über die Lebenszusammenhänge und Lebensführung.

Ebenso fällt auf, dass Rudolf Steiner in seiner Darstellung nicht der aus dem *kuṇḍalinī*-Yoga bekannten Figur eines Aufstiegs von den Zentren der untersten, unbewussten Regionen nach oben folgt, sondern dass er seine Beschreibung beim Kehlkopf-*cakra* und damit in einer Region beginnt, die dem denkenden Tagesbewusstsein nahesteht. Von da aus schreitet seine Beschreibung über das Herzzentrum bis zur Tiefe der Kreuzbeinregion hinab.

In Übereinstimmung mit Rudolf Steiner rät auch Heinz Grill von willentlichen Versuchen einer leibbezogenen Energetisierung der *cakra* ab. In seinem Buch *Die Seelendimension des Yoga* charakterisiert er die *cakra* als „Seelenregionen" oder

„Qualitäten des inneren Daseins", die auf ihre bewusste Entwicklung warten. Er würdigt ihre bildhafte Beschreibung als Lotusblüten, deren Blätter den zu entwickelnden seelischen Qualitäten entsprechen.

Und wie in der hier beschriebenen Praxis mit Seelenübungen, so empfiehlt er auch für die Praxis der *āsana*, der Körperhaltungen des Yoga, einen Entwicklungsansatz, der seinen Ausgangspunkt ganz in einer bewussten Auseinandersetzung mit seelisch-geistigen Inhalten (→ Inspirative Schriften) nimmt:

„Der Weg zu dieser Entwicklung funktioniert nicht und sogar keinesfalls auf eine Weise mit 'Energien', wie man diese in der Yoga-Szene heute versteht, sondern nur durch eine sehr intensive Auseinandersetzung, bei der der Praktizierende lernt, sein Bewusstsein im Denken, Wahrnehmen und in einem zurückgehaltenen und dennoch wohlpositionierten Wollen in allen Phasen der Übung zu beteiligen." Ein Aufbau der inneren Seelenwelten erfolge, wie er weiter formuliert, „durch eine gezielte, aktive Formung der Vorstellungsinhalte und des nachfolgenden Beobachtens der entstehenden Empfindungen". (Heinz Grill, *Die Seelendimension des Yoga*, Kap. „Die verschiedenen Regionen des Seelenlebens")

Feinstoffliche Leiber

Das Menschenbild, das Heinz Grill seinen Ausführungen über die Seelenübungen und die Möglichkeiten geistiger Schulung zugrunde legt, geht davon aus, dass der Mensch ein geistiges Ich, einen Astralleib als Träger des Bewussten und Unbewussten, einen Ätherleib als Träger der belebenden und gestaltbildenden Kräfte sowie schließlich den bekannten grobstofflichen oder physischen Leib umfasst.

Für die wissenschaftliche Anschauung wie auch für das alltägliche Bewusstsein der heutigen Zeit mutet diese Vorstellung wohl fremdartig an. Die Vermutung drängt sich schnell auf, dass es sich hierbei um eine Schöpfung der modernen Esoterik, insbesondere der Theosophie und Anthroposophie, handele. Und tatsächlich wurde Heinz Grill zum Gebrauch dieser Begrifflichkeiten wohl im Wesentlichen durch die Ausführungen Rudolf Steiners (→ Anthroposophie) angeregt, der die Wesensglieder des Menschen in Grundlagenschriften wie seiner *Theosophie* systematisch entwickelt und in vielen Vorträgen, etwa zur Heilkunde, Pädagogik und Ernährung, anschaulich im jeweiligen Lebenszusammenhang beschrieben hat.

Die historische Perspektive zeigt jedoch, dass die Vorstellungen einer subtilen Stofflichkeit, die zwischen einem Immateriell-Geistigen und der irdischen Materie vermittelt (→ Äther), ebenso wie die Vorstellung feinstofflicher, ätherischer und astraler Leiber oder „Seelenfahrzeuge" bis zur antiken Philosophie Griechenlands zurückreicht und sich durch alle Epochen der europäischen Philosophie- und Religionsgeschichte hindurch fortgepflanzt hat.

Die bildhafte Bezeichnung des Seelenwagens oder Seelenfahrzeugs geht auf *Platons* Dialog *Phaidros* zurück. Darin vergleicht Platon die menschliche Seele mit einem geflügelten Wagen, der von zwei Pferden gezogen und einem Wagenlenker geführt wird. Der Wagenlenker repräsentiert die Geist- oder Vernunftseele, die beiden Pferde stehen für den muthaften oder sich ereifernden sowie den begehrend-triebhaften Seelenanteil. In anderen Zusammenhängen bezeichnet Platon auch die Sterne als Seelenfahrzeuge für die herabsteigenden Seelen sowie die physischen Körper als Fahrzeuge der menschlichen Seele während ihrer irdischen Existenz.

Die Philosophen des spätantiken Neuplatonismus verbinden das Bild des Seelenwagens mit dem aristotelischen Begriff des Pneuma (Atem, Hauch) als feinstofflichem Sitz der niederen, vegetativen und sensitiven Seelenanteile im Menschen (→ Seele, 1. Platon und Aristoteles). Der pneumatische Seelenwagen gilt ihnen als Bindeglied zwischen der immateriellen Geistseele und dem materiellen Körper; er dient ihr bei ihrem Abstieg durch die Gestirnsphären auf die Erde wie auch bei ihrem nachtodlichen Wiederaufstieg.

Hinsichtlich der Differenzierung eines Äther- und Astralleibes in der Anthroposophie ist es interessant, dass der Neuplatoniker *Proklos* (5. Jh.) zwischen zwei Seelenfahrzeugen unterscheidet: einem höheren, licht- oder sternartigen Seelenwagen, um den sich dann beim Abstieg der Seele durch die Gestirnsphären der niedere pneumatische Seelenwagen als Träger der Wahrnehmung und Vorstellung bildet. In ähnlicher Weise spricht der Renaissance-Philosoph *Marsilio Ficono* (15. Jh.) von drei Fahrzeugen der Seele. Er unterscheidet 1. einen ätherischen Seelenwagen aus Sternensubstanz als Sitz des Vorstellungsvermögens; 2. im inkarnierten Zustand den *spiritus* als luftartigen Leib, der den sichtbaren Körper und die Seele zusammenhält und die Sinneswahrnehmung ermöglicht; und 3. schließlich den aus den vier Elementen zusammengesetzten grobstofflichen Körper.

In der Frühen Neuzeit lassen sich weitere Vorstellungen feinstofflicher Seelenfahrzeuge oder Leiber aufweisen, etwa bei Paracelsus (16. Jh.), in der jüdischen und christlichen Kabbala sowie bei den Cambridger Platonikern (17. Jh.). Und auch in der Philosophie und Literatur am Übergang zur Moderne (18./19. Jh.) finden sich Überlegungen zu feinstofflicher Leibern als Bindegliedern zwischen einer immateriellen Geistigkeit und dem irdischen Körper, besonders bei den Philosophen des deutschen Idealismus (Fichte, Schelling, Hegel) sowie bei Schriftstellern wie Goethe und Johann Heinrich Jung-Stilling. Und diese Namen sind wiederum eng mit dem Werk Rudolf Steiners und seiner anthroposophischen Geisteswissenschaft verbunden.

Abschließend ist noch erwähnenswert, dass sich auch in den religiösen und philosophischen Traditionen anderer Kulturen vielfältige Vorstellungen von einer subtilen Stofflichkeit und subtilen Leibern oder Wesensanteilen des Menschen finden (→ Seele, 3. Indien).

All diese Philosophen haben sich nicht mit der Vorstellung eines Gottes begnügt, der vor Urzeiten die materielle Welt als seine Schöpfung geschaffen hat, sondern es war ihnen wichtig, den schöpferischen Prozess als solchen sowie das große Spannungsverhältnis zwischen Geist und Materie in seinen vielfältigen Aspekten möglichst differenziert zu erfassen und genau zu beschreiben.

Unsere heutige Zeit neigt hingegen dazu, auch die seelisch-geistigen Gegebenheiten materiell aufzufassen. Nach den Ausführungen von Heinz Grill handelt es sich bei diesen feinstofflichen Leibern jedoch nicht um verfeinerte materielle Substanzen, sondern um tatsächliche geistige Entitäten. Auch wenn wohl jeder gesunde Mensch den Unterschied zwischen einen lebenden, beseelten Körper und einem Leichnam deutlich empfindet, so erscheint es doch erst durch die Entwicklung eines metaphysischen Schauvermögens möglich, diese feinstofflichen Leiber, die am physischen Körper arbeiten und ihn durchdringen, direkt wahrnehmen und ausreichend erforschen zu können.

Freier Atem

Den Begriff des freien Atems entwickelte Heinz Grill zuerst in seiner frühen Schrift *Harmonie im Atmen*, die er 2017 in vollständiger Neubearbeitung unter dem Titel *Der freie Atem und der Lichtseelenprozess* vorlegte. Darin entfaltet er Grundlagen und Praxis seiner Freien Atemschule, die er in Auseinandersetzung mit der Atemführung (*prāṇāyāma*) des klassischen Yoga einerseits und mit modernen Ansätzen der Atemtherapie (Dr. Johannes Ludwig Schmitt, Günther Braunger, Ilse Middendorff) andererseits entwickelte.

In einem einfacheren Sinn ist damit gemeint, in den Atemprozess nicht willentlich einzugreifen, sondern ihn seinem freien Fluss zu überlassen und wie eine größere, von außen herantretende Bewegung entgegenzunehmen. In einem tieferen Sinn verweist der Begriff auf die Möglichkeit des Menschen, sich in selbst gewählten, vertieften Gedanken neu zu gründen und aus diesen Gedanken heraus ein weites Bewusstsein und Empfinden zu entwickeln. In diesem Bewusstsein erlebt der Übende den Atem in seiner freien und kosmischen Dimension und sich selbst in einer neu gewonnenen Freiheit und gleichzeitigen Nähe zu der körperlichen und materiellen Bedingungen. Heinz Grill beschreibt auch die heilsamen Wirkungen dieses freien Atems auf das Stoffwechsel-, Kreislauf- und Immunsystem.

Inspirative Schriften

Mehrfach ist im vorliegenden Buch von inspirativen Schriften, Gedanken oder Inhalten die Rede. So zeigt die Seelenübung „Die Arbeit mit dem Wort" Möglichkeiten auf, den tieferen Gehalt inspirativer Schriften zu ergründen; in der Seelenübung „Die Konzentration" wird ein einzelner inspirativer Gedanke in die Aufmerksamkeit gerückt. Und im letzten Buchteil wird in der Darlegung des allgemeinen Aufbaus einer Seelenübung angeregt, zur Betrachtung eines Phänomens eine eigene Erkenntnisfrage und einen inspirativen Gedankeninhalt hinzuzunehmen. An dieser Stelle mag sich die Frage stellen: Was ist nun eigentlich unter „inspirativ" zu verstehen?

Dem Begriff der inspirativen Schrift legt Heinz Grill die Sicht zugrunde, dass es eine geistig-seelische Dimension der Wirklichkeit gibt, dass diese der menschlichen Erkenntnis prinzipiell zugänglich ist und dass es schließlich Werke von Menschen gibt, die auf fortgeschrittene und fundierte Weise Erkenntnisse und Empfindungen dieser Wirklichkeit beschreiben. Dies können etwa religiöse, spirituelle oder philosophische Texte sein.

Jedoch enthält sich der Autor bewusst jeglicher Aufzählung eines als autoritativ aufzufassenden Kanons inspirativer Schriften, da dies dem Freiheitsprinzip der von ihm vertretenen Spiritualität widerspräche. Er benennt lediglich einige wenige Beispiele, die seinem Werk besonders nahestehen. Dies sind die christlichen Evangelien des Neuen Testamentes, die indische Bhagavad Gītā sowie die Schriften Rudolf Steiners. Auch die Schriften von Heinz Grill haben, wie hier angemerkt werden kann, einen inspirativen Charakter. Die individuelle Wahl kann aber der Einzelne in der Logik des hier beschriebenen Weges nur aus seiner eigenen Entscheidung treffen, die seiner eigenen Wahrheitsprüfung und Wahrheitsempfindung und damit wohl letztlich der Wahrnehmung seines innersten Entwicklungswunsches entspricht.

Von den beiden genannten religiösen Schriften, dem Neuen Testament bzw. der Bibel sowie der Bhagavad Gītā, liegt eine schier unübersehbare Vielzahl von Übersetzungen vor. Und jede Übersetzung stellt mit der Übertragung des Originaltextes nicht nur in eine andere Sprache, sondern auch in einen anderen historischen und kulturellen Kontext immer auch eine Interpretation dar. Daher ist es günstig, bei der Wahl einer Ausgabe auf den Charakter der Übersetzung zu achten. Folgend werden einige empfehlenswerte Übersetzungen vorgestellt.

Als eine der bis heute zuverlässigsten *Bibelübersetzungen* mit möglichst worttreuer Wiedergabe kann die Elberfelder Bibel (Altes und Neues Testament) gelten. Eine neuere, sprachlich ebenfalls niveauvolle und philologisch gewissenhafte Übersetzung bietet die Zürcher Bibel. Sie bietet zudem kurze Einleitungen zu den einzelnen Schriften, Fußnoten zur Textüberlieferung und ein Glossar mit Sacherklärungen.

Für eine Annäherung an die Bhagavad Gītā in ihrem historischen Bedeutungszusammenhang kann die philologisch äußerst sorgfältige Übersetzung des Religionswissenschaftlers Michael von Brück empfohlen werden: *Bhagavad Gītā. Der Gesang des Erhabenen*, erschienen 2007 im Verlag der Weltreligionen. Diese Ausgabe umfasst eine ausführliche Einleitung und umfangreiche Stellenkommentare. Eine sehr handliche und schlanke Ausgabe, die auf Kommentare gänzlich verzichtet, ist die Bhagavadgita in der Übersetzung von Sri Aurobindo, die zuletzt 2013 im Verlag Hinder + Deelmann aufgelegt wurde. Dieser Übersetzung kann die Intention zugesprochen werden, den zeitlosen philosophischen Gehalt des Textes für den westlichen Leser zu erschließen.

Gute inspirative Texte aus jüngerer Zeit sind nach Aussagen von Heinz Grill besonders empfehlenswert, um einen freien und unverstellten Zugang zu traditionellen Schriften zu gewinnen, da sie diese Texte nicht nur für die heutige Zeit neu interpretieren, sondern selbst gewissermaßen aus dem gleichen Geist, aus der gleichen Quelle der Inspiration schöpfen.

Meditation und Seelenübung

In welchem Verhältnis steht die Praxis mit Seelenübungen zum Begriff der Meditation? Die Antworten, die Heinz Grill in diesem Band auf diese Frage gibt, gehen in zweierlei Richtungen. Zum einen bezieht er sich auf verbreitete Meditationsformen sowie Vorstellungen über Meditation in unserer gegenwärtigen Kultur, und zum anderen gibt er dem Begriff eine eigene inhaltliche Prägung.

Hinsichtlich des *allgemeinen Sprachgebrauchs* weist Heinz Grill auf den unspezifischen, vieldeutigen Charakter des Begriffs Meditation hin, der unterschiedlichste Meditationsformen und -verständnisse umfassen bzw. meinen kann. Dem kann hinzugefügt werden, dass auch aus *religionswissenschaftlicher Sicht* eine allgemeine, kultur- und religionsübergreifende Definition des Begriffs Meditation nicht möglich ist. Er dient lediglich als Sammelbegriff für verschiedenste östliche und westliche Formen methodischer Bewusstseinsschulung, die mit unterschiedlichsten philosophischen oder religiösen Sinngebungen, Praxisweisen und Zielen verbunden sein können.

Allgemein empfiehlt Heinz Grill schließlich als *Unterscheidungskriterium* für jegliche meditativen oder spirituellen Übungen die Frage, ob sie ein erkenntnismäßiges Durchdringen der Welt im Sinne einer integralen Spiritualität anstreben, oder ob sie zum sozialen Rückzug und zur Flucht in eine weltenferne Geistigkeit neigen.

Neben diesen Unterscheidungen gibt Heinz Grill dem Begriff der Meditation eine ganz *eigene Bedeutungsprägung*. Im Kapitel „Der elementare Unterschied der Seelenübung zur Meditation" weist er darauf hin, dass man die Seelenübung „als Vorbereitung für eine Meditationsschulung" ansehen könne. In der Beschreibung der Seelenübung „Konzentration" führt er weiter aus, Meditation könne das Ergebnis einer gelungenen Konzentrationsübung sein und bezeichne in diesem Sinne „einen Zustand des nicht nur Ruhig-Seins, sondern seligen Erfülltseins". Wie dieses profunde Verständnis von Meditation näherhin zu verstehen ist, arbeitet der Autor im letzten Buchteil im Abschnitt „Die beginnende Transzendierung von der Konzentration zur Meditation" eingehend heraus.

Schriftmeditation, 1. Guigos Scala claustralium

Unter den möglichen und empfohlenen Gegenständen der Seelenübung nennt Heinz Grill gehaltvolle Schriften (→ Inspirative Schriften), deren Studium allgemein als „Meditation auf Texte" bezeichnet werde. Dementsprechend finden sich im vorliegenden Band mit der „Konzentration", der „Arbeit mit dem Wort" und der „Annäherung an die energetische seelische und geistige Substanz von Begriffen" drei Seelenübungen, die verschiedene Möglichkeiten aufzeigen, den Gehalt von Schriften zu erschließen.

Während das Studium von Schriften in verschiedener Weise in allen Religionen mit textlichen Überlieferungen beheimatet ist, mag es interessant sein zu erwähnen, dass der Begriff der Meditation selbst seiner Herkunft und Geschichte nach engstens mit dem Ergründen inspirativer Schriften verbunden ist. Einen ersten Hinweis darauf gibt bereits das Wort Meditation selbst. Es lässt sich auf das lateinische Verb *meditari* (griech. *medomai*) zurückführen, das die Tätigkeit eines betrachtenden oder sinnenden Denkens bezeichnet. Meditation als methodische Praxis findet sich bereits in der antiken Stoa, z.B. als Sinnen über Ewigkeit und Vergänglichkeit, und in der Philosophie Platons als Erkenntnisaufstieg von der sinnlichen Wahrnehmung zur übersinnlich-geistigen Schau (griech. *theōría*) der Ideen.

In der christlichen Tradition wird das Sinnen über die Worte der Heiligen Schrift zur grundlegenden Meditationspraxis. Die frühchristlichen Wüstenväter praktizieren die *ruminatio* (wörtlich: Wiederkäuen), das unablässige auswendige Wiederholen memorierter Bibelinhalte. Und in der Ordensregel des Hl. Benedikt (480 – 547) wird die *lectio divinia* (wörtl.: göttliche Lesung) der Bibel zum täglichen Bestandteil des mönchischen Tagesablaufs.

Im Mittelalter entwickeln verschiedene Theologen und Mystiker Beschreibungen eines geistlichen Stufenweges mit Schriftmeditation. Zu den traditionsprägendsten dieser Beschreibungen zählt die *Scala claustralium* (Leiter der Mönche) des französischen Karthäusermönchs Guigo II. (1114 – 1193), die er in brieflicher Form als Anleitung und Orientierung für seine Ordensbrüder schrieb. Sein Verständnis der Schriftmeditation soll im Folgenden dargestellt und erörtert werden.

In seiner kurzen und leicht verständlichen Schrift verwendet Guigo das Bild einer Leiter, die vier Stufen des Meditationsprozesses umfasst: *lectio, meditatio, oratio* und *contemplatio*. Guigo selbst beschreibt diese Stufen in seiner Einleitung wie folgt: „Die Lesung sucht nach der Freude des ewigen Lebens, die Meditation entdeckt sie, das Gebet erfleht sie und die Kontemplation verkostet sie." Aufgrund seiner weiteren Ausführungen können die Stufen wie folgt charakterisiert werden:

1. Die erste Stufe ist die *lectio*, das aufmerksame Lesen einer Bibelpassage, der Schrift eines Kirchenvaters (frühchristlichen Theologen) oder die „Belehrung durch einen Meister", womit ein fortgeschrittener geistlicher Begleiter im klösterlichen Leben gemeint ist. Guigo verwendet als Beispiel eine der Seligpreisungen des Matthäus-Evangeliums: „Selig, die reinen Herzens sind, denn sie werden Gott schauen." (Mt 5,8)

2. Auf dieser Grundlage folgt die eigentliche *meditatio*, nämlich die erinnernde Vergegenwärtigung und das ruhige, sinnende Betrachten und Erwägen der Worte. Um sich ihrem Bedeutungsgehalt weiter anzunähern, dient Guigo als wesentliches Mittel das Heranziehen weiterer Bibelpassagen. Am Beispiel nimmt er weitere alt- und neutestamentliche Aussagen über die Herzensreinheit hinzu sowie darüber, „wie ehrenvoll und erstrebenswert es ist, das ersehnte Angesicht des Herrn zu schauen".

3. Dieses ausdauernde Sinnen und Ringen mündet für Guigo in die Einsicht, dass man das gelesene Wort in seinem geistigen Gehalt nicht aus sich, aus dem eigenen Vermögen heraus begreifen könne. Daher folgt die *oratio*, das Gebet als Bitte an Gott.

4. Die Erfüllung dieser Gebetsbitte durch Gott bezeichnet Guigo als *contemplatio*, was in der elementaren Wortbedeutung als Anschauung oder Betrachtung, im spezifischen Verwendungszusammenhang jedoch besser als geistige Schau in Nähe zur griechischen *theōría* übersetzt werden kann. Sie umfasst die Einsicht in das meditierte Wort, das sich dem Einzelnen aus der entgegenkommenden Gnade Gottes in seiner Fülle eröffnet, sowie die Empfindung der Gegenwart Gottes.

Für den Zusammenhang des vorliegenden Buches kann es von Interesse sein, den von Guigo anempfohlenen Weg mit Heinz Grills Ausführungen zur Textarbeit sowie zum allgemeinen Aufbau der Seelenübung zu vergleichen. Leitend soll für diesen Vergleich die Frage sein, wie eine so genannte Schriftmeditation oder das Ergründen des Gehaltes inspirativer Texte in unseren gegenwärtigen Kultur- und Bewusstseinsbedingungen sinnvoll zu gestalten ist.

Der grundlegende Stufenaufbau von Guigos *Leiter der Mönche* erscheint durchaus auch für die heutige Zeit geeignet zu sein. Auf die sorgfältige Lektüre (*lectio*) erfolgt die vertiefende Betrachtung des Gelesenen mit einer bewussten Vorstellungs- und Empfindungsbildung (*meditatio*). Es erfolgt die Einsicht, die Worte nicht aus dem eigenen Vermögen heraus verstehen zu können; dennoch wird die sinnende Betrachtung der Worte aufrechterhalten und der Wunsch nach einem Verständnis ihres tieferen, inneliegenden Sinnes wird sogar intensiviert (*oratio*). Schließlich kann sich dem Meditierenden ein lebendiges Empfinden des Wortsinnes eröffnen, das von ihm wie eine gnadenhafte Antwort auf sein Streben erfahren wird; dies kann mit der tiefen Ruhe einer empfundenen Geistgegenwart einhergehen.

Für den heutigen Menschen mag sich angesichts dieses Stufenweges jedoch gleich zu Beginn die Frage nach der Auswahl eines geeigneten Textes stellen. Guigo tritt der Bibel bereits im gläubigen Vertrauen ihrer Heiligkeit oder ihres Offenbarungscharakters gegenüber. Für den heutigen spirituell Strebenden oder Interessierten, der nicht einer autoritativen, äußeren Vorgabe folgen will, wird hingegen die Auswahl einer Schrift und die Beurteilung ihres Gehaltes bereits eine erste große Anforderung an sein Wahrheitsempfinden und Urteilsvermögen darstellen (→Inspirative Schriften).

Guigos Schritte der *lectio* und *meditatio* zeigen in seinen Ausführungen Schritte einer Vorstellungsbildung, die vielleicht näherungsweise mit der von Heinz Grill beschriebenen Konsolidierungsphase der Seelenübung (vgl. Kap. „Die Phase der Konsolidierung") verglichen werden kann. Was bei der *meditatio* allerdings im Unterschied zur Konsolidierungsphase einer Seelenübung nicht in gleicher Weise geschieht, ist die Formulierung einer Erkenntnisfrage, mit der sich der Strebende auf eine präzise Weise im Gegenüber zum Text oder allgemein zum Objekt seiner Betrachtung positioniert. Die Tendenz von Guigos Herangehensweise kann eher wie eine Sehnsucht beschrieben werden, sich in den Textgehalt hineinzuleben und gleichsam in einem Einheitsgefühl in ihm aufzugehen.

Diese Tendenz spiegelt sich in Guigos Schritten der *oratio* und *contemplatio* wider. Seine Beschreibung des Gebets und der Erfahrung der Kontemplation können mit dem Begriff der Inbrunst oder einer intensiven, leidenschaftlichen Sehnsucht charakterisiert werden. Am deutlichsten wird dies an der Tatsache, dass Guigo an seinem Beispiel („Selig, die reinen Herzens sind…") nicht mehr ausführt, worin das Ergebnis, die Erfahrung des inneren Schriftsinns als Erkenntnisgehalt besteht. Stattdessen benennt er als Zeichen der antwortenden Gnade Gottes oder

der „Ankunft des Herrn" die subjektiv empfundene Ergriffenheit des Meditierenden, die sich als „Trost und Seufzen, (…) Freude und Tränen" äußere, und schreibt in der sinnlichen Sprache der mittelalterlichen Brautmystik: „Seele, erkenne in diesen Tränen deinen Bräutigam und umarme den Geliebten. Labe dich am Reichtum seines Hauses, sättige dich mit Milch und Honig aus dem Strom seiner Wonnen."

Die *Rückkehr in den Alltag* wird dann von Guigo als der unvermeidliche Verlust dieser gefühlten Intensität beschrieben – in seinem Bilde zieht sich der Bräutigam bei Anbruch der Morgenröte zurück –, was die Sehnsucht der Seele in Demut übe und sie zugleich befeuere, die Seligkeit erneut zu erlangen. Daher warnt Guigo auch davor zu „glauben, wir hätten hier auf Erden eine bleibende Stätte", anstatt „die künftige (Stätte) zu suchen". Die Erde bezeichnet er als Ort der „Verbannung".

Mehrere der genannten Aspekte würden eine sorgfältige Erörterung erfordern. Der wohl anspruchsvollste Aspekt ist die Frage, was der Einzelne aus sich heraus tun kann und im Sinne seines spirituellen Entwicklungsstrebens vielleicht auch tun muss, und dem, was er nur wie eine Frucht seines Tuns entgegennehmen oder empfangen kann. (Diese Frage behandelt Heinz Grill auf grundlegende Weise in der Seelenübung „Die Entwicklung eines praktischen Denkens für die Verwirklichung von Tugendkräften und Seelenfähigkeiten".) Ihre profundeste Formulierung findet diese Frage in der christlichen Tradition im Verhältnis von menschlichem Werk und göttlicher, entgegenkommender Gnade. (Auf diese Fundamentalfrage geht Heinz Grill in Bezug zur Praxis der Seelenübung im Kapitel „Die Phase der weiteren Vergeistigung" ein.)

Es ist zu vermuten, dass der Begriff der Gnade für den heutigen Menschen äußerst schwer fassbar ist. Auch kann der Versuch einer Überantwortung und Hingabe an ein doch recht ungreifbares und meist nur abstrakt gedachtes oder aber ersehntes göttliches Du leicht zu diffusen Bewusstseinsformen führen, die wohl häufig in der eigenen Subjektivität verhaftet bleiben. Dieser Zusammenhang muss selbst für Guigos Ausführungen zur *contemplatio* als Frage aufgeworfen werden. Denn was von ihm als *contemplatio* beschrieben wird, erweckt den Eindruck einer Intensität oder Inbrunst mystischer Erfahrung der Gottesnähe, die jedoch gleich einem gefühlmäßigen Ergriffensein noch ganz in der Innenwelt des Einzelnen verbleibt. Sie gelangt nicht bis zu einer gedanklichen Ausformung und Ausgestaltung und entzieht sich somit jeglicher Mitteilbarkeit. In der Folge wird die Rückkehr in das Erdenleben oder in die Alltagswirklichkeit als Vereinsamung und „Verbannung" erlebt, der der Einzelne möglichst bald wieder entfliehen möchte.

Demgegenüber wird in der Praxis mit Seelenübungen ein gedankenklares und überschauendes Bewusstsein angestrebt, das eine Erkenntnis des Geistigen auf vielfältige Weise in die soziale Kommunikation überführen und für das tätige Handeln im Miteinander fruchtbar machen kann. Das Ziel des von Heinz Grill dargelegten Schulungsansatzes mit Seelenübungen ist nicht die Weltabkehr und das Aufgehen in mystischen Erfahrungen der Gottesnähe, sondern, dass aus der Erkenntnis des Seelisch-Geistigen individuelle Beiträge für einen kulturellen Entwicklungsfortschritt im Sinne einer Synthese von Spiritualität und Alltag hervorgehen können.

Schriftmeditation, 2. Ignatianische Exerzitien (von Stephan Wunderlich)

Als zweites Anschauungsbeispiel geistlicher Übungen im Sinne einer christlichen Schriftmeditation können die bis zum heutigen Tag weit verbreiteten Exerzitien des Ignatius von Loyola (1491 – 1556) dienen. Diese Exerzitien bestehen darin, dass sich der Übende über den Zeitraum von vier Wochen neben Zeiten des Gebets, der Gewissenserforschung und der Teilnahme an der Eucharistie täglich vier bis fünf Stunden der Betrachtung der Evangelien widmet. Die Exerzitien finden im Schweigen statt. Neben der genannten Grundform kannte Ignatius noch kürzere Exerzitien von z. B. einer Woche und längere Exerzitien von mehreren Monaten, in denen die Übenden ihren normalen Geschäften nachgehen und nur eine kürzere Zeit täglich dem Gebet und der Betrachtung widmen. Letztere werden heute üblicherweise als Exerzitien im Alltag bezeichnet.

Ignatius schrieb in der Einführung seiner *Exerzitien*: „Unter geistlicher Übung versteht man jede Art, das Gewissen zu erforschen, sich zu besinnen (*meditar*), zu beten (*contemplar*), mündlich und im Geiste zu beten und andere geistige Tätigkeit, wie später erklärt wird. Denn wie Lustwandeln, Ausschreiten und Laufen körperliche Übungen sind, so nennt man geistliche Übungen jede Weise, die Seele vorzubereiten und in Bereitstellung zu setzen (*disponer*), dazu hin, alle ungeordneten Hinneigungen von sich zu tun, und nachdem sie abgelegt sind, den göttlichen Willen zu suchen und zu finden in der Einrichtung (*diposiciòn*) des eigenen Lebens zum Heil der Seele." (Ignatius von Loyola, Exerzitien, Johannes Verlag, Freiburg, 1993, S. 7)

Das Ziel des Übens besteht also darin, durch intensives Einleben in die genau vorgegebenen Evangelienstellen Inspiration und geistliche Erbauung zu erlangen, um sich bereit zu machen, den göttlichen Willen zu verwirklichen. Nicht durch Predigt oder durch Belehrung soll der Übende zur Erkenntnis des göttlichen Willens finden, sondern durch eigene Regsamkeit.

Das asketische Prinzip spielt dabei eine wichtige Rolle: „Je mehr unsere Seele sich allein und abseits abgeschieden findet, um so geneigter macht sie sich, ihrem Schöpfer und Herrn zu nahen und an Ihn zu rühren, und je mehr sie sich so an

Ihn bindet, um so mehr stellt sie sich bereit (*se dispone*), Gnaden und Gaben zu empfangen von Seiner Göttlichen und Höchsten Güte." (S. 15)

Die Exerzitien besitzen einen exakt vorgegebenen Aufbau über vier Wochen, die nacheinander den Themen der Sünde, des Lebens und der Nachfolge Jesu, des Leidens und Sterbens Jesu und als letztes seiner Auferstehung gewidmet sind.

Die Exerzitien beginnen in der ersten Woche mit der intensiven Bemühung, die eigenen Sünden zu bereuen und abzulegen. Dies geschieht vor allem durch Selbsterniedrigung und verschiedene Bußübungen, wie Nahrungs- und Schlafentzug, Geißeln oder das Tragen von Bußhemden.

In der zweiten Woche folgt die Betrachtung der Geburt und des Lebens Jesu. Anlässlich vorgegebener Evangelienstellen soll sich der Übende ganz in die jeweilige Geschichte hineinversetzen, wie wenn er selbst dabei wäre und alles sehen, hören, sogar riechen und schmecken würde. Der Übende soll beispielsweise „mit den inneren Augen die Straße von Nazareth nach Bethlehem sehen, ermessen ihre Länge und Breite, und ob der Weg eben ist oder durch Täler und über Hügel führt. Ebenso die Städte der Höhle der Geburt betrachten, wie geräumig, wie eng, wie niedrig, wie hoch sie ist, und wie ihre Ausstattung war. Sehen die Person, sehen also Unsere Herrin, Josef und die Magd und das Jesuskind, nachdem es geboren ist. Ich mache mich, als ob ich dabei gegenwärtig wäre, zu einem armseligen wertlosen Dienerlein, das sie anstaunt und betrachtet und in ihren Nöten bedient, mit größtmöglicher Ergebenheit und Ehrfurcht. Dann mich in mir selbst besinnen, um einigen Nutzen zu ziehen." (S. 41 f)

Die dritte Woche ist der Betrachtung des Leidens und Sterbens Jesu gewidmet, wobei der Übende selbst das Leid erleben soll und die Beschämung darüber, „denn um meiner Sünden willen geht der Herr zum Leiden" (S. 61). In dieser Woche sollen die Bußübungen noch verschärft und keine angenehmen Gedanken zugelassen werden, selbst wenn sie gut und heilige wären. Der Übende soll sich „selbst zu Schmerz und Pein und Zerbrochenheit hinlenken", um dann in der vierten Woche sich wieder ganz der Freude über die Auferstehung hinzugeben. „Hier also bitten um die Gnade, mich innig (*intensamente*) zu freuen und fröhlich zu sein über so große Herrlichkeit und Freude Christi Unseres Herrn." Die Bußübungen werden nun ganz aufgehoben und man soll die „Helligkeit und Annehmlichkeit der Jahreszeit benützen, so im Frühling und Sommer die erfrischende Kühle, im Winter Sonnenschein oder Wärme des Feuers, insoweit die Seele denkt oder vermutet, es könne ihr dienen, um sich in ihrem Schöpfer und Herrn zu erfreuen" (S. 71).

Der Übende soll durch das intensive Miterleben und Mitfühlen in eine Art Katharsis geführt werden.

Die Exerzitien sind ganz aus dem Geist der Mystik entstanden, die durch intensive Askese und durch die Sehnsucht nach einem geistigen Einheitserleben geprägt ist. Im Unterschied zu dem in diesem Buch vorgeschlagenen Übungsansatz setzen die Exerzitien mit Schweigen, Fasten und Bußübungen weniger im Gedanken, sondern mehr im Willen an. Der Übende bemüht sich mit starkem Willenseinsatz, die sogenannte Sünde abzulegen, ohne vielleicht genau zu wissen, was es mit dieser Sünde in Wirklichkeit auf sich hat. Für den heutigen Menschen ist aber gerade die Unterscheidung dessen, was als sündig bzw. wirklich abträglich anzusehen ist und was als unproblematische Eigenheiten eigentlich in Ruhe zu lassen wäre, nicht immer leicht zu treffen. Diese Unterscheidung muss in der Regel erst durch längere Schulung mit sorgfältiger Gedankenbildung gefunden werden. Ignatius setzt aber das Bewusstsein dessen, was als Sünde anzusehen und aus der Seele zu verbannen ist, bereits als bekannt voraus. Er geht davon aus, dass der Übende den göttlichen Willen verwirklicht, wenn er sich von allen negativen Einflüssen fernhält, sündige Neigungen eliminiert, den Körper züchtigt und sich gleichzeitig der Betrachtung der Evangelien widmet.

Ein beachtenswerter Unterschied zu dem in diesem Buch vorgeschlagenen Übungsansatz liegt vor allem in der Objektbeziehung. Der Übende versucht bei Ignatius, sich ganz in das Objekt seiner Betrachtung hineinzubegeben, hineinzuleben. Er ist bemüht, Gefühle zu wecken, sich selbst einmal zu erniedrigen, dann wieder in der Freude zu erheben. Diese Gefühle entstehen aber weniger aus dem Objekt der Betrachtung bzw. aus klar und konkret gewählten und auf das Objekt bezogenen Gedanken, sondern mehr aus dem eigenen subjektiven religiösen Bedürfnissen. Die Betrachtung des Objektes vermischt sich dabei stark mit eigenem Hinzugedachten und vor allem mit den hinzugefühlten und gewollten Impulsen aus dem subjektiven Innenleben. Somit bekommt das Üben mehr einen suggestiven Charakter des Sich-Einlebens, mit der Tendenz, die in der eigenen Prägung schon veranlagten Gefühle und Willensimpulse hervorzuholen, und weniger aus neuen, zunächst einmal erst im Gedanken existierenden und schließlich über das Gefühl und den Willen sich immer mehr im eigenen Leben ausarbeitenden Zukunftsimpulsen.

Diese Exerzitien sind durch die aufgewendete Disziplin und die eingesetzte Askese stark wirkende Übungen. Sie müssen aber zu einem Üben, das im Gedanken und in einer geordneten Ich-Du-Aufgliederung beginnt, sehr sorgfältig unterschieden werden. Aufgrund des starken Eingebundenseins in den physischen Körper, die der heutige Mensch im Verhältnis zum damaligen besitzt, ist es heute auch nötig geworden, weniger den Körper mit Bußübungen zu mindern, als mehr das Gedanken- und Empfindungsleben mit einem konkreten Gedankenaufbau und einem am Objekt entwickelten Empfindungsaufbau zu stärken. Nicht der Körper soll heute geschwächt werden, damit das Seelenleben mehr zum Vorschein kommt, sondern die Seelenkräfte sollen gestärkt werden, damit sie sich über die körpergebundenen Kräfte hinweg freier und dynamischer entfalten können. Die in diesem Buch vorgeschlagene Askese besteht deshalb mehr im Konzentrationsprozess, also in der Bemühung, die objektiven Anteile im Bewusstsein von den subjektiven unterscheiden zu lernen, die objektiven zu stärken und die subjektiven in Ruhe zu lassen.

Wohl aus diesem Grund werden auch in der heutigen Praxis der Exerzitien von Ignatius weniger die asketischen Anteile des Übens betont, als vielmehr die ruhige Betrachtung und Besinnung auf die Evangelientexte.

Seele, 1. Platon und Aristoteles

Das Verständnis des Seelischen, das Heinz Grill in seinem Werk entfaltet, zeigt in vielen Aspekten eine Verwandtschaft oder Nähe zum Seelenbegriff der antiken Philosophie, der die gesamte europäische Philosophie- und Religionsgeschichte nachhaltig geprägt hat. Dieser soll daher nachfolgend anhand des Begriffes *psyché* skizziert werden, wobei der Schwerpunkt auf das Seelenverständnis Platons gelegt wird.

In den Epen Homers (8./7. Jh. v. Chr.), die zu den frühesten Schriftzeugnissen der griechischen Kultur zählen, bezeichnet *psyché* das Lebensprinzip im Menschen, das den Körper mit dem Tod verlässt und als schwaches Abbild (*eidolon*) ein Schattendasein im Totenreich (Hades) fristet. Bei den *vorsokratischen Philosophen* (6. – 4. Jh. v. Chr.) wird die *psyché* näher charakterisiert und mit den Elementen oder Qualitäten des Luftigen und Feurigen sowie mit dem Atem und der Lebenswärme von Mensch und Tier in Verbindung gebracht. Die Seele gilt ihnen als dasjenige Prinzip, das dem Leben, der Bewegung, der Wahrnehmung und dem Erkennen zugrunde liegt.

Für *Platon* (428/427 – 348/347 v. Chr.) ist die Seele das einende und verbindende Glied zwischen der ungeschaffenen und unvergänglichen Wirklichkeit des Geistes und der geschaffenen, vergänglichen physischen Welt. Die menschliche Seele gliedert sich in drei Teile: die im Haupt lokalisierte Vernunft als ihrem göttlichen, zur Erkenntnis des Geistigen fähigen Teil, das in der Brust lokalisierte Gemüt und die im Unterleib lokalisierten Trieb- oder Begehrenskräfte.

Wie das Verhältnis der menschlichen Seele zum Geistigen wie auch zur körperlichen Welt vorgestellt werden kann, beschreibt Platon in seinem Spätwerk *Timaios* anhand einer Schilderung der Entstehung der Welt und des Menschen. Demnach erschafft der Demiurg (Schöpfergott oder Weltenbildner) den Kosmos und den Menschen, indem er das immerseiende, unvergängliche und unveränderliche Geistige erschaut und als dessen Abbild aus einer formlos-chaotischen Urmaterie den Kosmos und den Menschen gestaltet. Er erschafft den Kosmos, der die sieben Planeten, die Erde und den Fixsternhimmel umfasst, zunächst in seiner seelischen Dimension einer mathematisch proportionierten Selbstbewegung und anschließend in seiner leiblichen Existenz der Planeten- und Sternenkörper. Danach erschafft er die Seele des Menschen nach gleicher Art wie die Seele des Kosmos und verteilt die Einzelseelen auf die Sterne und Planeten. Die restlichen Schöpfungsaufgaben, namentlich die der Tiere und Pflanzen, aber auch die des Leibes des Menschen, delegiert er an die Planeten, die als geschaffene Götter gelten.

Der Mensch gehört somit mit seiner Seele und mit seinem Körper prinzipiell dem Bereich des Werdenden, d.h. der geschaffenen und damit vergänglichen Wirklichkeit an. Doch da seine Seele vom Demiurgen vollkommen geschaffen wurde, ist sie im Bereich des Werdenden faktisch unvergänglich und somit unsterblich – anders als sein Leib, der von den Planetengöttern geschaffen wird. Die menschliche Seele ist zur erkennenden Teilhabe an der geistigen Wirklichkeit fähig. Bevor die Seele in einen menschlichen Leib einzieht, kann sie daher in ihrer kosmischen Existenz diese geistige Wirklichkeit in sich aufnehmen: Sie schaut die unvergänglichen Ideen und hört die Verkündigung der Schicksalsgesetze der menschlichen Existenz, die den Zusammenhang zwischen der irdischen Lebensführung, dem nachtodlichen Gericht und der Wiedergeburt in einer neuen irdischen Existenz umfassen.

Mit dem Einzug der Seele in einen menschlichen Körper wird die harmonisch geordnete Eigenbewegung der Seele durch das Einströmen der Sinneswahrnehmungen, Gemütsempfindungen und Triebkräfte zunächst in Unordnung gestürzt und die Seele verliert die Erinnerung an ihre vorgeburtliche geistige Schau. Durch eine rechte Erziehung, Selbstbildung und Lebensführung kann die Seele ihre ursprüngliche Ordnung wiedererlangen. Indem sie die Tugenden der Mäßigung, des Mutes, der Weisheit sowie der Gerechtigkeit ausgeprägt hat und zur Weisheitsschau der geistigen Wirklichkeit gelangt, wird sie von der Wiedergeburt frei und kann nach dem Tod in ihre kosmische Heimat zurückkehren. Dieser Bildungsprozess umfasst jedoch, wie Platon in der *Politeia* betont, nicht nur die Ordnung ihrer rationalen (d.h. nach geistiger Erkenntnis und Weisheit strebenden) und irrationalen (gemütshaften und begehrenden) Seelenanteile durch Selbsterziehung und rechte Lebensführung, sondern auch die aktive Mitwirkung an der vernunftgemäßen Ordnung und Gestaltung des Gemeinwesens (d.h. der *polis*, des antiken Stadtstaates).

Aristoteles entwickelt gegenüber Platon ein eigenes Verständnis der menschlichen Seele, das sich jedoch in der europäischen Geistesgeschichte der folgenden Jahrhunderte mit dem platonischen Seelenverständnis verbindet. Er beschreibt die Seele in seiner Schrift *Über die Seele* als immaterielle Ursache des Lebens, der Bewegung und der Erkenntnis. Anders als Platon erachtet er die Seele als bewegungslos; sie ist für ihn die erste Entelechie (Zweck-, Form- und Bewegungsursache) eines jeden organischen Einzelwesens. Näherhin unterscheidet er 1. eine *vegetative Seele*, die das Vermögen des Stoffwechsels und der Fortpflanzung umfasst, und die allen Lebewesen (Pflanzen, Tiere, Menschen) gemeinsam ist; 2. eine *sensitive Seele*, die die Vermögen des Begehrens, der Wahrnehmung und der Ortsbewegung umfasst, die Tieren und Menschen eigen sind; und 3. schließlich eine *Vernunftseele* als das nur dem Menschen gegebene geistige Erkenntnisvermögen.

Mit diesen Seelenaspekten ist zugleich eine hierarchische Gliederung gegeben, die den Menschen mit seiner geistbegabten Seele über die drei Naturreiche der Tiere, Pflanzen und des unbeseelten Mineralischen stellt. Diese Gliederung wurde in Verbindung mit platonischen und biblischen Vorstellungen für die gesamte europäischen Philosophie- und Religionsgeschichte bis ins 18., 19. Jahrhundert prägend.

Eine folgenreiche Zäsur stellt *Carl von Linnés* ab 1735 in der in mehreren Überarbeitungen vorgelegten Schrift *Systema Naturae* dar, die eine neue Klassifikation der Naturreiche entwirft. Darin gliedert er den Menschen aufgrund biologischer Ähnlichkeiten zu bestimmten Affenarten, den so genannten Primaten, dem Naturreich der Tiere ein, wenngleich er ihm als spezifisches Gattungsmerkmal die Fähigkeit zur Selbsterkenntnis zuspricht. Diese zunächst biologisch-beschreibende Perspektive erhält im 19. Jahrhundert durch die evolutionsbiologischen Theorien von Julian Huxley, Charles Darwin, Ernst Haeckel und anderen zunehmend eine umfassend-weltanschauliche Dimension, die die Eigenexistenz einer seelisch-geistigen Wirklichkeit verneint und eine reduktive, physikalistische Sicht vertritt.

Für *Heinz Grill* ist die Unterscheidung besonders bedeutsam, dass die *psyché* vom heutigen Menschen nicht mehr als jener kosmische Bürger erlebt wird, der in einer weiten himmlischen Dimension beheimatet ist und sich in ein Erdendasein inkarniert, sondern dass sie heute vielmehr als eine Summe von Gefühl und Erfahrungen erlebt wird und weitgehend an den physischen Körper und seine Sinne gebunden bleibt. Die Seelenübung soll deshalb den heutigen Menschen darin stärken und fördern, seinen wissenschaftlichen aufgeklärten Standpunkt beizubehalten und dennoch die konkreten Erfahrungen einer kosmischen Dimension hinzu gewinnen.

Seele, 2. Christentum

Stellt man die Frage nach dem Seelenverständnis der hebräischen Bibel bzw. des christlich so genannten *Alten Testamentes*, so muss man sich bewusst sein, dass der Begriff der Seele im Sinne der *psyché* erst zu einer späteren Zeit, in der griechischen Antike, ausgeformt wurde (→ Seele, 1. Platon und Aristoteles). Blickt man von diesem Begriff zurück, so lassen sich in den Schriften des Alten Testaments einige ähnliche Vorstellungen aufspüren. Vor allem findet sich darin die Vorstellung vom Seelenhauch und Lebensatem. So heißt es im 1. Buch Mose: „Da bildete Gott, der Herr, den Menschen, aus Staub vom Erdboden und hauchte in seine Nase Atem des Lebens; so wurde der Mensch eine lebende Seele." (1 Mose, 2,7) Dieser Lebensatem wird leiblich einerseits mit der Kehle als Organ der Atmung und Nahrungsaufnahme und andererseits mit dem Blut als Träger der Lebenskraft assoziiert.

In den auf Griechisch verfassten Schriften des *Neuen Testaments* findet sich das Wort *psyché* mehrmals, wenngleich es in ihnen keine zentrale Rolle spielt. *Psyché* bezeichnet hier nahe den alttestamentlichen Vorstellungen das Leben des Menschen oder wird als Synonym für den ganzen Menschen verwendet. Nur bei Paulus finden sich Bezüge zum philosophischen Seelenbegriff der griechischen Antike. Seine Rede vom inneren und äußeren Menschen knüpft an Platons Unterscheidung zwischen einem höheren, geistigen und einem niederen, leiblichen und begierdenhaften Seelenanteil an.

Die Frage, welches Seelenverständnis die *christliche Theologie* im Anschluss an das Alte und Neue Testament ausgebildet hat, ist nicht leicht zu beantworten, da die Geschichte des Christentums eine enorme Vielfalt theologischer Vorstellungen, Positionen und Richtungen aufweist. Allerdings beruht das gesamte historisch entstandene Kirchengefüge auf dem Bestreben, eine allgemeingültige und verbindliche Lehre autoritativ festzuschreiben, die eine eindeutige Unterscheidung von wahrem und falschem oder irrigem Glauben ermöglichen sollte.

Grundlegend für diese Vereinheitlichungsbestrebungen waren die als Synoden bzw. Konzilien bekannten Bischofsversammlungen. So formulierten die sieben sogenannten ökumenischen (wörtlich: den ganzen bewohnten Erdkreis betreffenden) Konzilien der Jahre 325 bis 787 die bis heute weithin gültige Grundlage des orthodoxen, katholischen und protestantischen Christentums. Zugleich wurden auf diesen Konzilien als falsch befundene Lehren verurteilt und auch physisch weitgehend ausgerottet. Ihre Vertreter wurden vielfach als Irrlehrer (Häretiker) bezeichnet, aus der kirchlichen Gemeinschaft ausgeschlossen, verflucht und oft auch getötet. Diese Praxis des Kirchenbanns (Anathema) fand in der römisch-katholischen Kirche bis 1870 Anwendung. Allerdings müssen der katholischen wie auch der evangelischen Kirche bis zum heutigen Tag weiterhin massive Formen der Ausgrenzung und Verurteilung sowie mitunter Formen aktiver Diffamierung bis hin zur Verfolgung von aus ihrer Perspektive abweichenden religiösen und spirituellen Impulsen bescheinigt werden.

Wenngleich der Begriff der Seele kein zentrales Thema der Konzilstheologie bildet, so spielt er doch für das theologische Verständnis des Menschen eine fundamentale Rolle. Daher knüpften bereits die Theologen der ersten Jahrhunderte zur Klärung ihres Seelenverständnisses teils zustimmend, teils abgrenzend an platonische und aristotelische Vorstellungen an. So übernahmen sie das Verständnis der Seele als immateriell und unterschieden unterschiedliche Seelenanteile. Beispielsweise differenziert Augustinus eine *anima rationalis* mit Geist und Willen, eine *anima irrationalis* mit Trieb, Sinneswahrnehmung und Gedächtnis und schließlich eine vegetative Seele, die *anima modo vivens*. Ebenso begreifen sie die Seele als unsterblich, betonen jedoch, dass ihr diese Eigenschaft nicht an sich zukomme, sondern allein durch Gottes Willen. Zudem gehen sie in der Frage der nachtodlichen Existenz des Menschen davon aus, dass seine so genannte Auferstehung nicht nur seine seelische, sondern auch seine leibliche Existenz einschließe. Diese genannten Vorstellungen bilden in ihren Grundzügen bis heute die Eckpfeiler des christlich-theologischen Seelenverständnisses.

Den vielleicht folgenreichsten Bruch mit dem platonischen Denken markiert das 2. Konzil von Konstantinopel im Jahr 553, das auch als 5. Ökumenisches Konzil gezählt wird. Auf diesem Konzil wurde die vom bedeutenden frühchristlichen Theologen und Kirchenlehrer Origenes (185 – 254) vertretene Lehre der Präexistenz der Seele als irrtümlich verworfen. Stattdessen wurde die je unmittelbare Schöpfung einer Einzelseele bei der Zeugung zur kirchlichen Lehre erhoben. In theologischer Konsequenz ist damit die Möglichkeit der Reinkarnation aus dem Lehrgebäude der orthodoxen, katholischen und protestantischen Kirchen ausgeschlossen.

Da ein weiterer Gang durch die Theologiegeschichte in dieser kurzen Darstellung nicht geleistet werden kann, soll für das gegenwärtige Christentum exemplarisch die Lehrmeinung der römisch-katholischen Kirche zur Seele des Menschen skizziert werden, wie sie allgemeinverständlich in der aktuell gültigen Fassung (1985/1995) des Katholischen Erwachsenenkatechismus der Deutschen Bischofskonferenz dargestellt wird.

Wie den Abschnitten des Katechismus über die Geschöpflichkeit und die Gottesebenbildlichkeit zu entnehmen ist, wird in der modernen katholischen Theologie der Evolutionstheorie eine Gültigkeit für die Entstehung des Menschen als biologische Art eingeräumt, während jede einzelne menschliche Seele als unmittelbar von Gott geschaffen gilt. Diese wird im Katechismus als Geistseele bezeichnet.

Damit ist jedoch nicht eine Wesensidentität mit dem göttlichen Geist oder eine inhärente Möglichkeit der Geisterkenntnis und Geistverwirklichung gemeint, sondern die Berufung des Geschöpfes Mensch zur „Gemeinschaft mit Gott" und dazu, sich Gott hinzuwenden, ihn anzuerkennen und zu verherrlichen. Die Verwirklichung dieser Berufung wird allerdings an die Zugehörigkeit zur Kirche gebunden: Keiner könne für sich allein glauben, jeder sei „ein Glied in der großen Kette der Glaubenden" und „auf die Gemeinschaft der Glaubenden angewiesen". „Gemeinschaft und Lehrerin des Glaubens" sei aber die Kirche. Sie stehe „in der Kraft der apostolischen Sukzession" und bleibe „in allen Zeiten und für alle Zeiten das eine allumfassende Sakrament des Heils. (…) allen ist sie zum Heil notwendig." Eine Gemeinschaft des Einzelnen mit Gott ohne die Gemeinschaft der Institution Kirche wird in diesen Passagen klar ausgeschlossen.

Im Abschnitt über das Wesen des Menschen heißt es darüber hinaus: „Leib und Seele sind nicht zwei getrennte Elemente, die erst nachträglich vereinigt werden. Der Leib kann gar nicht ohne die Seele existieren; er ist Ausdrucksgestalt und Daseinsform der Seele. Umgekehrt ist die menschliche Geistseele wesentlich im Leib, und sie ist nicht ohne Leibbezogenheit zu denken." Damit wird in der römisch-katholischen Lehre die Eigenständigkeit der Seele in aller Deutlichkeit verneint, was in der Konsequenz die Möglichkeit ihrer Präexistenz erneut kategorisch verneint.

Unter den Reformatoren des 16. Jahrhunderts war wohl Johannes Calvin in seinem Seelenverständnis am stärksten platonisch geprägt. Er vertrat die immaterielle Substanzialität der Seele und glaubte, dass der Tod die Befreiung der Seele aus dem Gefängnis des Körpers bedeute. In der lutherischen und reformierten Theologie des 20. Jahrhunderts hingegen entwickelten Theologen wie Karl Barth, Eberhard Jüngel und Jürgen Moltmann eine Sicht, die eine eigenständige Existenz der Seele radikal verneint. Ihre so genannte „Ganztodtheorie" vertritt, dass mit dem Tod der ganze Mensch in seiner Einheit aus Leib und Seele sterbe und künftig als diese Einheit auferstehe.

Seele, 3. Indien

Da Heinz Grill sich in seinen Charakterisierungen des menschlichen Wesens immer wieder auch Begrifflichkeiten der philosophischen und religiösen Traditionen Indiens bedient, seien hier einige wenige indische Begriffe erläutert, die eine Nähe zu den europäischen Begriffen der Seele und des Geistes aufweisen.

Individuelles und höheres Selbst – *jīva* und *ātman*
Jīva bedeutet im Sanskrit ursprünglich Leben und dient allgemein auch zur Bezeichnung eines lebendigen Wesens. Näherhin ist damit in der indischen Philosophie eine individuelle Seele gemeint, die den feinstofflichen und grobstofflichen Leibesgliedern eines Menschen Leben verleiht, durch sie handelt und sich im gewöhnlichen Bewusstsein auch mit ihnen identifiziert.

Davon unterschieden wird der Begriff *ātman*. In den ältesten Schriften Indiens, den Veden, bezeichnete er noch den Atem oder auch den Menschen in seiner ganzen leiblichen Gestalt. In den *Upaniṣaden*, die etwa zwischen dem 7. und dem 1. Jh. v. Chr. verfasst wurden, wird *ātman* zur Bezeichnung für das höhere, ewige und unwandelbare Selbst des Menschen, das nicht geboren wird und nicht dem Tod unterworfen ist. Dieser *ātman* gilt den Autoren der *Upaniṣaden* als eins mit *brahman*, dem Absoluten, dem kosmischen Urgrund oder der letzten Wirklichkeit. Doch so lange der Mensch sich nicht in seinem höheren Selbstsein erkennt, sondern sich mit seiner leiblichen und irdischen Existenz identifiziert und dieser anhaftet, ist er an den endlosen Zyklus der Wiedergeburten gebunden. Erst die Erkenntnis des *ātman* und seiner Identität mit *brahman* schenkt ihm gemäß dieser Philosophie Befreiung.

Von manchen philosophischen Schulen des Hinduismus werden *jīva* und *ātman* als identisch angesehen, in anderen wird zwischen *jīvātman*, dem lebendigen Selbst, und *paramātman*, dem höchsten Selbst, grundsätzlich unterschieden.

Hüllen oder Leiber des höheren Selbst – die fünf *kośa*
Gemäß der *Taittirīya Upaniṣad* ist das unsterbliche Selbst des Menschen von verschiedenen Hüllen oder Leibern umkleidet. Neben der aus Nahrung bestehenden grobstofflichen Hülle des physischen Leibes werden in diesem Text vier weitere feinstoffliche Hüllen differenziert. Dies sind die Hüllen des Atems bzw. Lebenshauches (*prāṇa*), des basalen Denkvermögens (*manas*), des höheren Erkenntnisvermögens (*vijñāna*) und der Glückseligkeit (*ānanda*).

Geist und Natur – *puruṣa* und *prakṛti*
Die vielleicht detaillierteste Unterscheidung geistiger, fein- und grobstofflicher Prinzipien oder Wesensglieder bietet die *Sāṃkhya*-Philosophie, die eine der sechs klassischen hinduistischen Philosophieschulen bildet. Sie führt den Menschen und den gesamten Kosmos auf zwei ewige und unvergängliche Prinzipien zurück, Geist (*puruṣa*) und Natur bzw. Materie (*prakṛti*). Aufgrund der Gegenwart des Geistes differenziert und entfaltet sich die unmanifestierte Urnatur oder Urmaterie in verschiedene feinstoffliche und grobstoffliche Prinzipien. Dies sind:

1. die höhere Vernunft (*buddhi*),
2. das Ich-Bewusstsein (*ahaṃkāra*),
3. der Verstand (*manas*),
4. die fünf Sinnesvermögen: Hören, Fühlen, Sehen, Schmecken und Riechen,
5. die fünf Handlungsvermögen: Sprechen, Greifen, Gehen, Ausscheiden und Fortpflanzen,
6. die fünf feinstofflichen Elemente: Klang, Berührung, Form, Geschmack und Geruch, und schließlich
7. die fünf grobstofflichen Elemente Raum, Wind, Feuer, Wasser, Erde.

Der Geist (*puruṣa*) ist inaktiv, reines Bewusstsein, Zeuge oder indifferenter Zuschauer. Er ist die Voraussetzung für individuelles Bewusstsein, aber nicht das individuelle Bewusstsein selbst. Die irrtümliche Identifikation des Geistes mit den Prinzipien der Natur, v.a. mit der Vernunft (*buddhi*), dem Ich-Bewusstsein (*ahaṃkāra*) und dem Verstand (*manas*), bindet den Menschen gemäß der *Sāṃkhya*-Philosophie an den Prozess des Werdens und Vergehens bzw. der Wiedergeburt. Die Überwindung der leidhaften Existenz wird möglich durch die unterscheidende Erkenntnis (*vijñāna*), die die Urnatur und ihre fein- und grobstofflichen Manifestationen vom reinen Geist differenziert. Diese Erkenntnis schenkt Befreiung (*mokṣa*) oder Loslösung (*kaivalya*).

Signaturen der Pflanzen

Grundlegend für den Begriff der Signatur ist die vom antiken Theologen *Augustinus* (354 – 430) formulierte Idee, dass neben der Bibel auch die geschaffene Natur als eine Offenbarung Gottes anzusehen sei und daher als eine mögliche Quelle der Gotteserkenntnis gleich einem Buch gelesen werden könne.

Im Anschluss an dieses Verständnis vom „Buch der Natur" formulierte im 16. Jahrhundert der Arzt und Naturphilosoph *Paracelsus*, dass die äußere Erscheinung eines jeden Dings als Zeichen oder Signatur seiner inneren Natur bzw. der von Gott in es hineingelegten Tugenden (Eigenschaften) gelesen werden könne. Da Paracelsus die Natur als von Gott auf den Menschen hin geschaffen begriff, galt ihm das Lesen der Signaturen als Schlüssel zur Erkenntnis dessen, was Gott zum Guten des Menschen in ein jedes Ding gelegt habe, und somit zum Entdecken der Heilmittel.

Von diesen Gedanken ging auch der englische Arzt *Edward Bach* (1886 – 1936) aus, der aus seinem feinfühligen Empfinden heraus 38 Pflanzen (die heute so genannten Bach-Blüten) auswählte, deren Essenzen einen Heilungsprozess auf körperlicher und seelischer Ebene unterstützen. Das Zentrum des Heilungsprozesses sah Bach jedoch im fortschreitenden Erkennen der geistigen Wahrheiten des Universums sowie in der Läuterung des Charakters und der Entwicklung von Tugendkräften.

Heinz Grill stellt in der Seelenübung „Weisheitskräfte in der Natur und die Signatur einzelner Pflanzen" die Möglichkeit in Aussicht, ein Fühlen und sogar ein hellsichtiges Wahrnehmen der lebendigen Gestaltbildekräfte oder Ätherkräfte zu entwickeln, die im Pflanzenreich und allen Lebewesen wirksam sind. Die Entwicklung dieser seelischen Erlebnisfähigkeit kann dem Einzelnen rückwirkend bewusst machen, dass er durch eine aktive Gedanken-, Vorstellungs- und Empfindungsbildung selbst Lebenskräfte freisetzen kann, die förderlich auf seine Umgebung ausstrahlen. (Auf die unterstützende Wirkung von Heilpräparaten in der Therapie geht der Autor andernorts ein, beispielsweise in seiner Schrift *Das Wesensgeheimnis der Seele*.)

Buchempfehlungen

Heinz Grill: Das Wesensgeheimnis der Seele
Die Organe des Menschen, ihr seelischer Zusammenhang und die Möglichkeiten eines spirituell orientierten Bewusstseinsaufbaues – Vier große Entwicklungsprozesse

Stephan Wunderlich Verlag, Sigmaringen, 2015

Dieses Buch enthält eine fundierte Beschreibung eines Menschenbildes, das die seelischen und geistigen Möglichkeiten einbezieht. Es finden sich darin interessante Bewusstseinsansätze zur Schulung des Denkens, Fühlens und Willens sowie zur Integration seelisch-geistiger Inhalte in das tägliche Leben. Das Buch ist für Pädagogen, Ärzte, Künstler und all jene, die spirituell-soziale Prozesse gestalten wollen.

Heinz Grill: Die Signaturen der Planeten und die seelisch-geistige Entwicklung in der Pädagogik

Lammers-Koll-Verlag, Häfnerhaslach, 2012

Dieses Buch beschreibt das menschliche Seelenleben in seinem kosmischen Bezug zu den sieben Planeten. Es enthält Übungen und meditative Gedanken, die bis in die Methodik des Erziehens und Unterrichtens praktisch ausgearbeitet sind.

Heinz Grill: Kosmos und Mensch
Ein Weg der Selbsterkenntnis und Selbstheilung durch das Studium des Neuen Yogawillens und der Anthroposophie, sowie der Anatomie und Physiologie des Körpers

Stephan Wunderlich Verlag, Sigmaringen, 2015

Hier lenkt der Autor den Blick auf den menschlichen Körper und seine Eingebundenheit in die großen kosmischen Rhythmen. Die Anatomie und die physiologischen Abläufe des Körpers werden in ihrer seelisch-geistigen Bedeutung beleuchtet. Das Buch enthält zahlreiche Fotos von Yogastellungen, die durch ihre Ästhetik faszinieren. Es finden sich zudem Übungen zur Erkenntnisbildung sowie interessante Heilungsansätze bei verschiedenen Krankheiten.

Heinz Grill: Der freie Atem und der Lichtseelenprozess
Übungen und Grundlagen zur Atemschulung und zur Entwicklung eines freien Menschenbildes

Heinrich Schwab Verlag, Argenbühl, 2019

Dieses Buch ist eine empfehlenswerte Erweiterung zur Seelenübung des Freien Atems. Der freie Atem besitzt eine kosmische Dimension und führt zu einem freiem, körperunab-

hängigen Bewusstsein. Er bildet somit eine wertvolle Ergänzung zu einem Übungsweg mit Seelenübungen. Eine besondere Aufmerksamkeit gewinnt dabei der Atem in Beziehung zum Stoffwechsel und zur Stärkung des Immunsystems. Dieses Buch enthält zahlreiche Fotos und Zeichnungen zu den demonstrierten Übungen.

Heinz Grill: Der Archai und der Weg in die Berge
Eine spirituelle Anleitung in der Ergründung der Wesensnatur des Berges
Für Wanderer, Kletterer und Alpinisten, die die tiefere Seite des Bergsteigens suchen

Lammers-Koll-Verlag, Häfnerhaslach, 1999

Mit Archai benennt der Autor hohe geistige Wesenheiten, die als „Geister der Persönlichkeit" sowohl in den Bergen wie auch im Menschen eine wichtige Mission erfüllen. Tiefe Geheimnisse der Natur wie auch des Menschseins entschlüsseln sich dem interessierten Leser. Das Buch enthält Seelenübungen zur seelisch-geistigen Erkenntnis der Bergwelt mit ihren unterschiedlichen Gesteinen und Formationen, der Seen, Pflanzen wie auch des Wetters. Immer steht dabei das Verhältnis des Menschen zur Natur wie auch zur geistigen Welt im Mittelpunkt. Der Leser lernt nicht nur die Natur tiefer kennen, sondern auch sich selbst. Und es finden sich praktische Anleitungen zum Aufbau der Lebenskräfte in der Natur und damit zu einer Art seelisch-geistigem Umweltschutz.

Rudolf Steiner: Wie erlangt man Erkenntnisse der höheren Welten?

Rudolf Steiner Verlag, Dornach, 13. Auflage, 2014

Dieses kleine Büchlein stellt die Grundlagen des anthroposophischen Schulungs- und Erkenntnisweges dar. Es kann auch allgemein als Grundlage zur Ausbildung der Seelenkräfte des Denkens, Fühlens und Willens dienen. Es enthält zudem Übungen und Bewusstseinsanregungen zur methodischen Ausbildung eines metaphysischen Schauvermögens.

Rudolf Steiner: Wege der Übung

Verlag Freies Geistesleben, Stuttgart, 2006

Dieser als Taschenbuch erhältliche Band enthält Vorträge Rudolf Steiners über den Sinn und die Bedeutung seelischer Übungen. Dieses Büchlein kommt dem Bedürfnis des heutigen Menschen entgegen, Übungen nicht nur auf Anweisung einer Autorität oder eines sogenannten Gurus zu verrichten, sondern selbst die Bedeutung und Hintergründe der Übungen zu verstehen und sie somit selbst richtig anwenden zu können. Ein wertvolles Buch zum Verständnis der unterschiedlichen Schulungs- und Übungswege.

Foto- und Zeichnungsverzeichnis

Titelbild: David Roberts (1796 – 1864), The Hypaethral Temple of Philae
Lizenzfrei nach den Bedingungen von Wikimedia Commons

Seite 47: Teresa von Avila, Gemälde von Peter Paul Rubens um 1516
Lizenzfrei nach den Bedingungen von Wikimedia Commons

Seite 101: Andrea di Pietro della Gondola detto il „Palladio" (1508 – 1580)
Villa Capra in Vicenza, Italien, genannt „La rotonda"
Lizenfrei nach den Bedingungen von http://www.thinglink.com

Seite 164: Dr. Edward Bach, Ölgemälde
Lizenzfrei nach den Bedingungen von Wikimedia Commons

Zeichnungen Alma Andra:
Seiten 15, 17, 21 (Schafgarbe), 24, 25, 27, 31, 33, 42, 43, 44, 45, 55, 68, 83, 95, 98, 107, 109, 112, 118, 120, 132, 155, 173

Zeichnungen Yva Ev:
Seiten 21 (Kopf), 23 (2 Köpfe), 77, 103, 126, 159

Fotos Archiv Lammers Koll Verlag:
Seiten 13, 23, 50, 51, 53 (Frau), 57, 63, 65, 90, 91, 93, 124, 130, 136, 139, 141, 143, 145, 147, 149, 151, 162, 167, 170, 176

Fotos Martin Sinzinger:
Seiten 29, 35, 37, 39, 47 (Pyrit), 53 (Berge), 73, 75, 76, 114, 116, 161, 164 (Pulsatilla), 168

Zeichnungen Suraya:
Seite 87

Zeichnung Rose G:
Seite 159 Gruppe